Helge Timmerberg
Die rote Olivetti



PIPER

Zu diesem Buch

Helge Timmerberg war nie ein Pauschaltourist: Schon früh bereiste er Länder, von denen andere nur träumen, traf Menschen, denen andere nie begegnen. Und er schrieb darüber: packende Reportagen und Bücher, farbig, voller Humor und ohne Tabus.
Dies ist seine Autobiografie und gleichzeitig sein vielleicht persönlichstes Buch: Er schildert seine Anfänge als Journalist in Bielefeld und die Jahre danach, in denen er für *Tempo, Playboy* und *Stern* schrieb, berichtet offen und ungeschminkt von seinen Frauen, den Partys und den Exzessen seiner goldenen Jahre in Havanna.
Wir werden Zeuge seines tiefen Drogenabsturzes – und erleben mit, wie er auf einer Reise durch den Himalaja sein Leben wiederfindet.

*Helge Timmerberg,* Jahrgang 1952, ist Journalist und Reiseschriftsteller. Er veröffentlicht in der Süddeutschen Zeitung, der Zeit, Stern, Spiegel, Playboy u. a. und schrieb Bücher wie »Tiger fressen keine Yogis«, »Shiva-Moon«, »Der Jesus vom Sexshop« und »African Queen«. Zuletzt erschienen der SPIEGEL-Bestseller »Die rote Olivetti«, »Die Straßen der Lebenden«, »Das Mantra gegen die Angst« sowie »Lecko Mio«.

Helge Timmerberg

# DIE ROTE OLIVETTI

Mein ziemlich wildes Leben zwischen Bielefeld, Havanna und dem Himalaja

PIPER

*Mehr über unsere Autorinnen, Autoren und Bücher:*
*www.piper.de*

Von Helge Timmerberg liegen im Piper Verlag vor:
Lecko mio
Reinhold Würth
Das Mantra gegen die Angst
Die Straßen der Lebenden
Die rote Olivetti
Die Märchentante, der Sultan, mein Harem und ich
Im Palast der gläsernen Schwäne



Unser Versprechen für mehr Nachhaltigkeit
• Klimaneutrales Produkt
• FSC®-zertifiziertes Papier
• Hergestellt in Europa

FSC www.fsc.org MIX Papier aus verantwortungsvollen Quellen FSC® C083411

Ungekürzte Taschenbuchausgabe
ISBN 978-3-492-31087-1
Piper Verlag GmbH, München
1. Auflage April 2017
4. Auflage Februar 2022

Umschlaggestaltung: Büro Jorge Schmidt, München
Umschlagabbildung: Frank Zauritz (Vorderseite);
Archiv Helge Timmerberg (Rückseite)
Satz: Uhl+Massopust, Aalen
Gesetzt aus der Palatino LT Std
Druck und Bindung: CPI books GmbH, Leck
Printed in the EU

*Für die Frau aus der Porzellanmanufaktur*

# Inhalt

Erstes Kapitel

# »Zwei Seelen wohnen, ach, in meiner Brust.«

Ich saß im Londoner Stadtteil Notting Hill an einem Küchentisch und machte komische Sachen. Es war Nacht, und ich war allein, aber das härteste Halluzinogen auf Gottes Erden sorgte dafür, dass trotzdem keine Langeweile aufkam. Zunächst zeichnete ich unter dem Einfluss von LSD das Universum auf eine Streichholzschachtel, danach nahm ich mir die Plastikbecher vor. Der Mieter der Wohnung hatte entweder eine Party geplant oder er war ein Plastikbechergroßhändler. In seiner Küche standen oder lagen, zu Bechertürmen gesteckt oder in Kisten verpackt und zu Kistenbergen gestapelt, etwa tausend weiße Plastikbecher. Bei dem ersten war es Zufall. Ich kam aus Unachtsamkeit mit meiner Zigarette dran, und als sich die Glut in das Plastik fraß, war meine Wahrnehmung zu hundert Prozent von einem Transformationsprozess gebannt, der mir wie Zauberei vorkam. Der weiße Becher wurde nicht nur schwarz, er nahm auch eine gänzlich andere Form an. Atome, Moleküle, Elementarteilchen wurden neu gemischt. Alles schmolz, alles floss, alles verwandelte sich. Ergebnis: Statt des weißen Plastikbechers stand da nun eine kleine schwarze Hexe auf dem Tisch. Der nächste Becher wurde zu Gandalf, dem Magier, der nächste zu einem schrecklichen Tier. Zwerge, abscheuliche Kerle, hinterlistige Bäume, das gesamte Personal vom »Herrn der Ringe« versammelte sich vor mir auf dem Küchentisch und wurde immer mehr. Als alle Plastikbecher aufgebraucht waren, brach der Morgen an und ich sah das Malheur. Die Wände der Küche sowie deren Decke waren rabenschwarz, und ich meinte mich zu erinnern, dass sie gestern noch so weiß wie die Plastikbecher gewesen waren. Ich verließ die Wohnung auf der Stelle.

London im September 1970, das heißt: Scheißwetter. Ich war froh, als ich in dem Bus saß, der mich zur Stadtgrenze bringen sollte, von wo ich nach Dover trampen wollte. Hinter dem Ärmelkanal lagen nicht nur Belgien, Deutschland und Osteuropa, sondern auch die Türkei, Persien und Afghanistan. Ich brach an diesem Morgen zu meiner ersten Reise nach Indien auf, und die klimatischen Verhältnisse beim Start bestätigten meinen Entschluss, dies zu tun. Ich saß im oberen Bereich des Doppeldeckerbusses und sah durch das Fenster in den Regen, und sie waren überall. An den Bäumen, an den Hauswänden, an den Bretterzäunen, an den Zeitungskiosken, an den U-Bahn-Eingängen klebten die Extrablätter mit der Aufschrift:

**»HENDRIX DIED«**

Schock schwerer Rock 'n' Roll. Hendrix war mehr als ein Jahrhundertmusiker, er war ein Prophet. Er hat Lichtgeschwindigkeit hörbar gemacht. Der schwarze König der psychedelischen Revolution, der Freund und Bruder aller Hippies war in dieser Nacht gestorben, und sollte es noch irgendwelche Restzweifel an meiner Indienreise gegeben haben, selbst Zweifel, von denen ich heute nichts mehr weiß, die Nachricht von Hendrix' Tod wischte sie vom Tisch. Ohne Hendrix war das Abendland öd und leer, ohne den Beethoven der E-Gitarre rüttelte niemand mehr für mich an den Toren von Himmel und Hölle, ohne Jimi saß ich allein in dem Doppeldeckerbus.

Einen Tag später und bereits in Belgien, stieg ich an einer Autobahnauffahrt in einen dieser bunten VW-Busse ein, deren Schiebetür beim Öffnen herausfiel, und ein Mann begrüßte mich, der mich auf meinem Lebensweg zwar nur bis zum Kamener Kreuz begleiten sollte, aber trotzdem unvergessen blieb. Er war wie ich ein Tramper, ein Hippie, ein Morgenlandfahrer, jedoch viel älter. Graue Haare, langer Bart, Nickelbrille, ein Expsychologieprofessor der Uni Frankfurt in farbenfrohen Klamotten, der gefeuert worden war, weil er LSD-Testreihen nicht mit Meerschweinchen, sondern mit Studenten durchgezogen hatte. Ein deutscher Timothy Leary, ein Wissenschaftler der psychedelischen Fakultäten, ein Politiker der Exstase, und er hatte nicht nur die »Bhagavad Gita« und das »Tibetische Totenbuch« dabei, sondern auch eine aktuelle Tageszeitung, in der Genaueres über den Tod von Jimi Hendrix zu finden war. Die genaue Zeit. Der genaue Ort. Er war in einem Haus im Londoner Stadtteil Notting Hill gestorben, und weil mir der Name der Straße bekannt vorkam, fischte ich in meinen Taschen nach dem Zettel mit der Adresse der Wohnung, die ich zwei Nächte zuvor ein bisschen ruiniert hatte. Und bingo! Es war nicht das unmittelbare und auch nicht das nächste, sondern das übernächste Nachbarhaus. Zwei Häuser standen zwischen mir und Hendrix, als ich LSD nahm und er starb.

Der Hippieprofessor war ganz Ohr, als ich ihm davon erzählte. Er wollte mehr wissen. Alles. Jede Kleinigkeit dieser Nacht, an die ich mich noch erinnern konnte, und als ich das Universum auf der Streichholzschachtel herausholte, flippte er aus. Er bat mich, ihm die Schachtel zu schenken, mehr noch, er bettelte darum. Er wollte sie unbedingt haben. Ich gab sie ihm, und er revanchierte sich mit einer Lesung aus dem »Tibetischen Totenbuch« sowie einer Erläuterung des Vorgetragenen. Er sagte, es gäbe bekanntlich zwei große Spekulationen zum Thema. Die christliche schicke die Seelen nach dem Ableben des Körpers entweder in den Himmel oder in die Hölle, und in der Hölle sei Hendrix sicher nicht gelandet, denn Drogenkonsum zähle im Christentum nicht zu den Todsünden, und darüber hinaus sei er ein guter Mensch gewesen. Für Hindus und Buddhisten sei das natürlich Blödsinn. Sie glaubten nicht an Himmel und Hölle als festen Wohnsitz der Seele, sie glaubten, dass es immer weitergehe, sie glaubten an die Wiedergeburt in einem anderen Körper, an die Chance im nächsten Leben, und ob dieses Leben ein glückliches oder unglückliches, ein leichtes oder schweres, ein reiches oder armes werde, bestimmten unsere Taten im vorherigen. Und da müsse man bei Hendrix schon mal genauer hinsehen. Zwar gälte auch in den fernöstlichen Geistesschulen Drogenkonsum nicht als Sünde. Aber als Schwäche. Als Behinderung. Als Fessel. Als schlechtes Karma. Hendrix sei nicht gut zu sich gewesen. Weil er aber mit seiner Musik unendlich viel Gutes für andere getan habe, sei davon auszugehen, dass sein nächstes Leben ein glückliches und langes werde. Außerdem dürfe man nicht vergessen, dass Hendrix die Drogen nicht aus Jux und Tollerei genommen habe. Er habe es nicht für sich, sondern für die Musik getan.

»Er war ein Märtyrer des Rock 'n' Roll, und Märtyrer sind nach ihrem Tod nicht nur bei den Christen, sondern auch bei den Hindus und Buddhisten per se auf der richtigen Seite.«

Vielleicht, so fuhr der Expsychologieprofessor aus Frankfurt fort, nähme man Jimi im nächsten Leben nur die Musik weg, und das auch nur zu seinen Gunsten, und dann würde der junge Ex-Hendrix vielleicht in ein paar Jahren wieder mit einem Besen auf einer Holzterrasse in Louisiana stehen, aber dieses Mal nicht glauben, dass der Besenstil eine Gitarre sei. Ob ich das verstände? Ob das klar sei? So in etwa meine es das »Tibetische Totenbuch«. Und bis vor einer Stunde hätte er auch gesagt, genau so sei es vorletzte Nacht gelaufen und genau so werde es mit Hendrix weitergehen. Aber nachdem er gehört habe, wie ich diese Nacht erlebt hätte und wo ich sie erlebt hätte, beginne er eine andere, eine dritte Möglichkeit der Seelenwanderung in Betracht zu ziehen.

Ob ich schon mal was von Soul-Jumping gehört hätte. Das sei die schamanische Spekulation über die Möglichkeiten der Seele nach dem Tod. Die Seele eines gerade Verstorbenen fährt weder zur Hölle, noch schwebt sie gen Himmel, und wiedergeboren wird sie auch nicht. Nein, sie hüpft einfach in einen anderen Körper, in irgendeinen, der gerade in der Nähe ist, und macht da als blinder Passagier weiter. Das könne gezielt geschehen, dann sei es ein Soul-Hijacking, eine Seelenpiraterie, es könne aber auch ein Unfall sein, und ob mir langsam dämmere, worauf er hinauswolle?

Hendrix war ein Acid-Freak. LSD war seine Lieblingsdroge. Er hat sie sogar besungen. »Are you experienced?« heißt: »Hast du schon mal LSD genommen?« Fakt ist: Einer der größten LSD-Konsumenten des anbrechenden Wassermannzeitalters stirbt, und drei Häuser weiter sitzt einer auf LSD am Küchentisch und macht komische Sachen. Das ist wie Nadel und Magnet, und was zur Hölle sollte die LSD-verliebte Seele des Musikers da anderes tun, als mal ruck, zuck durch ein paar Mauern zu zischen und bei mir einzufahren? Zusammen haben wir dann die Plastikbecher abgefackelt, zusammen haben wir das Universum auf die Streichholzschachtel gemalt, und weil der Expsychologieprofessor mir als Gegengabe für die Streichholzschachtel kurz vor dem Kamener Kreuz seine alte Wanderklampfe schenkte, spielten wir ab sofort auch zusammen Gitarre. Jimi und ich. Und das war durchaus ein Problem. Denn was bedeutet es, Jimi Hendrix' Seele in sich zu tragen? Es bedeutet, man hat sein Feeling. Aber nicht seine Technik.

Hendrix machte in den nächsten Tagen und Wochen einiges durch. Seine Seele glaubte mit Fingern zu spielen, die mit Stacheldraht gefesselt waren. Armer Jimi, arme Gitarre, armes Publikum. Ich spielte, wann immer es eine Gelegenheit dazu gab, und es gab deren viele auf dem Weg nach Indien. Ich spielte auf Autobahnauffahrten, ich spielte in Parks, ich spielte an den Nachtfeuern der Hippies. Ich spielte, aber ich übte nicht. Das hatte ich nicht nötig. Ich machte einfach jedes Mal da weiter, wo Hendrix aufgehört hatte. Vollgas durchs Universum, volle Pulle Intensität, volles Haus. Egal, ob ich vor zwei Leuten spielte oder auch nur vor einem oder maximal vor zehn, irgendetwas in mir glaubte dabei ständig, auf der Woodstockbühne zu stehen. Und es fühlte sich auch genau so an. Ich sagte es schon. Das Feeling stimmte, aber Gitarrespielen konnte ich nicht. Und weil ich das langsam einzusehen begann, verlagerte ich Jimi in meine Stimme. Ich sang nicht, ich entäußerte mich, ich riss mir das Herz heraus. Die Reaktionen darauf waren durchaus nicht einhellig. Die einen sagten, ich sänge wie ein Rockstar, die anderen verglichen mich mit Troubadix, dem furchtbarsten

Barden der Comicgeschichte. So ging das bis Südjugoslawien. Und so weit ging es gut.

Bei Dubrovnik übernachtete ich mit anderen Hippies in einer Brandungshöhle am Meer. Ein sagenhafter Platz. Feuer, Sterne und Wellen schrien nach Hendrix in drei Akkorden. Mehr beherrschte ich noch nicht. Drei Akkorde reichten für die Hälfte von »Hey Joe«, der Rest war Interpretation, das Lied dauerte die ganze Nacht. Die Höhle lag am Fuß einer Steilküste, und über uns stand ein Hotel. Und, ach ja, ich habe eine laute Stimme. Die Jugos hörten sich das eine Nacht mit an. Auch eine zweite. In der dritten Nacht entleerten sie Schubkarren voller Steine aus etwa fünfzig Metern Höhe über unserem Feuer, keine Kieselsteine, sondern echte Brocken, und hätte auch nur einer davon jemanden von uns getroffen, wäre derjenige auf der Stelle entweder tot, verkrüppelt oder für immer blöd gewesen. Das nennt man ein ehrliches Publikum. Und darum blieb ich, bis ich aus Jugoslawien heraus war, lieber stumm, auch in Griechenland ließ ich es sein, weil die Griechen damals stramme Faschisten waren, die hassten Hippielieder, erst in der Türkei fing ich damit wieder an.

*»Hey Joe, where you going*
*with that gun in your hand?*
*I'm going down to shoot my old lady,*
*you know I caught her messing around*
*with another man.«*

Das hat den Türken natürlich gut in den Kram gepasst.

Abgesehen davon sind es 5000 Kilometer vom Bosporus bis zum Ganges, und als ich die hinter mir hatte und in einem Ashram an den Ausläufern des Himalaja weilte, beherrschte ich bereits fünf Akkorde, denn ich hatte mittlerweile »House of the Rising Sun« gelernt. Das Lied ist zwar nicht von Jimi, aber wir beschlossen, es zu covern. Dasselbe machten wir mit den heiligen Liedern der Hindus, trotzdem sagte wenig später an dem großen Shiva-Brunnen des Ashrams eine körperlose Stimme zu mir nicht:

»Bleib bloß hier und werde Tempelgitarrist.«

Nein, sie sagte:

»Geh nach Hause und werde Journalist!«

Und wieder einmal frage ich mich, woher diese Stimme kam. Aus dem Himalaja? Oder aus mir? Was gegen die innere Stimme spricht, war die Lautstärke des Befehls. Es hörte sich an, als hätte der Himmel durch ein Megafon gesprochen, es soll aber durchaus auch innere Stimmen mit Megafon geben, innere Stimmen, die auf Zuhören drängen, innere Stimmen, die schreien. Und falls es also doch nicht die Stimme des lieben Shiva, sondern eine innere Stimme gewesen ist, die mir in der heiligen Stadt Haridwar den Journalismus befahl, dann stellt sich die Frage, welche innere Stimme das genau gewesen ist. Meine? Oder Jimis? Hatte Hendrix' Seele das Regiment in meiner Brust übernommen, um mir endlich die Gitarre auszureden? Man weiß es nicht.

Zweites Kapitel

# »Und sehen wir uns nicht in dieser Welt...«

Als ich aus Indien nach Bielefeld zurückkam, wusste ich also, was ich werden wollte, aber eine Gelbsucht zwang mich, die Sache zu überdenken und schließlich zu vergessen. Einen Monat darauf und inzwischen genesen, ging ich durch die Fußgängerpassage der Innenstadt an der *Neuen Westfälischen* vorbei, und es fiel mir wieder ein. »Geh nach Hause und werde Journalist«, hatte eine Stimme im Himalaja zu mir gesagt, und das hier war die größte Zeitung meiner Heimat. Ich zögerte keine Sekunde, obwohl meine Kleidung nicht dem Anlass entsprach. Eine weiße Baumwollhose indischen Zuschnitts, ein langes weites Hemd, Sandalen. »Was kann ich für Sie tun?«, fragte die Dame, nachdem ich drin war.

»Ich möchte Journalist werden.«

»Gute Idee, aber hier ist die Anzeigenabteilung. Die Redaktion ist im ersten Stock.«

Sie zeigte auf eine Treppe. Ich werde diese Treppe nie vergessen. Eine schmale lange Treppe, und ich nahm jede Stufe mit der Gewissheit, das einzig Richtige zu tun. Sie entließ mich in ein Großraumbüro. Ich trat an den nächstbesten Schreibtisch und sagte mein Sprüchlein. Mit einem Lächeln, das einen großen Spaß verhieß, verwies man mich zum Chefredakteur. Der saß mit der Aura eines Kettenhundes am anderen Ende der Etage in einem Glaskasten, und an der Wand hinter ihm zeigte eine große Uhr auf fünf vor sechs. Ich wusste damals noch nicht, was diese Uhrzeit in den Redaktionen einer Tageszeitung bedeutet.

»Was wollen Sie?«, knurrte er.

»Journalist werden«, sagte ich.

Ich sagte es zum dritten Mal innerhalb von zehn Minuten, und es ging bereits flott von den Lippen.

»Warum?«

Fünf vor sechs heißt fünf vor Deadline, Schützengraben, noch ein paar Minuten, und nichts geht mehr. Heute weiß ich es, damals war es Intuition. Du musst schnell sein, sehr schnell, darum berichtete ich ihm, so schnell es mir möglich war, von meiner Erleuchtung am Ganges.

»Eine Stimme hat es mir befohlen. Wer genau da sprach, weiß ich nicht, auf alle Fälle war er körperlos.«

»Eine Stimme?«

»Ja.«

»Körperlos?«

»Ja.«

»Am Ganges?«

»Ja, in Haridwar.«

»Ach so. Und welche Qualifikationen haben Sie für diesen Beruf sonst noch?«

Wir schrieben das Jahr 1971. Damals herrschte in Journalistenkreisen null Toleranz gegenüber so Ballaballa-Moden wie Meditation. Drogensüchtige und Guruhäschen waren zwar hin und wieder der Stoff für Geschichten, aber nie deren Autoren. Deshalb war die Frage aus seiner Sicht durchaus berechtigt. Was hatte ich über meine esoterischen Qualifikationen hinaus sonst noch anzubieten? Schulabschlüsse? Akademische Grade? Nun ja, die mittlere Reife hätte ich, aber nur, weil mein Vater die Rektorin flachgelegt habe. Dass dieser Kettenhundjournalist mich nicht spätestens jetzt hochkant rauswarf, hatte ich ebenfalls meinem Vater zu verdanken. Der Mann betrachtete mein Gesicht mit zunehmendem Interesse und fragte mich noch einmal nach meinem Namen. Dann war die Sache klar. Mein Vater war ein Saufkumpel des Chefredakteurs der *Neuen Westfälischen Zeitung*. Damit hatte ich zwar noch nicht das Volontariat, aber eine Chance.

»Schreiben Sie vier Probeartikel. Einen Sportbericht, eine Filmkritik, eine Reportage und einen politischen Kommentar. Auf Wiedersehen.«

Ich schrieb den Scheiß und hörte lange nichts von ihnen. Aber irgendwie musste ich Geld verdienen und sprach deshalb bei einem Meinungsforschungsinstitut vor, das eigentlich immer Interviewer suchte. Sie gaben mir Fragebogen und sie gaben mir Straßen. Jeder Fragebogen hatte 32 Seiten. Sie wollten mehr oder minder alles wissen, zu dem der Mensch eine Meinung haben konnte, und auf der Rückseite des Bogens standen die Fragen zur Person, also Name, Alter, Beruf etc. Mit dem Ersten, der mich in seine Wohnung ließ, dauerte das Interview zwei Stunden, weil ich ihm wirklich jede Frage stellte, bei dem Zweiten fragte ich nur mehr die Hälfte und am Ende nur noch ein Viertel der Fragen des Meinungsforschungsinstituts ab und beantwortete die anderen später selbst. Das reduzierte die Zeit, die ich vor Ort für ein Interview brauchte, auf zwanzig Minuten. Aber das ließ sich unterbieten. Ich stellte nur noch die Fragen zur Person und betrat auch nicht mehr die Wohnung, sondern blieb dazu in der Tür stehen. Also fünf Minuten. Am Ende der Woche war es so weit, und ich klingelte nicht einmal mehr. Ich notierte lediglich den Namen, der an der Klingel stand, und wenn der Vorname fehlte, erfand ich den auch.

Die Zeit für das Selbstbeantworten der Fragen des Bielefelder Meinungsforschungsinstituts EMNID ließ sich ebenfalls optimieren, wenn man eine stereotype Vorgangsweise akzeptierte. In Arbeitervierteln wählen fast alle SPD und fahren schlechte Karren, ein paar CDUler gibt es auch, und hier und da einen von der KPD, aber keinen FDPler. Und nicht nur über die Politik, sondern auch über Wirtschaft, Kultur, Sport und das Wetter denken sie alle dasselbe. In bürgerlichen Wohngegenden ließ ich sie eher christlich-demokratisch wählen und gab einen erquicklichen Anteil Liberale hinzu. Dort las man Bücher und den *Spiegel* und zog für den Urlaub das mediterrane Ausland dem Campingplatz an der Nordsee vor. In den Villenvierteln dagegen schwelgte ich in meinen Träumen, und mit ein bisschen Routine schafft man auf diese Art 32 Seiten in knapp zehn Minuten. Als mir auch das zu lang vorkam, spannte ich Freunde ein. Tom und Howie waren schwere Kiffer, aber verstanden mein System sofort. Sie füllten für mich die Fragebogen im Akkord aus und bekamen von mir pro Interview zwei Mark. Mir zahlte EMNID zwölf. Angeblich beschäftigte das Institut Kontrolleure, die telefonisch bei einigen Interviewten nachfragten, ob sie von einem seiner Mitarbeiter besucht worden seien und wie lange das Gespräch gedauert habe. Aber der Schwindel flog nicht auf, im Gegenteil, man lobte mich für die außergewöhnlich gute Arbeit und bot mir eine Festanstellung an. Nicht als Interviewer, sondern im Organisationsteam, das die Trupps rausschickt, lenkt, leitet … und kontrolliert. Weil ich bis zu diesem Zeitpunkt noch immer nichts von der *Neuen Westfälischen* gehört hatte, nahm ich das Angebot des Meinungsforschungsinstituts an und stellte mich darauf ein, für den Rest meines Lebens die Menschheit zu verarschen. Trotzdem ließ ich die Hoffnung nicht sausen, im letzten Moment noch vom Journalismus abgegriffen zu werden, und als der Morgen meines ersten Arbeitstags in der Institutszentrale graute, bat ich ein Mädchen aus meiner Wohngemeinschaft, mich unbedingt sofort anzurufen, wenn ein Brief von der Zeitung kommen sollte. Ich ging zu EMNID, und es fühlte sich falsch an. Ich betrat das Büro, und es gefiel mir nicht. Ich wurde den Kollegen vorgestellt und ich hatte nichts mit ihnen gemein. Man zeigte mir meinen Schreibtisch, und ich wusste, dass es nicht meiner war, und kaum hatte ich mich an ihn gesetzt, klingelte das Telefon und meine WG war dran.

»Der Brief ist gekommen, Helge.«

Es war der Volontärsvertrag, und ich kündigte bei dem Meinungsforschungsinstitut noch vor der ersten Mittagspause. Meine Probeartikel hatten dem Chefredakteur also gefallen. Was hatte ich richtig gemacht? Nicht viel, nur das Wesentliche, und der Rest war Glück. Das Wesentliche beim Journalismus ist, dass man nur über Dinge berichtet, die einen interessieren. Ich denke, das ist normal, und weil das Normale automatisch funktioniert, hatte ich keine Sekunde darüber nachgedacht, für den Sportbericht ein Tischtennisturnier zu wählen. Ich war im Jahr 1967 der Tischtennis-Jugendmeister des Kreises Minden gewesen. 1968 hatte ich zu kiffen begonnen und spielte dann nicht mehr Pingpong, sondern nur noch Gitarre, und auch in Indien habe ich nicht ein Mal an der Platte gestanden, trotzdem wusste ich beim Verfassen des Probetextes noch immer ganz gut, was ein scharf gezogener Topspin beim Gegner anrichten kann. Diese Sattelfestigkeit im Thema, kombiniert mit dem Zufall, dass der Chefredakteur ein leidenschaftlicher Tischtennisspieler war, hat es mir beim Sport leicht gemacht. Ob ihm meine Kritik über den »Tanz der Vampire« ebenso gut gefiel, weiß ich nicht, aber ich hatte den Film immerhin dreizehnmal gesehen, und auch auf die Reportage über den Frankfurter Flughafen, in dem ich mir das Geld für die Reise nach Indien als Kofferträger verdient hatte, ging der Chefredakteur der *Neuen Westfälischen* nicht gesondert ein, als ich zum zweiten Mal vor seinem Schreibtisch stand und mich zum ersten Mal setzen durfte, nein, diesem Prototypen des ungläubigen Journalisten gefiel von den Probeartikeln ausgerechnet mein politischer Kommentar über den Vietnamkrieg am besten, obwohl der nun wirklich reine Esoterik war. Indien pur. Angeklagt sind nicht die Amerikaner, hatte ich geschrieben, und angeklagt ist auch nicht der Vietkong, nein, angeklagt ist der Krieg allein. Und die Zeit wird der Richter sein. Das hört sich gut an, ist aber, wenn man es recht bedenkt, der größte Scheiß, trotzdem hat mir wahrscheinlich dieser Satz die Tür zum Journalismus und damit zum professionellen Schreiben aufgemacht.

Unprofessionell schrieb ich bereits seit meiner Kindheit. Zuerst einen Indianerroman, dann eine Jerry-Cotton-Adaption, und beide Werke illustrierte ich mit eigenen Zeichnungen. Bei den Schulaufsätzen brillierte ich durch schiere Länge. Zu lang für die Deutschlehrerin, die sie nicht mehr korrigierte und wahrscheinlich nicht einmal mehr las, sondern nur noch eine Eins und »sehr fleißig« darunterschrieb. In den Wirren der Pubertät, und leider auch noch danach, verfasste ich zu lange Liebesbriefe, die mir in zwei Fällen in Pornografie abrutschten. Lange Texte hätten deshalb am ersten Tag in der Redaktion der *Neuen Westfälischen* für mich kein Problem dargestellt, aber sie gaben mir zum Einstand eine Bildunterschrift von insgesamt vier Zeilen à dreißig Schreibmaschinenanschlägen, inklusive Leerzeichen, zu einem Foto, das die Eröffnung eines neuen Kindergartens dokumentierte. Und dazu gaben sie mir die sechs magischen Ws des Journalismus, die sechs Fragen, die jeder Text, egal, wie kurz er ist, unbedingt beantworten muss:

Wer?
Was?
Wo?
Wie?
Wann?
Warum?

Ich brauchte für die Bildunterschrift vier Stunden. Nicht, weil ich sie zu ambitioniert, sondern zu verschüchtert anpackte. Mit welchem der magischen Ws sollte ich beginnen? Mit der Adresse, der Uhrzeit, dem Geschehen? Und wer genau macht den Kindergarten auf? Die Kinder? Der Hausmeister? Und wie macht er das? Mit dem Schlüssel? Muss man denn wirklich alle der sechs Ws in einer Bildunterschrift, kurz BU genannt, unterbringen? Oder reicht hier und da das Vertrauen auf die Intelligenz der Leser? Sie werden schon wissen, warum man einen Kindergarten eröffnet. So doof sind die nicht. Aber ich wurde langsam doof. Ich probierte so lange die großen Ws in verschiedenen Kombinationen aus, bis ich mich nicht nur für keine mehr entscheiden konnte, sondern mir noch dazu das Bauchgefühl für die Grammatik abhandenkam. Ich begann es ernsthaft zu versemmeln.

Der Leiter der Lokalredaktion, unter dessen Fuchtel ich die erste BU meines Lebens schrieb, hasste Hippies mindestens so sehr oder gar noch mehr als der Chefredakteur, aber er trank nicht mit meinem Vater.

Er kannte ihn nicht einmal. Ohne die Fesseln der Saufkumpanei konnte er sich ungehemmt in mich verbeißen. Dafür benötigte er keine Zähne, er brauchte mich nur anzusehen, um mein Selbstbewusstsein zu zerreißen.

»Vier Stunden für vier Zeilen, das heißt pro Stunde eine. Gratulation, Herr Kollege.«

Und dann begann er zu schreien.

»Ich habe Sie gestern am Leineweber-Brunnen gesehen! Sie haben Gitarre gespielt!«

Und lauter.

»Und Sie haben GESUNGEN!«

Noch lauter.

»Sie haben mit GESCHLOSSENEN Augen gesungen. Und ich sage Ihnen jetzt mal was.«

Pause. Ruhe vor dem Sturm. Dann:

»EIN JOURNALIST SCHLIESST NIEMALS DIE AUGEN!«

Da irrte er sich aber gewaltig. Hätte er gesagt, dass ein Sänger niemals die Augen schließe, hätte ich ihm recht geben können, denn so zu singen ist ein bisschen feige, aber ein Journalist MUSS die Augen schließen und nach innen blicken. Nur in uns ist das wahre Wissen, und Meditation ist die feinste Klinge des investigativen Journalismus für die *breaking news* der Seele. Meine Meinung. Seine Meinung: »Gehen Sie zurück nach Indien.« Aber so viel Macht hatte er nicht. Es gab Gewerkschaften, es gab Betriebsräte, und es gab Menschenrechte, wie zum Beispiel das Recht auf Schreibblockaden. Er konnte mich nicht zum Teufel jagen, weil ich für die Bildunterschrift vier Stunden gebraucht hatte. Dafür reichte sein Einfluss nicht aus, aber er reichte, um mich aus der Bielefelder Lokalredaktion zu schmeißen. Die Lokalredaktion in Minden nahm mich auf. Minden ist eine schöne Stadt, doch bevor ich über sie berichten darf, muss ich unbedingt noch einmal auf den Vorfall am Leineweber-Brunnen zu sprechen kommen. Ich hatte dort zwar nicht »Hare Krishna Hare Rama« gesungen, aber etwas Ähnliches.

»Jai Sat Chit Anand.«

Das ist Sanskrit. *Jai* heißt »ich grüße«. Und was grüße ich? *Sat,* die Wahrheit, *Chit,* das Bewusstsein, und *Anand,* die Glückseligkeit. Sind das die drei Seiten einer Medaille? So eine Medaille gibt es nicht. Oder sind es die drei Säulen der Weisheit? Wieder daneben. Dann sind es drei Namen für ein und dasselbe. Nein, auch das stimmt nicht ganz. Um zu verstehen, was ich am Leineweber-Brunnen einen Tag vor dem Volontariatsbeginn gesungen habe, muss man Füllwörter bemühen. Wahrheit (ist) das Bewusstsein (der) Glückseligkeit. Und weil davor ein *Jai* kommt, grüßte ich mit diesem gesungen vorgetragenen Sachverhalt jeden, der stehen blieb und mich anlächelte, und jeden, der nicht lächelte und weiterging, einfach jeden. »Jai Sat Chit Ananda«: »Ich grüße die Wahrheit in dir, die das Bewusstsein der Glückseligkeit ist.« Und? Stimmt diese hinduistische Formel? Wahrscheinlich. Denn ihre buddhistische Umkehrung stimmt ja auch. »Alles Leiden ist Unwissenheit.«

Mir ging es also ganz gut zu dieser Zeit. Ich war zwanzig und zu allem bereit, meinetwegen auch Minden. Die *Neue Westfälische* wird nicht nur in Bielefeld verkauft, sondern in ganz Ostwestfalen, und jede Stadt, die etwas auf sich hielt, hatte ihre eigene Lokalredaktion, die ihre eigenen Seiten produzierte, die als Teil der Gesamtausgabe nur in ihrer Stadt erschienen. Der Größe und Bedeutung ihrer Kreisstadt entsprechend, musste die Mindener Redaktion täglich vier bis sechs Seiten füllen, und dafür gab es einen Choleriker, einen Zyniker und einen normalen Redakteur. Der Choleriker war der Leiter der Redaktion, und der Zyniker sein Stellvertreter. Das ergab Sinn. Letzterer verachtete den Chef, und der Chef hasste ihn. Oder war es umgekehrt? Doch egal, wie man es dreht. Negative Energie war die Grundlage ihrer Zusammenarbeit. Macht gegen Intelligenz. Der eine schrie, der andere trank, und der Dritte war die fleischgewordene Comicfigur des abstinenten, aber rasenden Reporters, mit einem Schuss Nick Knatterton, dem Detektiv. Er entzog sich den beiden durch pure Geschwindigkeit und einen entweder angeborenen oder angenommenen Autismus. So wurden drei Männer und ein Volontär jeden Tag von einer Springflut mitgerissen, auch Posteingang genannt. Und alle Telefone heulten gleichzeitig und immer, den ganzen lieben langen Tag. In Minden gab es gefühlte 10 000 Schützenvereine, 5000 Sportvereine und 7000 organisierte Kaninchenzüchter, die uns mit ihren beknackten Terminen die Hölle einheizten, in Minden wollten gefühlte hundert goldene Hochzeiten pro Tag ins Blatt, und in Minden wurde auch Lokalpolitik gemacht. Außerdem liegt die Stadt an der Weser. Es gibt einen kleinen Hafen. Binnenschiffer kamen, Binnenschiffer gingen, nur die Huren blieben. Gauner, Diebe, Verkehrsunfälle, Polizeinachrichten, Amtsmitteilungen, Presseerklärungen sowie Einladungen zu Werkseröffnungen und Tanzdarbietungen brasilianischer Künstlerinnen und Künstler.

»Mit Busen, Beinen und Bananen« war meine erste eigene Überschrift. Reiner Glücksgriff. Keine Sekunde nachgedacht. In Minden lernte ich, zu schreiben, ohne zu denken und ohne gut sein zu wollen, lustig, elegant oder inspirierend. Satzaufbau, Textaufbau, Erzählstruktur, Anfang, Mitte, Ende und dann noch Pointen setzen, für diesen ganzen Egoscheiß fehlte in Minden einfach die Zeit.

Glücklicherweise sagt ein Bild mehr als tausend Worte!

Man erklärte mir deshalb die Funktionsweise einer der drei Redaktionskameras und wie man seine Bilder in der Plumsklo-Dunkelkammer entwickelte, zudem brachten sie mir das Spiegeln bei, also das Layouten. Auf einem Bogen Papier, der exakt so groß wie eine Zeitungsseite und in fünf Spalten unterteilt war, bestimmte man mit einem Bleistift und einem Lineal, wo und wie groß die Artikel, Überschriften, Vorspänne und Fotos stehen sollten. Das machten eigentlich nur die Redakteure, aber weil man in Minden in einem Volontär keinen Auszubildenden sah, sondern ein Häschen, das dringend mal ins kalte Wasser geworfen gehörte, durfte ich es auch, mehr noch, ich bekam meine eigene Seite, die ich nun Tag für Tag selbst gestalten konnte. Zurück zu den Plattitüden. Ein Foto sagt nicht grundsätzlich mehr als tausend Worte, denn das kommt auch immer ein bisschen auf die Worte an, aber weil ich, wie die anderen, für jedes selbst geschossene, selbst entwickelte und selbst eingespiegelte Bild zehn Mark auf mein monatliches Gehalt obendrauf bekam, verinnerlichte ich die Lieblingsplattitüde aller Fotografen und zeichnete sogar zu einem Minitext über ein Altenheim-Event fünf meiner Bilder auf meiner Seite ein. Ich machte praktisch keine Gruppenfotos mehr. Ich brauchte ein Foto pro Greis. Und einen Greis pro Spalte. Dagegen sah die *Bild* wie eine Bleiwüste aus.

Warum so wahrheitsgetreu? Warum spinne ich nicht ein bisschen? Warum schreibe ich nicht, ich hätte meine Geschichte über die brasilianischen Tänzerinnen mit fünf Bildern dokumentiert? Das würde doch viel geschmeidiger laufen. Ein Foto pro Busen und eine Banane pro Spalte! Habe ich Angst davor, als Sexist beschimpft zu werden? Im Gegenteil, ich bettele darum. Sexist ist ein Kompliment. Also, was hindert mich dann daran, aus den Senioren hier Señoritas zu machen und aus den Rollatoren geile Beine? Habe ich etwas gegen die Lüge an sich? Quatsch. Was wäre die Wahrheit ohne die Lüge? Welchen Stellenwert hätte sie dann überhaupt? Wenn alles wahr wäre, stäche eine Wahrheit nicht mehr als wahr heraus. Auch nicht als besonders ehrenwert, mutig, befreiend oder erhellend. Ohne die Lüge verliert die Wahrheit ihren Glanz, ihren Mythos, ihre Macht. Nur die Lüge gibt der Wahrheit Kraft.

Drittes Kapitel

# Mandala

Der Weg der weißen Schäfchenwolken spiegelte sich im Schaufenster eines Damenhutgeschäfts, zudem spiegelten sich darin das Licht, das vom Himmel fiel, und die Blätter eines Baums. Der Raum hinter den Spiegelungen war leer. Kein Hüte mehr, kein Regal, kein Tresen, kein Tisch. Der große leere Raum, in dem es nichts zu sehen gab außer den Spiegelungen von Sommer, Sonne, Bielefeld, wirkte wie eine Galerie auf mich, die nur ein Bild ausstellt. Titel des Werks: Der Schein des Seins. Oder auch: Der schöne Schein. Spiegelungen sind eine besondere Kategorie der Schönheit. Leuchtreklame in Pfützen, der Mond im See, die Sterne auf der Netzhaut der Geliebten und der Himmel über Bielefeld in einem Jugendstilfenster, all das ist manchmal schöner als das Original.

»Suchen Sie sich was anderes«, hatte der Chefredakteur der *Neuen Westfälischen* zu mir gesagt, als mein Volontariat zu Ende ging. »Was ganz anderes, wenn es geht. Irgendeinen Beruf, der nichts mit Schreiben zu tun hat.«

Das Gespräch lag knapp eine Stunde zurück, und seitdem war ich spazieren gegangen und in Bewegung geblieben, erst das Fenster des leeren Damenhutgeschäfts lud mich ein, stehen zu bleiben und loszulassen. Vielleicht hat er ja recht, vielleicht hatte ich in Indien was falsch verstanden. Vielleicht hatte die körperlose Stimme im Himalaja nicht »Geh nach Hause und werde Journalist«, sondern »Geh nach Hause und werde Gastronom« gesagt. Ein spiritueller Übersetzungsfehler. So was soll vorkommen. Was heißt »Wer nichts wird, wird Wirt« auf Sanskrit?

Das war keine Schnapsidee. Oder zumindest keine schnapsigere als die, Redakteur werden zu wollen. Meine Beziehung zur Gastronomie wurzelt genauso innig in meiner Biografie wie die zum Schreiben. Meine Mutter war Kellnerin gewesen, meine Kindheit hatte ich in Lokalen verbracht. Zudem geht die Liebe durch den Magen. *Love & Peace* braucht Kantinen, in denen sich die Hippies laben. Außerdem: Was bedeutet ein eigener Laden? Es bedeutet, dass man die Musik bestimmt! Jeder träumt davon, anderen Leuten seine Lieblingslieder aufdrängen zu können, ohne dass jemand dazwischengeht, und ein Lokal ist wie ein kleiner, intimer Radiosender. Man bestimmt auch die Atmosphäre, den Umgangston, die Öffnungszeiten und die Speisekarte. Ich war Vegetarier, und hinter dem leicht transparenten Spiegelbild von Blatt, Baum und Schäfchenwolken im Fenster des leeren Damenhutgeschäfts sah ich das zukünftige erste vegetarische Restaurant in Ostwestfalen. »Geschäftsräume zu vermieten« stand auf einem Schild an der Tür. Sowie eine Telefonnummer mit der Vorwahl von Herford. Aus der nächstbesten Zelle wählte ich sie an. Eine sympathische, testosterongesättigte Stimme ging ran.

»König. Was kann ich für Sie tun?«

»Timmerberg. Ich möchte gern Ihren Laden mieten.«

»Welchen?«

»Den in Bielefeld.«

»Wollen Sie Damenhüte verkaufen?«

»Nein, auch keine Damenwäsche.«

Herr König lachte.

»Was dann?«

»Ich will ein Restaurant aufmachen.«

Von nun an verlief das Telefonat erfreulich. Dem Mann gefiel meine Geschäftsidee. Sie sei besser als alles, was er bisher gehört habe. Erst gestern habe einer bei ihm angerufen, der einen Sexshop aus dem Damenhutgeschäft habe machen wollen. Das habe er sofort abgelehnt. Was Schmuddeliges wolle er nicht. Auch keine Spielhalle. Keine Bar, im Grunde nicht mal eine Kneipe. Aber ein Restaurant würde ihm gefallen. Und ob ich denn aus der Branche sei?

»Nein, aber ich will rein.«

Wieder lachte Herr König.

»Und wie viel Geld haben Sie dafür, Herr Timmerberg?«

Die Frage traf mich nicht wirklich unvorbereitet. Ich hatte sie mir selbst schon gestellt. Ich hatte nichts, aber ich sagte: »5000.«

Herrn König verschlug das für einen Moment die Sprache, unser Telefonat verharrte im Schockzustand.

»Das wird aber nicht reichen«, sagte Herr König, als er die Stimme, leicht abgekühlt, wiederfand.

Wenn alle Stricke zu reißen drohen, bleibt nur noch eines: weiterlügen, aber besser.

»Natürlich wird das nicht reichen«, sagte ich. »Natürlich habe ich mehr. Die 5000 sind nur das, was ich gerade bei mir trage. Mein Taschengeld sozusagen.«

Sofort floss das Lachen in seine Stimme zurück. »Ach, Ihr Taschengeld, und wie viel haben Sie darüber hinaus?«

Was will er hören? 15 000? 20 000? Ich sage mal 25 000.

»Das ist noch immer nicht sehr viel.«

»25 000 habe ich auf der Bank, und weitere 25 000 kann ich lockermachen«, antwortete ich, und so hätte es ewig weitergehen können.

Aber Herr König schlug vor, das Gespräch am Telefon zu beenden, um es am kommenden Tag bei ihm in Herford fortzuführen. Und als ich dann wieder vor dem großen Fenster des Damenhutgeschäfts stand, resümierte ich im Angesicht des gespiegelten Himmels über Bielefeld dieses Telefonat mit Zuversicht. Ich war zwar noch nicht drin, aber ich war auf dem Weg der weißen Schäfchenwolken ein Wölkchen weitergekommen.

Bei Geschäftsverhandlungen entscheidet über Erfolg oder Misserfolg das Charisma zu achtzig und die Kompetenz zu zwanzig Prozent. Weil ich ganz sicher gehen wollte, nahm ich Debbie mit. Eine Kalifornierin auf Europatrip. Eine Halbindianerin, ein Joan-Baez-Model, ein Bob-Dylan-Gedicht. Vor drei Wochen war sie in die Stadt gekommen, vor zwei Wochen in mein Bett. Wir nahmen den Zug nach Herford, dafür reichte das Geld, das ich in meiner Tasche trug, zurück wollten wir trampen, und den Weg vom Bahnhof bis zu Königs Haus gingen wir zu Fuß. Er wohnte nicht in Bahnhofsnähe, auch nicht im Zentrum, sondern fast schon am Stadtrand, aber wir waren ja jung und gesprächig. Ich fragte Debbie, ob sie kochen könne. Sie sagte Nein. Ich fragte Debbie, ob sie lügen könne. Sie sagte Ja. Das waren so die Fragen. Und wird Herr König wie seine Stimme sein?

Sein Haus war eine Sechzigerjahre-Schönheit, eine Legosteinvilla, nicht groß, aber kompakt, und ein roter Lamborghini stand davor. Als sich die Haustür für uns geöffnet hatte, sprang eine riesige Dogge an mir hoch und begann, mich abzuschlabbern.

»Django, lass den Scheiß!«

Das war Herrn Königs Stimme. Nachdem Django den Scheiß gelassen hatte, begrüßte uns ein Mann, der eine goldene Halskette und das Hemd fast bis zum Bauchnabel offen trug. Das war Herr König. Uwe König, Inhaber aller namhaften Puffs in Herford, aber noch immer nicht satt. Er wollte mehr, er wollte Bielefeld, und das war schwer, weil der Rotlichtkönig von Bielefeld was dagegen hatte. Konkurrenz belebt nur das Geschäft, wenn Platz für zwei ist. Jeder ehrliche Versuch von Herrn König, in der Metropole Ostwestfalens Fuß zu fassen, scheiterte seit Jahren an den Beziehungen und der Schlagkraft des Bielefelder Paten, deshalb probierte er es jetzt auf die verschlagene Tour. Ein seriöses Haus in solider Lage kaufen, harmlose Gastronomie darin etablieren und später die Schrauben anziehen. Das war sein Plan, und er hatte dabei nicht mal im Traum an ein vegetarisches Restaurant gedacht, aber es traf den Nagel so was von auf den Kopf. Harmloser ging es nicht mehr. Das war ein Grund, warum das Treffen mit Herrn König vortrefflich verlief. Der andere war Debbie.

»Ihre Freundin sieht ja wie Joan Baez aus«, meinte Herr König.

»Und sie kocht so gut, wie Joan Baez singt«, sagte ich.

Der richtige Spruch ist das A und O im Leben. Man kann ihn nicht lernen. Man hat ihn, oder man hat ihn nicht, und selbst wenn man ihn hat, ist die Entspanntheit eine zwingende Grundlage für ihn. Wer Geschäfte machen will, sollte sich vorher damit abfinden, dass sie nicht zum Abschluss kommen könnten. Keine Hoffnung, keine Angst? Nein, keine Gier, keine Angst. Die Hoffnung darf man pflegen, die Gier gehört zum Teufel gejagt. Je gieriger man einem Traum hinterherläuft, desto länger läuft man. Das wusste ich mit zweiundzwanzig zwar noch nicht, aber es funktionierte instinktiv. Mein Instinkt sagte, dass vor mir ein Ozean von Lebenszeit liegt. Und wenn das hier nicht klappt, dann trampe ich mit meinem Joan-Baez-Model zurück nach Bielefeld und mache was anderes. Unser Kapital war die Zukunft, nicht die Gegenwart. Das entspannte mich zu mehr als fünfzig Prozent, und was die Restspannung anging: Die zurückliegenden zwei Jahre in den Lokalredaktionen der *Neuen Westfälischen* hatten mir ein wenig den Hippie abgeschminkt. Lokalredakteure sind die Frontschweine des Journalismus, und man kommt von keinem Krieg unbefleckt zurück. Die Königs der ostwestfälischen Welt waren mir deshalb nicht mehr wirklich fremd, und dieser hier war mir noch dazu sympathisch. Auch Debbie mochte ihn. Was mir verständlich erschien. Sie sah aus wie Joan Baez, und Herr König wie Burt Reynolds. Die Locken, der Schnauzbart, das Lachen, alles Burt Reynolds, auch die ovale Gesichtsform, die hohe Stirn, die wachen, leicht belustigten Augen. Immer zu einem Flirt, einem Faustschlag, einem Spaß, einem Geschäft bereit. Musste ich mir Sorgen machen? Ja. Machte ich mir Sorgen? Nein. Ich glaubte, ein vierzigjähriger Burt Reynolds sei zu alt für eine zwanzigjährige Joan Baez. Ich hatte keine Ahnung. Deshalb blieb ich souverän. Das wiederum gefiel Herrn König an mir.

Es sprach für ihn, dass er seine Übermacht nicht nutzte, dass er uns als Paar respektierte, dass er die *flirty fingers* von Debbie ließ. Er saß auf seinem Kingsize-Ecksofa wie ein Mann, dem genügt, dass die Frau weiß, was er kann. Und natürlich glaubte er nicht an Debbie als Köchin eines Restaurants. Aber er glaubte an mich. Wer zu einem Deal in der Gastronomiebranche eine kalifornische Granate mitbringt, macht prinzipiell schon mal alles richtig. Auch dass ich nicht kochen konnte und noch nie gekocht hatte, interessierte dabei nicht. Wenn er einen Puff aufmacht, will er sich ja auch nicht selbst ficken lassen. Man muss delegieren können. Wer das nicht kann, wird immer scheitern. Einen Koch würde ich schon finden, die gab es wie Sand am Meer. Worauf es ankam, war die Idee, und diesbezüglich hatte Herr König Informationsnachholbedarf. Warum will ein Mensch vegetarisch essen? Freiwillig? Nicht aus Not? Antwort: Für Menschen, die sich ihrer Mitgliedschaft in der Familie der Säugetiere bewusst sind, gilt Nichtvegetarismus als Kannibalismus.

»Und was ist mit Geflügel?«

»Ich finde Geflügel eklig«, antwortete ich.

»Aber ich nicht«, sagte Herr König, und die meisten Menschen, die er kenne, auch nicht. Wenn er es recht bedenke, kenne er nicht einen einzigen Vegetarier außer mir und Debbie. Obwohl er sich bei Debbie nicht wirklich sicher sei. Könne eine Frau von Gemüse so schön werden?

»Die Inderinnen sind die schönsten Frauen der Welt«, warf ich ein, »und sie sind alle Vegetarier.«

»Woher wissen Sie das?«

»Weil ich da war.«

»Sie waren in Indien?«

Ein Heimspiel begann. Die ideale Ablenkung von Themen, bei denen man nicht sattelfest ist, sind Themen, über die man im Schlaf dozieren kann. Herrn König interessierte dabei nicht so sehr mein Fachwissen, er zeigte sich eher fasziniert von der Art, wie ich es mir angeeignet hatte.

»Sie sind über Land gefahren? Mit siebzehn? Und hatten nur 500 Mark dabei? Wie weit ist es von Bielefeld bis Indien?«

»10 000 Kilometer.«

»Mit 500 Mark???«

»Nein, die reichten nur bis Istanbul. Dort erzählte ich auf der deutschen Botschaft, dass ich Heimweh habe und unbedingt nach Hause will, aber kein Geld mehr habe. Sie haben mir 250 Mark für die Rückfahrt nach Bielefeld gegeben, und damit bin ich bis Teheran gekommen. Da wieder auf die Botschaft und gejammert – ich will nach Hause, ich will nach Hause –, und ruck, zuck rückten die mit den nächsten 250 für die Rückreise raus. So ging es bis Indien weiter, und das Geld, das sie mir auf der Botschaft in Neu-Delhi für die Rückreise gaben, reichte dann für eine gute Zeit im Himalaja.«

Meinen ehemaligen Kollegen in den Redaktionen der *Neuen Westfälischen* bewiesen meine Indiengeschichten, dass ich nicht ernst zu nehmen sei, bei Herrn König bewirkten sie das Gegenteil. Wer so bis Indien kommt, der schafft es auch in der Gastronomie ohne Eigenkapital. Womit er wieder beim Thema war, aber anders als vorher. Er redete plötzlich wie ein großer Bruder mit mir. Er checkte mich nicht mehr, jetzt wollte er helfen. Nicht mit Geld, das ist klar, aber mit seinem Rat ging er mir zunehmend auf die Nerven. Ob ich denn wisse, was eine Profiküche koste, und die Toiletten, und der Architekt? Die Renovierung, die Einrichtung, das Personal, die Einkäufe und dann wieder die Küche, allein die Dunstabzugshaube koste ein Vermögen, und auf der würden SIE bestehen. Wer war SIE? Der Feind. Das Ordnungsamt, Abteilung Gastronomie. Selbst in seinen Nachtklubs würden SIE Dunstabzugshauben verlangen, weil die kleine Küchen hätten, winzige Küchen, Notküchen für Notgeile, das müsse man sich mal auf der Zunge zergehen lassen, Dunstabzugshauben im Puff, nein, die Welt sei böse, darum sage er es jetzt noch einmal, und ich solle ihn nicht missverstehen. Es sei zwar nicht schön, alle drei Monate nach einem neuen

Mieter für das ehemalige Damenhutgeschäft zu suchen, die Telefongespräche, die Verträge, das nerve ihn, das ermüde ihn, denn nicht alle seien so amüsant wie ich und so bezaubernd wie Debbie, aber er werde es in Kauf nehmen, dieses Risiko gehe er inzwischen ein, inzwischen wolle er sich nicht mehr vor mir schützen, sondern nur noch mich vor mir. Und nur deshalb sage er es jetzt noch einmal, in aller Deutlichkeit.

»Erstens: Sie brauchen Geld! Zweitens: Sie haben kein Geld! Und drittens: Wie wollen Sie das ändern?! Was ist Ihr Finanzierungskonzept?«

Darüber hatte ich auch schon nachgedacht. Gestern Abend und gestern Nacht im Bett. Die Antwort war ein Mischkonzept. »Ein Drittel kommt von der Bank, mit einer Bürgschaft meines Vaters, ein Drittel kommt von Freunden, und ein Drittel kommt von Gott.«

»Gibt es Gott?«, fragte Herr König. »Gibt es Freunde?«

Mein Gottesbegriff war schnell erklärt. Unpersönliche, reine Energie, superfeine Energie, die Mutter aller Energien, die das Universum schafft, erhält und zerstört und die deshalb definitiv überall ist, auch in uns. Und, das ist fast schon Blasphemie: Sie ist nicht in uns, wir sind in ihr. Wir sind ein Teil, eine Manifestation, eine Interpretation, ein Wellenschlag von ihr. Das Sein war mein Gottesbegriff und das Bewusst-Sein meine Gotteserfahrung, und jeder, der das ähnlich sah, war mein Freund. Gibt es Freunde? Ich hatte viele Freunde dieser Art, denn das Wassermannzeitalter erhob sein zauberhaftes Haupt, der neue Mensch ward geboren. San Francisco, London, Kathmandu und Amsterdam waren seine Metropolen, Bielefeld galt als Semimetropole, als Hippiehochburg von Ostwestfalen-Lippe. In Bielefeld wurden Hermann Hesse, Carlos Castaneda, Timothy Leary und das »Tibetische Totenbuch« wie Trivialliteratur verschlungen, der Drogenhandel blühte, alle waren gut drauf. Natürlich kannte ich meine Freunde nicht alle persönlich, aber mit hundert bis hundertfünfzig meiner Wassermannzeitaltergenossen hatte ich schon mal einen Joint geraucht (das verschwieg ich Herrn König), und mit immerhin fünfunddreißig von ihnen wohnte ich zusammen. Sechsunddreißig mit Debbie. Und trotzdem gab es keine beengten Verhältnisse, weil das Haus so riesig war. Es gab noch immer Platz für Gäste, und es waren eigentlich auch immer welche da, zurzeit zwei Mitglieder der Roten Armee Fraktion (RAF), die sich für ein paar Tage bei uns versteckten, aber das verschwieg ich Herrn König ebenfalls. Es traf auch nicht den Punkt. Wir waren keine Kommune, wir waren keine Sekte, wir waren eine Großfamilie von Geistes- statt von Blutsverwandten, mit hoher Toleranzschwelle. Mit den meisten meiner WG-Mitglieder hatte ich gestern Abend über das vegetarische Restaurant gesprochen, und alle, bis auf die zwei von der RAF, waren sofort dabei. Weil sie, wie ich, in der Idee kein gastronomisches Unternehmen sahen, sondern die Chance für eine Plattform, eine Bühne, ein Wohnzimmer der neuen Zeit. Und ich spreche jetzt nicht nur von den Mädchen, die die Tischdecken nähen könnten. Wir hatten einen Architekturstudenten, der würde die Pläne machen. Einen Kunstprofessor, der sich um die grafische Gestaltung der Speisekarte kümmern würde, und eine Sozialarbeiterin, die Exjunkies betreute. Sie versprach, mit der ganzen Gruppe zum Renovieren zu kommen. Kostenlos. Man nennt das Arbeitstherapie. Ich hatte Freunde, ich hatte einen Vater und ich hatte einen Gott, den ich als eine Energie begriff, die durch Meditation jederzeit anzapfbar ist. Was braucht man noch, um ein vegetarisches Restaurant aufzumachen?

»Parkplätze«, sagte Herr König. »Ein Restaurant

braucht Parkplätze. Und das Haus hat keine. Und ich sage Ihnen jetzt mal was. Wenn Sie Parkplätze finden, kriegen Sie den Mietvertrag.«

Mit diesen Worten waren wir entlassen. Herr König und Django brachten uns vor die Tür.

»Wo steht Ihr Wagen?«, fragte er.

»Och«, sagte ich, »der steht neben mir.«

Ich scherzte und scherzte auch wieder nicht. Mit Debbie reiste man per Anhalter schneller als mit dem D-Zug. Ich konnte mich glücklich schätzen – ob dasselbe für Debbie galt, weiß ich nicht. Mit mir teilte sie das Menschenrecht auf Autostopp, aber Herrn Königs roter Lamborghini lauerte auf seinem Parkplatz wie ein schönes wildes Tier.

Parkplätze waren bis dato für mich ein Wort wie »Plastiktüten«, »Zahnstocher«, »Alleskleber«, »Türklinken«, »Raufasertapeten« oder »Steckdosen«, ein Wort für Erscheinungsformen des Universums, die man zwar braucht, aber nicht ehrt, ein Wort ohne Seele, Romantik, Geheimnis und Abenteuer, ein Wort, das man auch durch »Blubblub« ersetzen könnte oder durch »Dingsbums«. Was haben Parkplätze mit dem Wahren, Schönen, Guten oder den sieben Todsünden zu tun? »Parkplätze« war ein farbloses Wort, ein kleines Wort, ein Füllwort, ein Schattenwort, ein um Aufmerksamkeit bettelndes Wort, ein Wort, für das man sammeln gehen müsste, ein Stiefkind der Sprache für mich, bevor ich in der Gastronomie Fuß fassen wollte. Danach änderte sich das sofort.

Ein Anruf beim Bielefelder Ordnungsamt brachte am nächsten Tag folgende Erkenntnisse in Sachen Parkplätze:

Erstens: Sie wollten einen pro zehn Sitzplätze. Ich dachte an fünfzig Stühle im Restaurant, also wollten sie fünf Parkplätze.

Zweitens: Die Parkplätze durften nicht weiter als 250 Meter vom Restaurant entfernt sein.

Drittens: Öffentliche Parkplätze, die unsere Gäste ja auch hätten nutzen können, zählten nicht. Unsere Parkplätze mussten rund um die Uhr für das Restaurant reserviert sein.

Viertens: Es reichte nicht, die Parkplätze von den Nachbarn zu mieten. Sie mussten grundbuchrechtlich übertragen werden.

Fünftens: Ein grundbuchrechtlich übertragener Parkplatz ist ein Parkplatz, der nicht mehr zu dem Haus gehört, an dem er liegt, sondern zu dem Haus, auf das er grundbuchrechtlich übertragen wurde. Für immer und ewig gehörte er dann Herrn König.

Sechstens: Weil kein Hausbesitzer, der alle Sinne beisammenhat, auf dieser Grundlage Parkplätze vermietet, bot das Ordnungsamt Ablasszahlungen als Alternative an. 10000 Mark pro nicht vorhandenem Parkplatz. Also 50000 für alle fünf.

Siebtens: Die Parkplatzregelung auf dieser Basis war spätestens nach einem Jahr widerrufbar.

Achtens: Das heißt, dass ich dann noch mal für die fehlenden Parkplätze zahlen musste.

Herr König hatte völlig recht gehabt. Das Ordnungsamt ist der Feind des Bruttosozialprodukts. Es nimmt tatenfrohen jungen Menschen nicht nur den Mumm, es gibt sie auch der Lächerlichkeit preis. Ich lief einen Tag im Radius von 250 Metern um das ehemalige Damenhutgeschäft herum, und alle, die ich fragte, ob sie einen Parkplatz abzugeben hätten, lachten mich aus. »Aber ich zahle 50 Mark pro Parkplatz und Monat!« Da lachten sie noch mehr. Oder reagierten unwirsch, so, als hätte ich nicht »Haben Sie mal 'nen Parkplatz?«, sondern »Haben Sie mal 'ne Mark?« gefragt. Obwohl das

Bild grausam hinkt. »Haben Sie mal 'ne Million?« trifft es besser. Parkplätze, das lernte ich an diesem Tag, sind der verlorene Schatz der Städte, der goldene Asphalt. Gelächter und Hohn waren mein Lohn, nur einmal hat einer auf meiner Suche was Nettes gesagt. Ein Pfarrer, vor seinem Pfarrhaus.

»Sagen Sie mir doch bitte Bescheid, junger Mann, wenn Sie welche finden. Wir brauchen auch dringend welche.« Und: »Ich werde für uns beide beten.«

Und schon war ich nicht mehr allein unterwegs. Auch Gott suchte Parkplätze in Bielefeld und konnte bisher keine finden. Und wenn ich die Berichterstattung über jene Geschehnisse im Sommer 1974 für einen Moment unterbrechen darf, um mich kurz mal dem Wesentlichen zuzuwenden: Ich hatte von einer guten Seele gehört, die, kaum im Himmel angekommen, auf Gott traf. Gemeinsam schauten sie noch einmal auf den Lebensweg der Seele und auf die Fußstapfen, die sie hinterlassen hatte. Es waren fast immer vier Fußstapfen nebeneinander, die den Weg der Seele markierten, aber manchmal waren es auch nur zwei. »Siehst du, Gott«, sagte da die Seele. »Immer da, wo nur zwei Fußstapfen sind, hast du mich alleingelassen.« Und Gott antwortete: »Nein, immer da habe ich dich getragen.«

Gott trägt uns, wenn wir aufgegeben haben, und am Ende des Tages war es so weit. Ich gab die Suche nach den Parkplätzen auf, und damit auch das Restaurant, denn 50000 Mark Ablass an das Ordnungsamt konnte und wollte ich nicht bezahlen. Ein guter Traum kennt seine Grenzen. Wenn er schon die erste Prüfung nicht besteht, wie soll er dann die nächste schaffen und die nächste und die nächste, die Küchen, die Toiletten, die Notkredite, die platzenden Schecks, den Ärger mit dem Personal. Nein, die Parkplätze waren ein Zeichen. Ich war kein Held der Gastronomie. Ich ging noch einmal zu dem ehemaligen Damenhutgeschäft und schaute in das große Jugendstilfenster. Weil es bereits dunkelte, waren keine weißen Schäfchenwolken mehr darin zu sehen.

Mein Herz nahm Abschied, gesundete und wollte dann nur noch nach Hause. Etwa 250 Meter weiter kam ich an einem hohen gusseisernen Zaun vorbei und blieb stehen. Hinter den Gitterstäben sah ich große, alte Bäume, eine betagte Villa und einen Hof, auf dem bequem mehr als fünf Autos hätten parken können, es parkte dort aber nur eines, ein kleiner Möbelwagen, und der wurde von zwei Männern und einer Frau beladen. Sie zogen gerade aus. Unter dem Lichtkegel der Hoflampe erschien mir das Shangri-La der Parkplätze, und als mir einer der Pappkartons tragenden Männer sagte, das Haus gehöre einer sehr netten alten Dame, die nur leider schon etwas durcheinander im Kopf sei, war ich endgültig wieder obenauf.

Ich bekam ihre Telefonnummer. Soll ich gleich anrufen, oder wird morgen der frühe Vogel den Wurm fangen? Der frühe Vogel fing ihn. Die nette alte Dame äußerte zwar ein paar Bedenken, die alle mit ihrer Tochter zu tun hatten, aber grundsätzlich zeigte sie sich nicht abgeneigt. Gegen Mittag komme ihre Tochter, dann werde sie mit ihr darüber sprechen.

»Rufen Sie mich doch um 15 Uhr noch mal an, junger Mann«, sagte die nette Stimme.

»Kann ich auch zu Ihnen kommen?«, fragte ich.

»Ja, wenn Sie sich die Mühe machen wollen. Aber ich kann Ihnen nichts versprechen.«

Anschließend rief ich in Herford an.

»Donnerwetter«, sagte Herr König, und: »Ich spring gleich mal in den Lamborghini.«

Er wollte bei dem Treffen dabei sein. Mit den Verträgen.

»Aber sie war sich noch nicht sicher«, warnte ich.

»Ach was«, sagte Herr König, »ich kann gut mit alten Damen.«

Als wir alle gegen 15 Uhr in einer guten Bielefelder Stube beieinandersaßen, hatte Herr König die alte Dame mit seinem Zuhältercharme sofort im Griff. Bereits nach wenigen Minuten war sie praktisch außer sich. Das Problem war die Tochter. Sie war die Einzige, die nicht saß. Etwas älter als Herr König, praktisch frisiert und ungeschminkt, stand sie hinter ihrer aufblühenden Mutter wie die Dreieinigkeit von Anwalt, Erbe und Leibwächter und setzte sich einfach nicht. Herr König war ihr Antityp. Und sie sprach ständig für ihre Mutter: Ihre Mutter brauche Ruhe, ihre Mutter brauche ihren Mittagsschlaf, ihre Mutter sei zu alt für solche Geschäfte…

Herr König sagte: »Ihre Mutter ist doch nicht alt!«

»Meine Mutter ist fast achtzig.«

»Das hätte ich nie gedacht. Ich habe sie glatt zwanzig Jahre jünger geschätzt. Da bewahrheitet es sich wieder einmal: Jeder ist so jung, wie er sich fühlt.«

Das sind natürlich Plattitüden, aber Oscar Wilde wäre hier auch fehl am Platz gewesen. Der netten alten Dame fuhren Herrn Königs Komplimente wie Lieder von Roy Black ein. Und die Idee mit Venedig fand sie klasse. Mit der Miete von den Parkplätzen, erklärte Herr König, könne sie nicht nur einmal im Jahr an die Lagune reisen, sondern auch ihre Tochter dazu einladen. Oder führe sie doch besser allein? Man wisse ja nie, wen man da kennenlerne, denn: »Für die Liebe in Venedig ist man nie zu alt!«

So verlor die nette alte Dame für immer fünf Parkplätze, so gab sie einen Teil ihres Grundstücks auf, aber so gewann sie 250 Eier im Monat und einen Traum. Als wir wieder auf der Straße standen, legte Herr König den Mietvertrag für mein Restaurant auf die Kühlerhaube seines Lamborghini und den Schlüssel auch.

»Eines müssen wir noch klären«, sagte er. »Was ist mit Fisch?«

»Nein, auch kein Fisch. Bei uns kommt nichts auf den Tisch, was mal Augen hatte.«

Noch am selben Nachmittag drehte ich mich in den leeren Räumen des ehemaligen Damenhutgeschäfts im Kreis, ohne die Balance zu verlieren. Drei Räume, ein großer und zwei kleinere, sowie das geile Schaufenster waren ab sofort mein Reich. Das Fenster war vier Meter breit und fast fünf Meter hoch. Es begann am Boden, oben wurde es zum Bogen, und von innen nach außen betrachtet, waren da nur Büsche und Bäume zu sehen. Die Eingangstür, halb so breit, aber genauso hoch wie das Fenster und mit dem gleichen schönen Jugendstilbogen, bot ebenfalls Ausblick auf den kleinen Park, an dem der Laden lag. Von dem Fußgängerweg, der zwischen dem Park und der Häuserzeile verlief, war aus der hinteren Hälfte des Raums wenig bis nichts zu sehen. Der Zauber der Perspektive blendete das schmale Asphaltband vor dem Fenster aus. Nur Buchen, Birken und Kastanienbäume, und diese Lage war natürlich ideal. Mittendrin und doch vor der Wiese. Am Rand der Altstadt. Früher verlief hier die Stadtmauer von Bielefeld.

Trotzdem hätte ich jetzt vielleicht nicht tanzen, sondern wehklagen sollen, denn ab sofort hatte ich 800 Mark Miete für den Laden und 250 Mark für die Parkplätze an der Backe. Und jetzt mal nur unter uns: Welche Backe ist in diesem Sprachbild eigentlich gemeint? Die im Gesicht oder die am Arsch? Sollte die Arschbacke gemeint sein, dann würden weit gewichtigere Kosten sie demnächst über den Boden schleifen lassen. Aber Geld bedeutete mir fast nichts – und

Räume sehr viel. Ein leerer Raum war wie ein leeres Blatt Papier für mich, auf dem ich die Sätze mit Vorschlaghammer und Motorsäge zu schreiben gedachte.

Als Erste rückten die Exjunkies aus der Therapiegruppe meiner WG-Schwester an. Sie musste ich nicht bezahlen. Den Architekturstudenten auch nicht. Er sagte den zu therapierenden Drogensüchtigen, was gestrichen, was tapeziert und was abgerissen gehörte. Die Seitenwände des großen Raums zum Beispiel gehörten abgerissen, denn sie hörten sich hohl an, wenn man gegen die Raufasertapete klopfte. Hinter der Tapete war Sperrholz, und dahinter waren Spiegel, eingefasst in Wandregalen. Wer hatte Spiegel, die Spiegel spiegelten, mit Sperrholz und Raufaser erblinden lassen? Die Inhaberin des Damenhutgeschäfts? Und warum? Weil sie vor Einbruch der Dunkelheit ihren Laden schloss und deshalb nie Kerzen auf den Regalen der gegenüberliegenden Spiegelwände entzündet hatte? Ich kaufte sieben Packungen Haushaltskerzen, und wenig später schwamm der Raum in einem Universum aus flackernden Flammen.

»Das wird ein wunderschönes Restaurant«, sagte einer der Exjunkies zu mir. »Hast du schon einen Koch?«

Jo war nicht nur ein gelernter, sondern auch ein geborener Koch und darüber hinaus ein geborener Gastronom. Er war zwischen den Töpfen und Pfannen einer Profiküche aufgewachsen, denn seine Eltern führten ein Landhotel mit Sternerestaurant, das er mal übernehmen sollte. Ein Prinz in der Welt der Wirte war in der Welt des Heroins versunken und tauchte in einer Therapiegruppe bei mir wieder auf. So wurden ein Profi und ein Amateur zu einem Team, was der Profi selbstverständlich bald bereuen sollte. Aber Jo hatte ja schon Schlimmeres gesehen, um nicht zu sagen, er hatte das

Schlimmste hinter sich, schlimmer als ein Heroinentzug kann ein Amateur nicht sein. Und dass ich für das gesamte Küchenequipment nur die drei Monatsgehälter veranschlagte, die noch von der *Neuen Westfälischen* ausstanden, nahm er mit diesen schönen traurigen Augen der Exjunkies hin. Es ist die Trauer, nie mehr zum Heroin zurückkehren zu dürfen. Die Trauer um das verlorene Paradies. Einen wie Jo kann man nur lieb haben. Er öffnete meine Augen für ein Anzeigensegment in der *Neuen Westfälischen*, das mir vorher nie aufgefallen war. Lokalaufgabe. Pleitewirte verramschen ihre Herde, Gefriertruhen, Großspülen und Dunstabzugshauben für ein Drittel, manchmal auch für ein Viertel oder gar Fünftel des Neuwerts, weil sie keine andere Wahl haben. Es gibt zu viele von ihnen. Das hätte mich eigentlich nachdenklich machen sollen, aber zum Nachdenken blieb wenig Zeit in diesen Schlag-auf-Schlag-Tagen, denn sie verramschten auch ihre Stühle und Tische, ihr Geschirr, ihr Besteck, ihre Lampen, ihre Vorhänge, man konnte ein komplettes Secondhand-Restaurant mit links aufmachen, aber auch mit links kostete mehr Geld, als ich hatte. Um von Banken Kredite zu bekommen, braucht man Sicherheiten oder Geschichten, die Sicherheit suggerieren.

Ich hatte meinen Vater. Er hatte es nur mit Geschichten zu einem hohen Gewerkschaftsfunktionär gebracht. Dass er für mich bei der Bielefelder Sparkasse bürgte, war selbstverständlich, aber die Begleitumstände waren es nicht. Wir führten unser Vater-Sohn-Gespräch in Sachen Restaurant bei mir, in meiner WG. Er wollte einfach mal sehen, wie ich lebte und wer meine Freunde waren, und einige Gesichter kamen ihm bekannt vor, aber er wusste nicht, woher. Als alles geklärt war und er sich von mir verabschiedete, wollte es der Zufall, dass unsere beiden steckbrieflich gesuchten RAF-Gäste endlich wieder abzureisen gedachten, nur sprang ihr R4 nicht an, und mein Vater half beim Schieben.

»Das waren zwei gute Taten an einem Tag«, sagte er. »Dafür darf ich morgen sündigen.«

Eine seiner guten Taten führte zu weiteren politisch motivierten Banküberfällen, die andere finanzierte meine Toiletten.

Das Ordnungsamt verlangte insgesamt fünf Toiletten und vier Waschbecken plus drei Pissoirs bei den Männern oder alternativ eine zwei Meter lange Pissrinne. Das alles und auch noch die Kabinen wollte mir eine Truppe südeuropäischer Facharbeiter schwarz für 5000 Mark im Keller des ehemaligen Damenhutgeschäfts installieren. Nachdem sie fertig waren, monierte ich, dass die offenen Abflussrohre der Toiletten und Pissoirs zehn Zentimeter über dem Boden endeten. Würde man diese WCs benutzen, könnte man auch gleich auf den Boden scheißen. Ja, sagten sie, da hätte ich recht, aber es gäbe nun mal in diesem inzwischen komplett zu Damen- und Herrentoiletten umgebauten Kellerraum leider keine Schmutzwasserhauptleitung, an der sie meine sanitären Anlagen anschließen könnten. Die Schmutzwasserhauptleitung des Hauses verlief etwa zehn Meter von meinem Keller entfernt, am Ende eines Gangs. Oder waren es fünfzehn Meter? Was wir bräuchten, sei eine Rinne einmal längs durch diesen Gang, sagten die Installateure, und sie müsse zwanzig Zentimeter breit und mindestens dreißig Zentimeter tief sein, denn der Gang habe kein Gefälle. Aber die Rinne sei im Preis nicht mit drin, die machten sie nicht für die 5000 Mark. Auch nicht für mehr. Solche Scheißarbeiten machten sie überhaupt nicht. Die Rinne sei mein Ding. Wenn sie fertig wäre, kämen sie wieder und legten das Rohr rein, das meine Toiletten mit dem Schmutzwasserhauptkanal des Hauses verbinde, und alles wäre fein. Unfein aber war der Kellerboden aus Beton.

Weil selbst die Exjunkies aus der Therapiegruppe sich weigerten, eine zehn bis fünfzehn Meter lange, zwanzig Zentimeter breite und dreißig Zentimeter tiefe Rinne in Beton zu schlagen, nahm ich die Dinge selbst in die Hand. Zunächst versuchte ich es mit Hammer und Meißel. Der Beton reagierte darauf, als würde ich ihn lecken. Danach probierte ich es mit einer kleinen Heimwerkerbohrmaschine, und der Beton freute sich, denn jetzt konnte er was kaputtmachen. Erst als ich einen Presslufthammer durch den Kellergang zu bewegen begann, wurde dem Beton angst und bange, denn in Wahrheit bewegte nicht ich den Presslufthammer, sondern der Presslufthammer mich. Ich hatte vorher nie so ein Ding in der Hand gehabt, und als ich ihn startete, rauschte der Presslufthammer sofort im Zickzackkurs mit mir ab. Es bereitete mir erhebliche Mühe, mich festzuhalten. Aber Übung macht den Meister, und Beton braucht kein Mitleid. Nach zwei Tagen lag der Kanal für die Schmutzwasserverbindungsleitung in der gewünschten Länge, Breite und Tiefe vor mir wie ein guter Satz.

Vermisste ich den Journalismus? Warum? Ich schrieb mit Presslufthammer besser als mit der Schreibmaschine, außerdem hatte ich keine Zeit, ihn zu vermissen, denn mit den eben beschriebenen und ähnlichen Aktivitäten vergingen die Tage, Wochen und Monate wie im Düsenflug. Und jeden Morgen weckte mich ein Adrenalinschub, und ich brauchte dringend frisches Geld. Und jedes Mal verdoppelten und verdreifachten sich die benötigten Summen. Der Bankkredit mit der Bürgschaft meines Vaters war längst aufgebraucht, die Zeit der unseriösen Kredite begann. Ich unterschrieb Rechnungen und spekulierte auf die dritte Mahnung, ich gab Schuldscheine raus, ich verkaufte Freunden mit regelmäßigem Einkommen oder BAföG Essensgutscheine für die nächsten sieben Jahre, ich presste aus allen undichten Stellen des Bielefeld durchfließenden Geldverkehrs das eben Mögliche heraus und lernte fürs Leben.

Im Herbst des Jahres 1974 eröffnete das vegetarische Restaurant Mandala. Ich wusste den Namen bereits, als ich zum ersten Mal vor dem großen Schaufenster des ehemaligen Damenhutgeschäfts gestanden hatte. Ein indisches Wort, ein Sanskritwort, ein Wort für symbolische Zeichnungen, ein Wort für den Bauplan der Meditation. Zweimal vier Tore, zwei Höfe. Die ersten vier Tore (Sehen, Hören, Schmecken, Fühlen) führen zum Erkennen, die nächsten vier zum Verstehen. Das erste ist sinnlich, das zweite sinnvoll. Noch mehr als die Symbolik gefiel mir der Klang. Mandala. Drei a in einem Wort, umgeben von ausschließlich sanften Buchstaben. Kein k, kein x, kein t. Ein Wort, das sich einschmeichelt wie ein fliegender Teppich, ein Wort, das runtergeht wie ein Mango-Lassi. Der hieß bei uns »Mangolässi(g)«.

Jo kochte wie ein gefallener Engel, der wieder aufgestanden ist. Weil er kein Vegetarier war, verfolgte er den Plan, fleischlose Gerichte so schmecken zu lassen, als wäre Fleisch drin, was schwierig ist, aber er kriegte es hin. Selbst Herr König musste zugeben, dass Jo es hinkriegte, und er gestand auch seinen Irrtum ein. Es gab 1974 wesentlich mehr Vegetarier oder dem gelegentlichen Vegetarismus nicht abgeneigte Menschen, als er kannte. Der Laden war zur Eröffnung bummsvoll. Und dabei blieb es auch danach. Nicht nur, weil Jos Essen so verdammt gut schmeckte, sondern weil auch alles drumherum so verdammt gut aussah. Secondhand zu achtzig Prozent, aber begabt dekoriert. Die Tischdecken, die Vorhänge, die Farbgestaltung von Decken und Wänden, die Komposition des Lichts und natürlich die Speisekarte hatte der Teil unserer WG übernommen, der an der Werkkunstschule Bielefeld studierte. Und damit das alles mit den Bäumen und Büschen kommunizierte, die man durch das große Fenster sah, dominierte im Lokal die Farbe Grün. Zusätzlich hatte ich eine recht große Palme auf die Bühne gestellt. Eine sehr niedrige Bühne, direkt vor dem Bogenfenster, knapp zwanzig Zentimeter hoch, aber vier Meter breit und drei Meter lang. Früher hatten Damenhüte tragende Schaufensterpuppen auf ihr posiert.

Unser Gästeprofil: Mittags kamen Büroangestellte, die um diese Zeit gern was Leichtes aßen, und Studenten, die es schätzten, dass wir preiswert waren. Viel zu preiswert, wie Jo von Anfang an sagte. In den frühen Abendstunden besuchten uns ebenfalls fast nur normale Menschen und ein paar mehr Studenten, aber um Mitternacht und oft schon ab 22 Uhr saßen im Mandala nur noch LSD-erfahrene Gäste und Freaks. Auch Jesusfreaks, Jesus-People, Krishna-People, die Kinder Gottes und die Jünger des Maharishi Mahesh Yogi, aber nachdem ich ihnen klargemacht hatte, dass sie im Mandala zwar gut drauf sein, aber nicht missionieren dürften, wurden es weniger Sektierer. Es blieb die unorganisierte Spiritualität, es blieben die Künstler und Kiffer. Es wurde Musik gemacht. Fünfzig Prozent meiner häufig wechselnden Mitarbeiter waren Gitarristen, dasselbe galt für meine späten Gäste, deshalb saß rund um Mitternacht immer jemand auf der niedrigen Bühne vor dem Fenster, um unter der großen Palme ein Lied zu singen. Dazu flackerte das Licht der vierzig Kerzen in den sich gegenüberliegenden Spiegelwänden, und wenn sich vierzig Kerzenflammen spiegeln, flattert da glatt mal schnell die Unendlichkeit. Um 22 Uhr schlossen wir die warme Küche und boten nur noch Getränke und ein paar Süßspeisen an, das heißt, in der

Nacht war immer auch unser Koch mit auf der Bühne, denn er spielte Querflöte. Genau so hatte ich mir das vorgestellt, als ich zum ersten Mal vor dem großen Bogenfenster stand. Genau so. Nicht vorgestellt dagegen hatte ich mir, wie arbeitsintensiv der Traum war.

Vor der Eröffnung hatte ich dem Mandala sechzehn Stunden pro Tag zur Verfügung gestanden, nach der Eröffnung wurden es achtzehn Stunden, manchmal auch mehr. Um sieben Uhr musste ich zum Gemüsegroßmarkt, ab zehn half ich der Putzfrau, von 13 bis 15 Uhr fungierte ich neben der jeweiligen Kellnerin als zweiter Kellner. Zwischen 15 und 18 Uhr war das Restaurant geschlossen, das war die Zeit für Chefsachen, also Banken besuchen, Gläubiger bequatschen und Handwerkern Hilfestellungen leisten, denn irgendwas war immer kaputt. Von 18 Uhr bis ultimo durfte ich wieder Kellnerdienste leisten und zwischendurch Tischkommunikation betreiben, und wenn alle Gäste gegangen waren, wartete der Abwasch auf mich und die Meinen. Berge von Abwasch, denn das Mandala war nicht nur das erste und einzige vegetarische Restaurant Ostwestfalens, sondern auch das einzige Restaurant in Ostwestfalen ohne Spülmaschine.

Und wenn dann der letzte Teller gewaschen und der letzte Müll eingetütet war, sackte ich im Restaurant an Ort und Stelle in den halben Lotussitz und meditierte ein paar Runden. Es fasziniert mich bis heute, wie viel Kräfte ein Mittzwanziger hat, wenn er diese Kräfte zu bündeln weiß. Laut Swami Vivekananda, der einer der größten Philosophen und Yogalehrer Indiens gewesen ist, gibt es vier Wege des Yoga. Bhakti-Yoga ist der Weg der Liebe, wer ihn geht, reißt sich das Herz für Gott auf. Jnana-Yoga ist der Pfad des Wissens, den nutzen die Gernedenker, Raja-Yoga ist der Fitnessparcours gut durchgeatmeter Körperübungen, und wer ihn wählt, verbringt viel Zeit in unbequemen Positionen, und Karma-Yoga ist der Weg der Arbeit. Alle vier Wege führen zu Gott, sagte Swami Vivekananda, und ich sage, der letzte ist der beste für Gastronomen. Ich arbeitete achtzehn Stunden und meditierte zwei pro Tag, und wenn der Swami recht hat, ist auch Arbeit nur eine Konzentrationsübung und damit Meditation. So viel Meditation bringt übernatürliche Kräfte, im Yoga Siddhis genannt. Und die braucht man in der Branche. Zum Abtransportieren des Mülls braucht man sie nicht, da probierte ich sie nur spaßeshalber aus. Der Müllcontainer des Mandala stand bei unseren Parkplätzen, also 250 Meter entfernt. Und im letzten Abschnitt unseres allnächtlichen Müllwegschaffens mussten wir eine vierspurige Straße überqueren. Nacht für Nacht formierten sich drei große schwarze Mülleimer und vier junge Menschen zu einer Kette, um den Müll des Mandala, über Zebrastreifen und von Fußgängerampeln immer mal wieder gestoppt, zu dem Haus der netten alten Dame zu transportieren. Das war im Sommer schon nicht immer angenehm gewesen, aber inzwischen war es Winter in Bielefeld, und in der Nacht, in der ich meine Siddhi-Kräfte ausprobieren wollte, lag die Temperatur bei minus sieben Grad. Barfuß und mit nacktem Oberkörper trug ich die Mülleimer zu unseren Parkplätzen. Ich atmete gegen die Kälte an und stellte mir ein Feuer vor, das in mir brennt, und erfror nicht.

Dass ich trotz aller Siddhi-Kräfte und Anfangserfolge am Ende dieses Winters pleitezugehen drohte und am Ende des Frühlings schließlich pleite war, lag an einer Reihe von fallenden Dominosteinen, deren erster des Kochs großer grüner Vogel war. Ein Ara, ein Geschöpf des Amazonas, ein wunderschöner Papagei und ein wahnsinniger Schreihals. Jo liebte ihn über alles. Jo trug ihn auf der Schulter. Jo schmuste mit ihm, obwohl ein Ara mit dem Schnabel ernsthafte Wunden schlagen kann. Und Jo wollte auf keinen Fall den Ara während seiner Arbeitszeit allein in der Wohnung lassen. Aras seien Paartiere und auf ewig monogam, sagte er. Den Vogel mit in die Küche zu nehmen erlaubte das Gesundheitsamt nicht, also kettete Jo den Ara im Gastraum an. Ach, wäre Jos großer grüner Vogel doch wie Beo von Beckshof gewesen, über den ich als Volontär für die *Neue Westfälische* geschrieben hatte. Beo von Beckshof war ein Papagei, der nicht nur reden, lachen, husten und bellen konnte, sondern auch hupen, wenn es sein musste. Der Ara vom Mandala aber konnte nur in der hysterischsten aller vorstellbaren Tonlagen wie eine hochtourige Bohrmaschine kreischen, noch hochtouriger eigentlich, man glaubte jedes Mal, das Glas zerbreche. Der Ara war die Pest im Lokal, der Störenfried schlechthin. Ich bat Jo tausendmal, den Vogel nicht mehr mitzubringen, aber Jo blieb stur, und als ich mich ermannte und nicht mehr bat, sondern befahl, verließen mich und das Mandala nicht nur der große grüne Vogel, sondern auch der Koch für immer. Jos Kündigung hatte natürlich noch andere Gründe. Er kochte, und ich machte die Preise, und hier hatte er recht: Meine Preise waren viel zu günstig für seine Klasse, aber ich war ein Hippie, und ich war der Chef, das heißt, der Falsche hatte das Sagen, und der Richtige konnte dem mit seinen schönen, traurigen Exjunkie-Augen nur hilflos zusehen. Mein Hass auf seinen Vogel ließ das Fass fast überlaufen, und meine Chefattitüde ließ es platzen. Jo hatte sich immer als ein Partner gesehen, und ich sah das eigentlich auch so. Aber nicht so ganz. Es hatte also mehrere Gründe, warum Jo hinwarf. Und von da an ging es bergab. Und ziemlich schnell. Der nächste Koch aus dem Fundus meiner Wassermannzeitalter-Freunde war ein Engländer, was bei einem Koch allein schon bedenklich stimmen sollte, noch dazu war er ein strikter Veganer. Weil er sich weigerte, Eierspeisen zuzubereiten, und ich mich weigerte, die Speisekarte zu ändern, gab es im Mandala plötzlich Omelett ohne Eier. Ein reines, noch nie da gewesenes Mehlgericht. Es schmeckte fürchterlich.

Wir brauchten 600 Mark Umsatz pro Tag, um alle Kosten zu decken. In den ersten drei Monaten lagen die Einnahmen darüber, oft sogar um das Doppelte. In den letzten drei Monaten sackten sie darunter. Als wir nur noch 100 Mark einnahmen, wurde mir klar, dass ich nun Tag für Tag 500 Mark neue Schulden machte. Und dafür achtzehn Stunden täglich arbeitete. Das rechnete sich selbst für einen Karma-Yogi nicht mehr. Im Sommer '75 warf ich das Handtuch und machte den Laden dicht. Ein Hoch auf Herrn König. Er hatte schnell einen neuen Interessenten, der ein französisches Bistro aus dem Mandala machen wollte, aber er wollte ihm den Laden nur geben, wenn der neue Pächter mir eine Ablösesumme zahlte. Die Höhe durfte ich bestimmen. Ich nannte eine Summe, die zehnmal so hoch wie der Wert meines Secondhand-Inventars war, aber meine Schulden zu hundert Prozent erledigte. Der Bistromann brauchte nichts von meinem Schrott, doch ich bekam das Geld, weil Herr König ihm keine Wahl ließ. Noch mal ein Hoch auf den Herforder Puffpaten. Er hätte das nicht tun müssen. Er hätte mir, nachdem ich die Mietzahlungen eingestellt hatte, einfach kündigen können. War das die Ehre der Rotlichtritter, oder wollte er nur sein schlechtes Gewissen erleichtern, ohne um Entschuldigung dafür bitten zu müssen, dass sich meine kalifornische Freundin mit dem Joan-Baez-Gesicht bereits seit geraumer Zeit in seinen roten Lamborghini zu setzen pflegte, wenn ihr nach einer Spritztour zumute war? Aber was soll's. Ich bin da als Häschen reingegangen und gegrillt wieder rausgekommen. So ist die Gastronomie.

Viertes Kapitel

# »Geh deinen Weg und lass die Leute reden«

Der Spruch war in goldener Schrift auf den Balken eines Fachwerkhauses gemalt. Daneben hing ein Schild mit der Aufschrift:

**Wolfenbütteler Zeitung**
Gegründet 1786

Die Liebe hatte mich nach der Pleite von Ostwestfalen nach Niedersachsen verschlagen, und weil man sich auch dort nicht von der Liebe allein ernähren kann, ging ich rein. Und da war sie wieder, die wundersame Welt der Lokalredaktionen. Der einzige Mensch weit und breit kühlte seine Füße in einer Wasserschüssel, die unter seinem Schreibtisch stand. Das war der Chefredakteur. Außerdem gefiel mir, dass die Druckmaschinen nur durch eine Glasscheibe von der Schreibstube getrennt im Nebenraum ratterten.

»Sie waren also in Indien, bei der *Neuen Westfälischen* und in der Gastronomie«, sagte der Mann, nachdem ich mich vorgestellt hatte. »Aber waren Sie auch schon mal im Theater?«

»Das ist mein Fachgebiet«, antwortete ich.

»Na toll. Dann können Sie ja gleich heute Abend für uns ins Lessingtheater gehen? Ich brauche die Kritik bis morgen Vormittag um zehn.«

Was war geschehen? Der Rezensent der *Wolfenbütteler Zeitung* war in der vergangenen Woche überraschend verstorben, und nun hatte man gerade noch rechtzeitig vor der nächsten Aufführung einen Ersatz für ihn gefunden. Ich war mir da allerdings nicht so sicher. Ich war noch nie im Theater gewesen. Ich misstraute von Anfang an einer Kunst, die sich nicht selbst ernähren kann. Die Stadtväter von Wolfenbüttel schienen ähnlicher Meinung zu sein. Sie subventionierten ihr Lessingtheater so zurückhaltend, dass es sich kein eigenes Ensemble leisten konnte. Es war ein reines Tourneetheater. Für die Zuschauer war das kein Nachteil. Sie sahen immer wieder neue Gesichter, und fast in jeder Truppe, die vorbeikam, auch eines, das sie aus Film und Fernsehen kannten. Einen Star! Und warum kommt ein Star nach Wolfenbüttel? Nun, der Ruhm von Künstlern ist das eine. Ihre finanzielle Situation hin und wieder das andere. Sie tingeln, um zu überleben. Zu ihrem Glück macht Tingeln Spaß. Der Bandwagen rollt, in den Hotels wird gesoffen, Affären schmeißen sich an den Bühnenrand. Dazu kommt die Dankbarkeit der Provinz. Hinterwäldler werden an das Niveau der Kulturmetropolen angeschlossen und applaudieren dafür wie wild.

Ich war zum ersten Mal im Theater und zum ersten Mal Kritiker und gedachte, dieses Manko durch ein paar beherzte Joints im Vorfeld der Aufführung wiedergutzumachen. Das klappte vorzüglich. Außerdem kam mir entgegen, dass Ellen Schwiers die Hauptdarstellerin war. Die Kombination von Körbchengröße D und THC hat mir meinen ersten Theaterabend einfach gemacht, außerdem, ich muss es gestehen, zog mich das Stück in den Bann. Aber wessen Bann war das? Bannte die Schwiers meine Aufmerksamkeit? Oder der Regisseur? Oder der Autor gar? Sie spielten ein Stück von Ibsen. Sie waren seine Figuren. Sie sprachen seine Dialoge. Sie bewegten sich, wie er es wollte. Wie geht es Schauspielern damit, keine Geschichte zu erzählen, sondern immer nur Teil einer Geschichte zu sein? Wie fühlen sich Kasperlepuppen, die sich der Regisseur wie einen Handschuh überstreift? Sie haben die Freiheit der Interpretation, aber die ist klein. Substanziell tanzen sie nach der Pfeife eines anderen. Die Darsteller von »Romeo und Julia«, um ein weiteres Beispiel zu nennen, können nicht am Ende des Stücks sagen: Ach, scheiß auf Shakespeare, wir kriegen uns jetzt. Auch der Schwiers war es nicht erlaubt, auf Ibsens Depressionen zu pfeifen und diesen Abend mal lustig zu sein. Schauspieler sind Leibeigene des Stücks, wie Konzertmusiker Leibeigene der Komposition sind. Hatte der Vater meines Freundes Endi Effendi doch damit recht, dass die Schauspielerei keine Kunst ist, sondern Sklaverei? Und noch etwas. Wie authentisch können Schauspieler sein, die im Theater oder sonst wo die großen Schicksalsfragen der Menschheit abhaken? Wer von ihnen hat Tod, Elend und Wahnsinn erlebt? Sie sagen, sie gehen in Gefühle hinein, die sie der Rolle zuordnen, aber wenn ihre Rolle zum Beispiel Nathan der Weise ist und sie selbst nicht weise sind, woher wollen sie wissen, wie sich Weisheit anfühlt? Wie soll das gehen, ohne Klischees zu transportieren? Okay, sie könnten sagen, ich spiele genau das Gegenteil von mir selbst, und das würde vielleicht funktionieren. Und noch eine Frage: Warum wird eine Frau mit Katzenaugen, hohen Wangenknochen, dem Mund der Kleopatra sowie Können und Charisma nicht in einem Zug mit Sophia Loren genannt? Antwort: Weil Ellen Schwiers die bessere

Schauspielerin war. Die Loren wäre bei Ibsen untergegangen.

Die erste Fassung meiner ersten Theaterkritik entglitt mir also a) zu einem Fragenkatalog und b) zu einem Liebesbrief. In der zweiten Fassung hatte ich den Schlabber rausgenommen, und die gab ich dem Chefredakteur mit den schlimmen Füßen. Habe ich eigentlich schon erwähnt, dass er dick war?

»Prima«, sagte der Dicke, »ganz prima. Jetzt muss nur noch ein bisschen Schlabber rein, und dann haben wir endlich wieder einen versierten Kritiker bei uns. Sie können gleich die nächste machen.« Und die nächste. Aber als nach meiner dritten Theaterkritik die Honorarabrechnung für die erste kam, endete mein Ausflug in das große Feuilleton so abrupt wie durch einen Schuss ins Knie.

22 Mark und 75 Pfennig für eine Theaterkritik waren kein seriöses Honorar, sie waren nicht mal ein Diskussionsvorschlag. Der dicke Chefredakteur kühlte seine Füße in der Wasserschüssel und verarschte mich. Aber konnte er sich das leisten? Anno 1786 war die *Wolfenbütteler Zeitung* ohne Konkurrenz in der Stadt gewesen. Dreihundert Jahre später jedoch gab es auch die *Braunschweiger Zeitung*. Sie unterhielt in Wolfenbüttel eine Lokalredaktion. Ich ging deshalb zur Konkurrenz, und vier Menschen sahen mich dort hocherfreut an, nachdem ich vorstellig geworden war, und sie sagten auch, warum. Sie bräuchten dringend einen fünften Mann. Und boten mir einen Mitarbeitervertrag über 1600 Mark pro Monat an. Das war natürlich ein Glücksfall. Ich hatte noch nie zuvor so viel verdient und noch nie so wenig dafür gearbeitet. Es war die faulste Redaktion meines Lebens. Zu sagen, es war sogar die faulste Redaktion auf Erden, wäre mir zu gewagt, denn das könnte ich nicht beweisen.

In der zweiten Hälfte der Siebzigerjahre gab es, von

den illegalen Piraten abgesehen, keine Privatsender, weder im Fernsehen noch im Radio, und Internet sowieso nicht. Das barg zwei Vorteile: Erstens war die Zeitung von heute noch nicht der Schnee von gestern, und zweitens ging der Löwenanteil der Werbung in die Printmedien. National wie regional. Ein großes regionales Medium wie die *Braunschweiger Zeitung* war ohne Konkurrenz und endlos liquide. Bei ihr konnte praktisch jeder Journalist werden – und Journalist bleiben, sie verlängerten regelmäßig meinen dreimonatigen Mitarbeitervertrag, obwohl der fünfte Mann in Wolfenbüttel so zwingend notwendig schien wie das fünfte Rad am Wagen. Es gab ja Mitte der Siebzigerjahre nicht nur noch kein Internet, es gab auch noch kein Faxgerät. Unsere Arbeit wurde deshalb entweder mit dem Auto oder mit dem Zug in die Zentralredaktion nach Braunschweig gebracht, und es gab auch noch keinen ICE, nicht mal einen IC. Unterm Strich mussten wir deshalb gegen Mittag mit allem fertig sein. Und dann war für vier von uns fünf Feierabend. Nur einer hielt an den Nachmittagen die Stellung in der Redaktion. Natürlich nahmen wir auch Termine an den freien Nachmittagen und an den Abenden wahr, aber nicht an jedem Tag, und was waren das für Termine? Jeder hatte sein Fachgebiet, in dem die Grenze zwischen Hobby und Arbeit durchlässig schien. Der Leiter der Lokalredaktion aß gern mit den Honoratioren der Stadt, ging oft ins Theater und schrieb an seinen freien Nachmittagen Heimatromane. Seine Stellvertreterin konnte nicht schreiben, aber telefonieren, und eine jüngere Kollegin, die sich von der Stellvertreterin unterdrückt wähnte, plauderte gern mit den anderen Entrechteten der Stadt und des Landkreises, wenn es ihre Freizeitplanung zuließ. Der Mensch ist ein soziales Wesen. Sich der Gruppe anzupassen verschafft ihm Lustgewinn. Ich wurde so faul wie meine Kollegen und nahm auch nur noch dienstliche Termine innerhalb meiner privaten Lebenswelten wahr.

Ich wohnte etwa zehn Kilometer von Wolfenbüttel entfernt auf dem Land. Das Dorf hieß Lucklum, die Kneipe Schlucklum, und vorausgesetzt, der Herr hätte ihm auch schauspielerische Qualitäten in die Wiege gelegt, wäre der Wirt die zwingende Besetzung für die Hauptrolle in jedem Theaterstück über Rübezahls Leben gewesen. Haare bis zum Arsch, Bart bis zum Bauchnabel, Bananenreis zwischen den Zähnen. Und er aß mit Stäbchen. Der examinierte Politologe Bodo K. nutzte sein Studium praxisorientiert. Als Dorfkneipenwirt moderierte er die Stammtischgespräche zwischen den Dorfbewohnern und den anderen Gästen. Die anderen kamen von überall aus der Umgebung, sogar aus Braunschweig und Wolfsburg, weil zu der Kneipe ein Saal gehörte, den Bodo Rübezahl am Wochenende zu einer Kultdisco umfunktionierte. Und mindestens ein Mal, oft zwei Mal im Monat schauten die Rockbands auf Ochsentour im Schlucklum in Lucklum am Elm (so der vollständige Kneipenname) vorbei, das heißt, die weichen Jungs mit den harten Drogen gehörten zum Gästeprofil des Dorflokals wie die Kartoffelschnapsnasen vom Nachbarhof, und diesen gemischten Stammtisch dirigierte Rübezahl wirklich sehr gut und manchmal auch mit Hermann Hesse.

*»Schau, ich bin ein leeres Haus,*
*Tür und Fenster offen,*
*Geister taumeln ein und aus,*
*Alle sind besoffen.«*

Schlucklums Geister, Gäste und Geschichten gerieten mir bald zur Serie. Mein Thekennachbar zur Rechten zum Beispiel suchte jeden Tag im Wald tote Vögel, die er köpfte. Die Köpfe stopfte er aus und montierte sie auf geköpfte Barbiepuppen. Die Vogelkopfbarbies sahen schwer ägyptisch aus, und nachdem er sie ans Kreuz geschlagen hatte, wirkten sie noch älter als alttestamentarisch, ja fast noch älter als archaisch. Die Gekreuzigten kamen mal zu zweit, mal zu dritt, aber nie allein in seine Schaukästen, denn mein Thekennachbar zur Rechten liebte Gruppenbilder, Familienaufstellungen, aneinandergekettete Seelen. Das war Kunst, große Kunst, und ich sage das ohne jede Ironie. Seine Schaukästen waren Schaufenster zu den gruseligen Welten seines Unterbewusstseins, aber niemand wollte sie sich über sein Sofa hängen, weil ihr Anblick wie ein Faustschlag in den Solarplexus des Betrachters wirkte. In einer anderen künstlerischen Phase faszinierte meinen Thekennachbarn zur Rechten das Spektrum der Rostfarben, und man sah deshalb den Künstler jeden Morgen Nägel begießen.

Mein Thekennachbar zur Linken war Schriftsteller. Er arbeitete an einem auf etwa tausend Seiten angelegten Science-Fiction-Roman. Es ging um Zeitreisen. Ein schönes Thema, da ist eine Menge drin, es sei denn, man begrenzt die Distanz dieser Reisen auf wenige Sekunden. Ich weiß nicht, ob mein linker Thekennachbar dabeigeblieben ist, aber als er mir in Schlucklum (in Lucklum am Elm) davon erzählte, wollte er über Zeitreisen von maximal zehn Sekunden schreiben, und das schien mir so aufregend nicht zu sein. Welche Überraschungen erwarten einen zehn Sekunden entfernt vom Jetzt? Welche technischen Innovationen, Revolutionen, Transformationen? Mein Thekennachbar zur Linken hätte so noch nicht einmal die Erfindung des

Faxgeräts mitbekommen. Und auch die großen Tragödien der Menschheit verhindert man mit zehn Sekunden zurück nur selten. Hitler hätte man Jahrzehnte vor seinem Ende abmurksen müssen, als er ein Säugling war, und wenn dem Zeitreisenden ein Mord an einem an und für sich ja unschuldigen Kind aus, sagen wir, politisch korrekten Gründen nicht möglich ist, könnte er es ja zum Beispiel knapp zwanzig Jahre später versuchen, denn 1907 wollte Hitler Künstler werden und bewarb sich um die Aufnahme an der Kunsthochschule Wien. Jüdische Professoren lehnten ihn ab, und nun stelle man sich vor, mein Thekennachbar zur Linken wäre zum Prüfungstermin kurz mal aus den Siebzigerjahren angereist und hätte zu den beiden Professoren gesagt: »Hört mal zu, Jungs, ich weiß, der Typ hat's nicht drauf. Aber wenn ihr diesen Spinner aus Oberösterreich trotzdem bei euch Kunst studieren lasst, rutscht der mit seinen Hakenkreuzen vielleicht in die Moderne statt in den Holocaust.«

Der Kreis Wolfenbüttel am Westhang des ostbraunschweigischen Hügellands lag ziemlich weitab vom Schuss. Dahinter kam Helmstedt, und danach war schon Schluss mit dem Bruttosozialprodukt der BRD, und die sogenannte DDR – oder »Zone« – begann, aber ein bisschen war damit auch schon Schluss im Zonenrandgebiet. Die Vorteile einer strukturschwachen Gegend liegen in deren Preisgünstigkeit. Billige Mieten in den Städten, spottbillige auf dem Land. Die Hippies wussten das zu nutzen, doch sie hießen inzwischen nicht mehr Hippies, sondern Freaks, und die Hippies, die in und um die Dörfer zogen, hießen Landfreaks, und was sie dort machten, hieß »alternativ«. Alternative WGs, alternative Bauernhöfe, alternative Ziegenzucht, Töpferstuben, Tischlereien und Theken sowie alternativ das und dies, natürlich auch alternativer Sex und alternative Liebe, und die Siebzigerjahre machten da fabelhaft mit. Wohngemeinschaften im Wirtschaftswunder und immer an der frischen Luft. Und als die Wohngemeinschaften Kinder bekamen, wurden es alternative Großfamilien. Befreundete Großfamilien bildeten Clans. Sie waren in allen Dörfern, kifften unter alten Eichen, und weil die meisten von ihnen »Herr der Ringe« nicht nur gelesen, sondern gelebt hatten, tanzten ihre Elbenprinzessinnen barfuß auf Rübezahls Saaldielen, denn Schlucklum in Lucklum am Elm war der Hangout unseres Clans. Andere Clans hatten andere Stammlokale in anderen Auenlanden Niedersachsens, und sie lasen und lebten andere Bücher, die »Rote Bibel« der Maoisten, das »Kapital« der Kommunisten, Rousseaus »Zurück zur Natur« sowie die heiligen Schriften eines Inders namens Baghwan, später Osho, der Sex als dynamische Meditation verkaufte. Aber egal, was sie lasen und wie sie fickten, alle klebten die lachende Sonne auf ihre Autos, ihre Brust, ihre Jutetaschen.

## ATOMKRAFT? NEIN DANKE

Ein Logo, ein Kampf, ein Feind hatte die alternativen Clans vereint. Es ist gut, wenn das Böse einen Namen hat. Atomindustrie. Und das Böse war nah in Lucklum, seine unterirdischen Welten lauerten nur neun Kilometer entfernt. Über 120 000 Fässer mit radioaktivem Müll lagerten bereits in den gigantischen Stollen des ehemaligen Salzbergwerks Asse II. Schon der Name vereinte Fantasy und Science-Fiction. Asse allein hätte gut in »Herr der Ringe« gepasst, Asse II in jeden Film über kolonialisierte Planeten.

An einem herrlichen Sommertag setzte ich deshalb

den Schutzhelm auf und fuhr für die *Braunschweiger Zeitung* in Deutschlands erste, aber inoffizielle Atommülldeponie ein. Offiziell nannten sie es Testbetrieb. Ein Gitterkäfigfahrstuhl brachte mich 750 Meter tief unter unsere Erde, und ich betrat dort eine von Bergmännern geschaffene Höhle, die mir so groß wie eine Kathedrale vorkam. Im Bergbau wird so etwas schlicht Kammer genannt. Die Atomindustrie setzte mich in ein Auto, und wir fuhren über eine unterirdische Straße an Tausenden Stahlfässern vorbei zur nächsten mit Stahlfässern gefüllten Kammer und zur nächsten und zur nächsten, aber nicht durch alle. Dafür waren es zu viele, über hundert insgesamt, und Moria, das legendäre Königreich der Zwerge, schien mir nur noch eine Maulwurfshöhle gegen Asse II zu sein. Und? Hält sie eine Million Jahre? So lange wird der Müll in ihr strahlen. Die Atomindustrie sagte, ja, na klar, eine Million Jahre sind doch nur ein Wimpernschlag, verglichen mit dem Alter des Planeten. Und was ist mit dem Wasser? Was für Wasser? Der zuständige Bundesminister Klaus von Dohnanyi hatte doch schon fünf Jahre vorher gesagt: »Das Eindringen von Wasser in der Schachtanlage Asse II kann mit an Sicherheit grenzender Wahrscheinlichkeit ausgeschlossen werden.« Was genau bedeutete des Ministers Aussage? Wie viel Prozent Unsicherheit zwischen Sicherheit und Wahrscheinlichkeit nimmt man für den Zeitraum von einer Million Jahre in Kauf? Die Kammern des ehemaligen Salzbergwerks sind, wie der Name schon vermuten lässt, von Salz umgeben. Durch versehentliches Anbohren können Wasserzuflüsse entstehen, durch Verformungen der Salzgerüste kommt es zu Rissen, durch die Wasser dringen kann, man las und hörte auch schon von Bergwerken, in denen durchaus mal etwas zusammengebrochen war, wenn nicht gar der ganze Schacht, und abgesehen von diesen, ich gebe es zu, Spekulationen, war es unterm Strich leider Fakt, dass bis zu meinem Eintreffen in der Atommülldeponie Asse II dort bereits 29 Wasserzuflüsse registriert werden mussten. Kein Problem, sagte die Atomindustrie, das haben wir im Griff. Und diese alsbald radioaktiv verseuchten Zuflüsse können wirklich nicht in das Grundwasser eintreten? Ach was, sagte die Atomindustrie. Und warum wurden in den Gemeinden 750 Meter über uns deutlich mehr Leukämieerkrankungen festgestellt als anderswo? Zufall, sagten sie.

Als ich wieder oben war und am Abend im Schlucklum von meinem Ausflug berichtete, hätte einer von Rübezahls Stammgästen fast in sein Bier gekotzt. Sein Name war Rudi, und er erzählte folgende Geschichte. Vor ein paar Wochen kam eine Kinderärztin aus Braunschweig zu ihm nach Lucklum, um ihn darüber zu informieren, dass sie bei seiner dreijährigen Tochter zu viele rote Blutkörperchen gefunden hatte. Von Stund an ging Rudi mit seinem Töchterchen, dessen Urvertrauen bis dato kaum gebrochen war, durch alle bekannten Höllen, bis hin zur Rückenmarkpunktion. Und jetzt kam es volle Kanne. Rückenmarkpunktionen sind äußerst schmerzhaft und nicht zu betäuben. Man wird angeschnallt dafür. Allein das Anschnallen löst Panik aus. Rudis Tochter hatte Todesangst und schrie:

»Papa!!!
Hilf mir doch!!!!!
Bind mich los!!!!!!!
Nimm mich weg von den bösen Männern!!!!!!!!!!!!!!!!!!!!
Sie wollen mir wehtun!!!!!!!!!!!!!!!!!
Sie tun mir weh!!!!!!!!!!!!!!!!!!!!!!!!!!!!!!!!!!!
Papa!!!!!!!!!!!!!!!!!!!!!!!!!!!!!!!!!!!!!!!!!!!!!!!!!!!!!!!!!!!!!!«

Aber Papas Hilfe bestand darin, beim Festschnallen zu helfen und sie den bösen Männern auszuliefern. Dem Schmerz, der Qual. Und dem Schock, dass man immer allein ist, wenn es wirklich furchtbar wird, denn der Papa hielt das nicht lange durch. Rudi lief aus dem Operationssaal und sackte im Flur an die Wand. Er hörte sie schreien und schreien und schreien und konnte nicht mehr.

Eigentlich war Rudi Atheist, aber jetzt betete er nach langen, langen Jahren zum ersten Mal wieder zum lieben Gott. Bitte, lieber Gott, nimm es ihr und gib es mir. Lass mich leiden für sie. Das in etwa war Rudis Text an Gott, und bingo, als die Ergebnisse der Rückenmarkpunktion auf dem Tisch lagen, verstanden die Ärzte sie nicht. Alles sei plötzlich in Ordnung, sagten sie, und: Das könne nicht sein. Weil bei den Blutuntersuchungen vorgestern und vorvorgestern noch alles in Unordnung gewesen war. Wo ist über Nacht die Übermacht der roten Blutkörperchen geblieben? Was hat die weißen wieder stark gemacht? »Ein Wunder hat Ihre Tochter geheilt. Wir waren das nicht.« Und natürlich kann das Wunder auch Zufall gewesen sein. Ein paar Prozent aller Blutkrebserkrankungen verschwinden so plötzlich, wie sie aufgetaucht sind, das ist selten, aber nicht unmöglich, und dass es zeitgleich mit einem knochenmarkstiefen Gebet geschah, beweist noch nicht, dass Ammenmärchen ernst zu nehmen sind. Gemäß dieser Zufallstheorie hätte Rudi, während seine Tochter schrie, genauso gut mit einer der Krankenschwestern ficken können, und dasselbe wäre passiert. Dieselbe gute Nachricht hinterher. Ihr Kind ist geheilt.

Trotzdem hatte mich die Kombination aus Rudis Geschichte, meinen unheimlichen Impressionen in Asse II und den dämlichen Beschwichtigungen der Politiker schwer politisiert, und ich trat zum ersten Mal in meinem Leben einer Partei bei. Einer Partei, die es noch gar nicht gab, deshalb wurde ich, wie achtzig Prozent aller Stammgäste des Schlucklum in Lucklum am Elm und hundert Prozent aller befreundeten alternativen Anti-Atomkraft-Clans in Niedersachsen zu einem Gründungsmitglied der Grünen Liste Umweltschutz, kurz GLU, aus der nur wenig später Die Grünen hervorsprossen. Die Gründungsversammlung des GLU-Kreisverbands Wolfenbüttel ging natürlich in Rübezahls Saal über die Bühne. Reden wurden gehalten, Lieder gesungen, Ämter verteilt. Und siehe da, ich wurde nicht der Sänger der Partei, sondern das zuständige Gründungsmitglied für die Pressearbeit. Gute Wahl. Wer hätte einen besseren Kontakt zum zuständigen Lokalredakteur der Gegend gehabt? Es war so weit. Ich wurde Journalist und Politiker in Personalunion. Und weil das nicht nur mir, sondern vielen meiner Kollegen so erging, kann man heute getrost feststellen, dass Die Grünen gut für die Umwelt und schlecht für den Journalismus sind. Ab sofort machte ich Wahlkampf und nannte das Reportage, Report, Nachricht oder Interview. Und weil das so gut klappte und wir in und um Schlucklum in Lucklum am Elm so viele Stimmen gewonnen hatten, überlegte man sich in meinem Kreisverband, ob sie mich nach dem Einzug der GLU ins Landesparlament als ihren Mann bei der Zeitung in Wolfenbüttel halten oder besser als ihren Abgeordneten nach Hannover schicken sollten. Ich überlegte mir das auch reiflich und gewissenhaft, und bei all diesen Überlegungen kam heraus, dass ich weder im ostbraunschweigischen Hügelland als Lokalreporter verblieb noch als grüner Politiker nach Hannover ging, sondern meine Klapperkiste sattelte, um mit ihr nach Hamburg zu fahren. Zum *Stern*. Mit einer Geschichte über Asse II im Gepäck.

Fünftes Kapitel

# »Mein Foto sagt mehr als deine tausend Worte«

»Bist du größenwahnsinnig, Helge? Tausend Journalisten wollen zum *Stern*. Wie kommst du darauf, dass du das schaffst? Ausgerechnet du?«

Meine Kollegin von der *Braunschweiger Zeitung* redete erregt weiter auf mich ein, aber ich hörte schon nicht mehr zu. Ihre Argumente waren zu durchsichtig. Sie hatte Angst. Nicht um mich, sondern um sich. Sie hatte Angst, ich könnte es schaffen. Und Angst vor den unangenehmen Fragen, die mein Erfolg mit sich bringen würde. Warum versuchte sie es nicht? Warum hatte sie es noch nicht versucht? Und warum wird sie es nicht versuchen? Nie. Wenn von den tausend Journalisten, die zum *Stern* wollen, alle so denken würden wie sie, stünden ihre Chancen doch gar nicht so schlecht.

Aber wer weiß, vielleicht tue ich meiner Kollegin auch unrecht und es war wirklich nur mütterliche Sorge, die mich vor einer Enttäuschung bewahren wollte. Sie hatte mich immer ein wenig unter ihre Fittiche genommen, sie war meine Mentorin in Wolfenbüttel, sie half mir, im Landkreis flügge zu werden. Aber war ich auch flügge für den Luftraum über dem

Hamburger Magazin? Sie bezweifelte das. Aus Prinzip. Einmal Lokalredakteur, immer Lokalredakteur. Das hört sich nach Schicksal an. Und was ist so schlecht daran? »Du hast es doch gut bei uns, Helge, gutes Geld, nette Kollegen, viel Zeit für die Familie. Greif nicht nach den Sternen, bleib auf dem Teppich, auf dem nicht flugfähigen Teppich wohlgemerkt, denn die stürzen nicht ab.« Was wäre aus mir geworden, wenn ich auf sie gehört hätte? Die Frage ist müßig. Es gibt Leidenschaften, es gibt Ehrgeiz, es gibt immer zwingende Gründe, sich auf das Rattenrennen einzulassen.

Ich schrieb eine *Stern*-Version von Asse II und brauchte drei Wochen, bis ich sie abschicken konnte, denn ich schrieb sie dreimal um. Danach rief ich jede Woche beim *Stern* an. Und hörte jedes Mal dasselbe.

»Gute Geschichte. Wir wollen sie drucken. Aber wissen noch nicht, wann.«

»Warum?«

»Wir warten auf einen aktuellen Anlass.«

Auf den Weltuntergang oder so. Jede Woche dasselbe, einen Monat lang, dann bekam ich einen persönlichen Termin in Hamburg.

Der *Stern* residierte damals an der Außenalster, gleich neben dem amerikanischen Konsulat in einer gewagten Architektur. Sie nannten es Affenfelsen, und mehr muss man dazu nicht sagen, denn das Verlagsgebäude sah genau so aus. Ein Affenfelsen ohne Affen obendrauf. Und drinnen? Billiger Scherz. Ich wäre nie auf den Gedanken gekommen, *Stern*-Redakteure als Primaten zu bezeichnen, im Gegenteil, ich verortete sie ziemlich an der Spitze der Evolution und betrat deshalb eher verschüchtert die Eingangshalle. Sie war eine Kombination aus Galerie, Empfang und Raumstation. Prachtvolle Reportagenfotos schmückten die Wände, Chrom blitzte, die Männer trugen Jeans zu Anzugjacken wie eine Uniform. Eine gefürchtete Uniform. Die Uniform der Aufklärer, Ankläger, investigativen Recherchierer. Die Crème de la Crème der Journalisten im Foyer zum Olymp unserer Zunft. Wie fühlt man sich da, wenn man aus Wolfenbüttel kommt? Immer gut durchatmen. Das hatte ich aus Indien.

Denn immer wieder sitzt man zum ersten Mal vor einem wichtigen Schreibtisch und bettelt um Gehör. Immer wieder glaubt man an das Menschenrecht auf eine Chance. Immer wieder will man eine Stufe weiterschreiten, und da ist jemand, der »Stopp« oder »Go« sagt. In Hamburg wie in Bielefeld. Hinter dem Schreibtisch saß ein Ressortleiter, und in der *Stern*-Hierarchie bedeutet das, da saß ein Fürst. Und der kühlte ganz offensichtlich nicht seine Füße in einer Wasserschüssel, während er mit mir sprach. Er war kollegial, aber auf Hanseatisch, also nur gebremst jovial. Die Macht lag wie ein Make-up auf seinem Gesicht.

»Wir wollen jetzt endlich Ihre Geschichte drucken, aber es gibt ein Problem. Ein Kollege hat auch über die Asse geschrieben. Doch Ihr Text ist besser.«

»Und warum ist das ein Problem?«

»Er ist einer unserer Starreporter. Und ich will keinen Ärger.«

»Wollen Sie damit sagen, dass Sie keinen Ärger bekommen, wenn Sie das Schlechtere nehmen?«

Der *Stern*-Fürst lachte. Ich hatte den richtigen Ton getroffen. Und es wurde Zeit für einen Kompromiss. Er schlug vor, aus zwei Geschichten eine zu machen. Von mir den Reisebericht durch die Unterwelt, von dem *Stern*-Reporter den VGT drumherum. Was für 'n VGT? »Vorgetäuschter Tiefgang.« Und? Sprang ich jetzt aus dem Stuhl, um ihm mein empörtes »NIEMALS!« auf den Schreibtisch zu schmeißen? Ach was. Ich ging darauf ein, aber bestand auf einer Autorenzeile.

Als Volontär zeichnete ich meine Geschichten mit einem Kürzel – tim. Ich weiß noch, wie stolz ich beim ersten Mal darauf war. Als Lokalredakteur in Wolfenbüttel sah ich schon meinen ganzen Namen unter den Texten, und ich weiß noch, wie stolz ich beim ersten Mal darauf war. Und als ich dann endlich zum ersten Mal meinen Namen unter einer *Stern*-Reportage fand, weiß ich natürlich auch noch, wie stolz ich darauf war. Stolz war das eine, Marktwert das andere, und die politische Mission war ja auch noch da. Wenn ich mir beim Kampf gegen die Atomindustrie einen Namen mache, bin ich nicht ruhmsüchtig, sondern engagiert. So wurde ich auch beim *Stern* erst einmal zum Hofberichterstatter der Alternativen, jetzt aber deutschlandweit und alles eine Nummer größer, wichtiger, damit es unter die Überzeile »Immer mehr Deutsche tun dies und das« passte. Immer mehr Deutsche kehren der Gesellschaft den Rücken. Immer mehr Deutsche wollen aus herkömmlichen Lebensweisen aussteigen. Immer mehr Deutsche werden Indianer. Hopi-Zelte, Hopi-Feuer, Hopi-Körbeflechten als Broterwerb. Ich zog mit diesen jungen Hopis aus der deutschen Mittelklasse ein paar Wochen durch den Schwarzwald und war dann doch sehr froh, wieder auf der Reeperbahn zu sein, nachts zwischen halb eins und halb vier. Da standen wir manchmal auch nackt hinter der Tür, mein neues Thema und ich. Rotlichtreporte statt Grüne-Geschichten. Sie brachten nicht weniger stolze Autorenzeilen, aber machten mehr Spaß. Und was soll ich sagen. Der Spaß war noch geiler als der Stolz. Trotzdem kann ich meine zwei Jahre beim *Stern* nicht als durchgehend spaßig beschreiben.

Das Schlimmste am *Stern* waren die Fotografen. Für sie sagte eines ihrer Fotos nicht mehr als tausend, sondern als zehntausend meiner Worte. Mindestens. Die

Allerallerbescheidensten unter ihnen milderten das ein bisschen ab und sagten: »Mein Foto verkauft deine Worte, deshalb geht ohne mich gar nichts«, aber wirklich bescheiden war das nicht. Trotzdem hielten die *Stern*-Fotografen einen Schreiber nicht für komplett überflüssig, im Gegenteil. Die waren prima als Assistenten zu gebrauchen. Schreiber recherchierten, telefonierten und terminierten, konnten Türen aufhalten, Stative tragen, den Blitz halten und das Essen bezahlen – und das machte die Zusammenarbeit mit *Stern*-Fotografen schon mal grundsätzlich ein bisschen problematisch. Sie klagten Teamfähigkeit ein und meinten Unterwerfung. Und was interessierte mich ihr scheißfrühes Morgenlicht? Wenn *Stern*-Fotografen unbedingt um fünf Uhr in der Früh irgendwo hingehen wollten, dann sollten sie das tun, aber ohne mich. Ich brauchte das nicht. Ich brauchte andere Dinge. Zum Beispiel Schlaf. »Ein müder Schreiber ist wie eine Kamera ohne Film«, erklärte ich, aber die *Stern*-Fotografen verstanden das nicht, und weil sie es nicht verstanden, akzeptierten sie es nicht, und weil sie es nicht akzeptierten, hielten sie mich im besten Fall für eine faule Sau, im zweitbesten für ein Kollegenschwein und im schlechtesten Fall für unprofessionell. Außerdem hatten *Stern*-Fotografen die Angewohnheit, sich mehrmals am Tag, auch mehrmals in einer Stunde, vor einem aufzubauen, um ein ernstes Gespräch zu führen.

»Was genau ist eigentlich die Geschichte?!«

Immer wieder wollten sie das wissen. Aber ich wusste es doch selbst noch nicht. Und musste es auch noch nicht wissen. Während der Recherche für eine Reportage reicht es dem Schreiber, Eindrücke zu sammeln, Informationen einzuholen und zu denken. Notfalls im Caféhaus. Erst wenn wir wieder am Schreibtisch sitzen, müssen wir wissen, was wir tun. Und das machte *Stern*-Fotografen natürlich fuchsteufelswild. Denn sie konnten sich nicht nachher alles in Ruhe zusammenstricken, sie hatten immer nur den einen Moment für das eine richtige Foto, das die Geschichte (ohne Worte) total erklärte. Wie oft versuchte ich, sie darauf hinzuweisen, dass man das auch positiv sehen kann.

»Wenn ihr Feierabend habt, fange ich erst richtig an.«

Das stresste sie noch mehr.

»WAS GENAU IST DIE GESCHICHTE?!?«

Sie schrien es mir fast ins Gesicht. Und konnten nichts dafür. Denn unterschiedlichere Bedürfnisse wie die eines Schreibers und die eines Fotografen gibt es nicht. Der eine will beobachten, wirken lassen, einsacken lassen und nicht stören. Der andere will Menschen gruppieren, Möbel umrücken, Vorhänge auf- oder zuziehen und flüchtige Augenblicke in schier unendlichen Wiederholungen einfrieren. Einmal lächelnd, einmal lachend, einmal mit ernstem Gesicht und dann das Ganze noch mal von vorn, jetzt aber im Sitzen oder im Stehen und ruhig noch mal an der Wand. Oder doch in der Tür? O Gott der Illustrierten, warum hast du Hund und Katze zu einem Team geschweißt? Nein, das Bild hinkt. Aber welches nicht? Hund und Schwein vielleicht. Und natürlich ist der Schreiber das Schwein.

Ein letztes Wort zum Thema, dann ist wirklich Schluss damit. Doppelseite! Weiß man, was das ist? Ein Foto, das der *Stern* über zwei Seiten druckt, ist für den *Stern*-Fotografen dasselbe wie ein Tor für den Fußballer, und die Aufmacherdoppelseite, also das Bild, mit dem die Geschichte im Magazin beginnt, ist ihr Heiliger Gral. Dafür wurden *Stern*-Fotografen zu Kreuzrittern, also brutal. Beispiel?

Wir arbeiteten an einer Geschichte über Kampfsportschulen in Deutschland, der *Stern*-Fotograf und ich.

Wir waren überall und bei allen Stilen, und am Ende fielen wir auf dem Hamburger Kiez bei einem Kung-Fu-Meister ein. Al Dacascos, halb Chinese, halb Hawaiianer, Freund und Trainingspartner von Bruce Lee, wurde schon in seiner Heimat zur Legende, und als er 1975 mit seiner Familie nach Hamburg zog, nahm ihn der deutsche Kung-Fu-Verband wie den lieben Gott persönlich auf. Zum Einstieg demonstrierte Al Dacascos (für Freunde nur Al) während eines Großturniers die Macht des Chi. Kontrollierter, manipulierter, zu Waffe und Schild umfunktionierter Atem. Al setzte sich die Spitze eines Speers an die Kehle. Der Schaft wurde von einem Mann, der vor ihm stand, festgehalten, ein zweiter Sportsfreund drückte Als Schultern von hinten mit aller Kraft nach vorn, aber die Speerspitze bohrte sich nicht in die Kehle des Kung-Fu-Meisters, stattdessen bog sich der Schaft durch und zerbrach. Und der Schaft war kein Streichholz. Davon gab es Zeitungsfotos, die Al in seiner Kampfschule zeigte, und der *Stern*-Fotograf wollte genau dieses Motiv noch einmal fotografieren. Al zögerte ein bisschen, bevor er einwilligte, und seine Frau nahm uns beiseite.

»Bitte«, sagte sie, »bitte verzichten Sie darauf. Mein Mann hat das vor zehn Jahren zum letzten Mal getan und seitdem nie wieder dafür trainiert. Er ist völlig unvorbereitet, und es ist eine sehr gefährliche Sache. Bitte lassen Sie es sein.«

Die Chinesin war nicht nur hübsch, sondern auch kompetent. Schwarzer Gürtel, fünfter Dan, sie wusste, wovon sie sprach.

»Kein Problem«, beruhigte ich sie, »dann lassen wir es und drucken die alten Fotos aus der Zeitung nach.«

»Das kommt überhaupt nicht infrage«, sagte aber

der *Stern*-Fotograf, »entweder er macht dieses Foto jetzt mit mir, oder er ist nicht Teil unserer Reportage.«

Warum er das sagte, ist klar. Kein Fotograf will fremde Bilder in seiner Geschichte sehen. Und warum Al Dacascos gegen den Rat, nein, gegen das inständige Flehen seiner Frau und seines Sohns sich doch einen der Speere schnappte, die an den Studiowänden hingen, ist auch schnell erklärt. Eine Doppelseite im *Stern* brächte seiner Kampfschule mehr Schüler, als sie aufnehmen könnte. Eine schicksalhafte Familienaufstellung baute sich auf. Der Sohn hielt den Schaft, die Frau stand hinter Al, und er selbst hatte die Spitze am Hals. Eine große Speerspitze, und wir durften sie vorher prüfen. Sie war wirklich spitz, meine Hand drauf, und der Schaft war aus massivem Holz, im Durchmesser rund fünf Zentimeter stark. Al pumpte das Chi auf. Atemübungen, die aussahen, als müsste er sich übergeben, und laut war das auch. In dem Saal, in dem außer uns und den drei Chinesen sonst niemand zugegen war, begann die Atmosphäre zu vibrieren. Al gab das Zeichen und die *action* begann. Sein Sohn versuchte dabei, die Angst in den Augen zu unterdrücken, denn würde diese Angst Al anstecken, wäre sein Vater tot. Ich musste mich zwingen hinzusehen. Ich fragte mich, warum wir das machten. Ich konnte nicht fassen, was wir da taten. Alles ging gut. Die Speerspitze bohrte sich nicht in Al Dacascos Hals, stattdessen bog sich der Schaft des Speers, und kurz bevor er zerbrach, schlug Al ihn weg. Jetzt brauchte ich ein Wort für totales Glück, totale Erleichterung, für totales Adrenalin andersherum, wenn es also abflaut.

Und da sagte der *Stern*-Fotograf: »Der Blitz hat nicht funktioniert. Wir müssen das Foto noch mal machen.«

Hat er das wirklich gesagt? Ja, hat er. Und hat Al es noch mal gemacht? Er hat es noch mal gemacht. Alles noch mal von vorn.

Das Schlimmste am *Stern* waren seine Fotografen, das Zweitschlimmste war die maßlose Überproduktion der Redaktion. Alles, was ich vorher über die finanzielle Situation der Regionalzeitungen Ende der Siebzigerjahre gesagt habe, stimmte verzehnfacht für den *Stern*. Über eine Million Auflage, starke Leserbindung, Meinungsführer, kaufkräftiges Zielpublikum und hohes Ansehen der Marke waren das perfekte Mutterschiff für jede Art von Reklame. Die Anzeigenerlöse fluteten die Buchhaltung des Verlags mit pechschwarzen Zahlen, und die Redaktion schmiss das Geld wieder hinaus. Kein Foto war zu teuer, keine Geschichte zu aufwendig, und weil den *Stern*-Leuten die Mischung der Themen und der Rhythmus der Doppelseiten genauso wichtig wie die Qualität der Beiträge waren, ließen sie praktisch jede Ausgabe doppelt produzieren, um für ihre blattmacherischen Kompositionen mehr Auswahl zu haben. Es gab deshalb für jede Geschichte eine Alternative, auch für meine. Dazu kamen die Frechheiten der Aktualität. Der Ausbruch von Kriegen, Feuersbrünsten und Seuchen konnte ebenso dazu führen, dass meine Geschichte aus dem Blatt flog oder, wie sie es beim *Stern* nannten, geschoben wurde, von Ausgabe zu Ausgabe, bis sie an Entkräftung starb. Kein Schreiber will, dass seine Geschichte stirbt, selbst wenn er das Honorar dafür trotzdem kriegt. Es geht ja nicht nur ums Geld. Es geht auch ums Gelesenwerden, also grob gesagt um Liebe und den stummen Applaus. Und natürlich geht es um die Zukunft. »Wer schreibt, der bleibt« ist ein Sprichwort unserer Branche. Aber beim *Stern* bleibt nur, wer gedruckt wird. Und wie flogen meine Geschichten raus? Einmal durfte ich dem beiwohnen, oder besser, ich beobachtete es durch ein Fenster zur Chefredaktion. Sämtliche Seiten des am nächsten Morgen zu druckenden *Stern* lagen fertig produziert und in der richtigen Abfolge nebeneinander auf dem Boden. Ein *Stern* nicht zum Blättern, ein *Stern* zum Begehen, und dann blieb Henri Nannen stehen und tippte mit der Fußspitze auf meine Geschichte über die Kampfschulen Deutschlands. Er war sich nicht sicher, zögerte, schob sie mit seinem Schuh ein wenig hin und her, schließlich gab er ihr einen Tritt, und die Doppelseite mit Al Dacascos war weg.

Kommen wir zum Ende der schlechten Nachrichten. Das Drittschlimmste beim *Stern* war die Diskrepanz zwischen dem Humor der Redakteure und der Humorlosigkeit des Magazins. Das ist die charmante Variation meiner Kritik. Die unhöfliche bedauert das Fehlen von Humor an sich. Seitdem ich mit meinem Atommülldeponie-Artikel vorstellig geworden war, schrieb ich etwa zwei Reportagen monatlich für den *Stern*. Manchmal auch drei, und dann wieder nur eine, aber im Schnitt waren es zwei und niemals keine. Und in jeder strichen sie mir die Witze heraus. Aber ich hörte nicht damit auf, ich konnte nicht anders, ich bin so gestrickt, egal, wie frustrierend es ist, wenn man etwas Lustiges hingekriegt hat und gleichzeitig weiß, dass sofort wieder Schluss mit lustig ist, wenn ein Redakteur es liest. Ich hatte nur ein einziges Mal die Gelegenheit, mit Henri Nannen persönlich darüber zu reden. Wir fuhren zusammen im Lift, und er sprach mich an.

»Wie gefällt es Ihnen bei uns, junger Mann?«

»Sehr gut, Herr Nannen, toller Laden. Es gibt nur ein Problem. Mir werden hier dauernd die Witze rausgestrichen.«

Henri Nannen lächelte wie ein Krokodil. »Witze gehören auf die Seite 13.«

Hatte der legendäre Gründer des *Stern* recht damit? Witze gehören auf die Witzeseite? Nimmt der Humor dem Journalismus die Glaubhaftigkeit? In Deutschland vielleicht. In England nicht. In Frankreich auch nicht. Was ist mit uns los? Warum gilt Humor bei uns als unjournalistisch? Ist er wirklich ein Feind jeder wichtigen Nachricht, weil er von dem Weg zur Wahrheit ablenkt? Warum, um Gottes willen, glauben wir das, und nicht das Gegenteil? »Je näher wir den Göttern kommen, desto schallender wird das Lachen«, hat Sokrates gesagt. Oder war es Platon?

Obacht! Scheiß lieber auf die alten Griechen als auf den *Stern*. Er war eines der besten Magazine der Welt, und das Beste daran waren die Honorare. Ich bekam für eine einzige Geschichte das Doppelte von dem, was ich als Wolfenbütteler Lokalredakteur im ganzen Monat verdiente hatte. Das Zweitbeste am *Stern* waren die Spesen. Sie spielten keine Rolle. Wer einen Heli brauchte, kriegte einen Heli. Und das Drittbeste am *Stern* war Hamburg.

Ich wohnte in Hamburg-Altona und dort in einem Viertel, in dem es nicht weiter auffiel, wenn ich in Schlafanzug und Morgenmantel Brötchen holen ging. Nur einmal kam es dabei zu Disharmonien, weil ich so verschlafen wie unverhofft in eine Demonstration geriet. Ich wunderte mich schon im Flur über den Lärm vor der Haustür, und als sie hinter mir zugefallen war, sah ich Pflastersteine an mir vorbeifliegen und bis zur Tollwut gereizte Bereitschaftspolizisten Schlagstöcke schwingen. Einer dieser Polizisten stürmte mit Helm, Schutzanzug, Kampfstiefeln und Mordlust in den Augen direkt auf mich zu. Heilige Drama-Queen. Mordlust ist natürlich wieder mal übertrieben. Es war nur blindes Adrenalin. Aber bei allem Respekt, trotzdem hätte er sehen müssen, dass ich für die Teilnahme an einer gewalttätigen Demonstration nicht richtig gekleidet war. Oder lautete sein Einsatzbefehl, jeden niederzuknüppeln, der keine Uniform trug? Selbst einen verpennten Brötchenholer im Schlafanzug? Der jetzt auf der Stelle munter wurde, zur Haustür zurückstürzte, am Schloss herumfummelte und es gerade noch rechtzeitig aufbekam, um sich in Sicherheit zu bringen. Ich würde sagen, genau das sind die Erlebnisse, die rechtschaffene Journalisten dazu verleiten, von Polizisten grundsätzlich als »Bullen« zu schreiben, obwohl das so sicher wie der Witz im *Stern* herausgestrichen wird. Ich war übrigens zu dieser Zeit nicht nur ein rechtschaffener Journalist, sondern auch ein rechtschaffener Hausmeister. Ohne dafür irgendeine Art von Hausmeisterprüfung absolviert zu haben. Das wäre auch nicht im Sinne des Besitzers gewesen. Dem bekannten und verhassten Immobilienhändler war jedes Mittel recht, um seine Altmieter zu vertreiben. Einem Mann wie mir die verbilligte Hausmeisterwohnung zu überlassen war Teil seiner Strategie, das Haus unbewohnbar zu machen. Gute Wahl. Ich war seine V8. Im Winter vergaß ich jedes Mal, Heizöl nachzubestellen, und dann froren sich die Leute den Arsch ab. Ich machte das nicht absichtlich, ich war nur vergesslich. Den vereisten Bürgersteig vor dem Haus rutschfest zu machen, vergaß ich dagegen nicht, das ließ ich aus Bocklosigkeit sein. Der Immobilienhai, der den Altbau entvölkern wollte, weil er Eigentumswohnungen darin plante, besuchte mich nie, aber hätte er es getan, wäre er restlos zufrieden gewesen. Drei Zimmer, zwei kiffende Untermieter, zehntausend Kakerlaken. Wie es dazu kam, erklärt ein Kifferwitz. Drei drogensüchtige Häftlinge, ein Kokser, ein LSD-Freak und ein Kiffer, planen einen Gefängnisausbruch.

Der Kokser sagt: »Wir gehen durch die Wand.«

Der LSD-Freak sagt: »Nee, nee, wir fliegen einfach drüber.«

Der Kiffer sagt: »Soso, durch die Wand gehen? Einfach drüberfliegen? Super Idee. Aber lasst uns das bitte morgen tun.«

Das »Morgen, morgen, nur nicht heute«-Prinzip ist für die Idee, aus einem Gefängnis auszubrechen, möglicherweise genau das Richtige, aber mit Kakerlaken kann man das nicht machen. Die verdoppeln pro Woche ihre Population. Aus einer Rotte wird ein Clan, aus einem Clan ein Stamm, aus einem Stamm ein Volk, aus einem Volk ein Imperium. Sie besiedelten die Küche. Weil sie lichtscheu waren, ignorierten wir sie. Solange die Sonne durch das Fenster schien und abends oder nachts ein Lämpchen in der Küche brannte, versteckten sich die Kakerlakenmassen in, unter und hinter der Spüle, dem Ofen, den Schränken und den Mauerritzen. Erst wenn jedes Licht gelöscht und wir zu Bett gegangen waren, kamen sie raus. Hin und wieder wachte ich nachts hungrig auf, doch ich brauchte nur in die Küche zu gehen und jeder Hunger war vergessen. Eine Kakerlake ist eklig, aber wenn sich Tausende davon über Tische, Teller, Pfannen und Lebensmittel ergießen, greifen archaische Reflexe. Zwei insgesamt, und man muss sich entscheiden. Entweder man flüchtet schreiend für immer aus dem Haus, oder man plant ein Massaker. Morgen. Übermorgen? Überübermorgen? Übernächste Woche? Das ist alles nur eine Frage des Leidensdrucks. Irgendwann muss jeder Hausmeister die Drogen wechseln. Mit einer Flasche Whiskey und mehreren Jumboflaschen Giftgas betrat ich eines Nachts die Küche und zog endlich den Kakerlakenvölkermord durch. Erst erschrak ich mich ein bisschen, weil es mir Spaß zu machen begann, sie in Hundertschaften synchron verrecken zu sehen, doch letztlich überwog die Freude am Erkenntnisgewinn. Ich habe nur Mitleid mit Säugetieren. Und wieder was dazugelernt.

Parallel zu diesen Hausmeistererkenntnissen fiel

mir ein Buch in die Hände, das mein primäres Berufsleben ebenso stark beeinflussen sollte wie weiland die Stimme im Himalaja. Es hieß »Angst und Schrecken in Las Vegas«. Der Autor war ein amerikanischer Journalist namens Hunter S. Thompson. Er beschrieb darin einen Kongress von US-Sheriffs und Staatsanwälten zum Thema Drogenbekämpfung, aber er beschrieb darin auch, welche Art Drogen er von dem Spesenvorschuss für die Reportage kaufte und was sie bewirkten, als er mitten unter ein paar Hundert Staatsanwälten und Bundespolizisten LSD, Meskalin, Kokain, Heroin und Amphetamine in großen Mengen einzunehmen begann. Der Text war schreiend komisch, stilistisch Weltklasse und – das war für mich das Wichtigste – ursprünglich nicht für die Veröffentlichung als Buch geschrieben, sondern für eine Reportageserie. Hätte Hunter S. Thompson »Angst und Schrecken in Las Vegas« von vornherein als Buch angelegt, hätte ich gesagt, okay, in einem Buch geht so was. Aber es war Journalismus, und das hätte ich nicht gedacht.

Das Buch wirkte wie ein Schlüssel für mich. Er drehte sich. Nach jeder Seite machte er klick, klack und wieder klick, und so ging es die ganze Nacht. Der Schnee unterstützte das. Stille fiel in dicken Flocken vom Himmel über Hamburg, da hörte man das Einrasten des Schlüssels besonders laut, klick, klack und wieder klick mit jeder Seite, und am Ende ging eine Tür, die bisher wie zugenagelt gewesen war, sperrangelweit auf. Über der Tür stand das Wort ICH. Ohne ICH geht es nicht. Ohne das Ich des Autors hätte Hunter S. Thompson das nicht hingekriegt.

Es wurde viel Bohei um die Einführung des erzählenden Ichs im Journalismus gemacht, denn dieses Ich steht bei uns für Subjektivismus, also für den Todfeind der objektiven Berichterstattung schlechthin, aber ich glaube, darum ging es Hunter S. Thompson überhaupt nicht. Und darum ging es auch mir nicht, als ich wie er zu schreiben begann. Subjektiv sind wir sowieso, mit oder ohne Ich entscheiden wir, wohin wir sehen und wohin nicht und wie wir das Gesehene gewichten, sortieren und bewerten. Mit oder ohne Ich berührt uns das eine, und das andere berührt uns nicht. Mit oder ohne Ich hören wir hier zu und da weg. Das ist zu normal, um dem Ich im »New Journalism« eine missionarische oder ketzerische Bedeutung zu geben. Ich wollte nicht ehrlicher sein als meine Kollegen, ich wollte nicht weniger lügen als sie, ich wollte genauso wenig wie Hunter S. Thompson der große Ich-Bekenner sein, das war weder das Ziel noch der Spaß, den das Ich in den Journalismus brachte, und auch die Erwähnung der Drogen, die wir während der Arbeit nahmen, war weder Bekenntnis noch Provokation, das gehörte einfach dazu, wenn man Geschichten so schrieb, wie man sie seinen Freunden in der Küche erzählen würde. Punkt! Das war der Schlüssel, den mir Hunter S. Thompson gab. Nur das. Stell dir vor, die Leser sind deine Freunde, und du sitzt in ihrer Küche und erzählst ihnen, wie es war. Vom bitteren Anfang an. Dass du pleite warst und deshalb den Job angenommen hast. Oder dass dich deine Freundin nervte und du heilfroh warst rauszukommen. Oder dass du schon immer mal etwas länger mit Prostituierten sprechen wolltest und der Auftrag dir die Gelegenheit dazu gab. Das Geständnis dieser Art von Motivationen und Lebensumständen bewirkt beim Leser eine gewisse Komplizenschaft, weil es ihm mit seinem Kram ja ähnlich geht. Jeder hat Scheiße an der Backe, und jeder muss raus, um zu jagen, und so gebiert das Ich das Wir-Gefühl. Und noch einmal: Wir sind Freunde, niemand schreibt für seine Feinde.

Meine erste Geschichte in dem neuen Stil wurde ein

Stadtporträt von Amsterdam, und sie erreichte niemals die Schuhspitzen von Henri Nannen. Sie kam nicht mal in deren Nähe. Das war es dann mit mir und dem *Stern*, und ich dockte bei einem gänzlich neuen Magazin an.

Der New Journalism war so neu in Deutschland, dass ihn zu diesem Zeitpunkt nur ein paar Stadtmagazine ausprobierten, *twen* wagte den ersten überregionalen Versuch. Der Verleger hieß Kalle. Er las die Geschichte, die der *Stern* gerade abgelehnt hatte, und sagte, sie sei genau das, was sie wollten, und außerdem bräuchten sie einen neuen Chefredakteur. Ob ich das machen wolle? Natürlich wollte ich. Ob ich dafür 5000 Mark im Monat mochte? Natürlich mochte ich. Als ich bemerkte, dass es in seiner Textredaktion außer dem Chefredakteur niemanden sonst gab, keinen stellvertretenden Chefredakteur, keinen leitenden Chefredakteur, keinen Textchef, keinen Ressortleiter und keinen normalen Redakteur, auch keinen Volontär oder Praktikanten, sondern nur mich, mich ganz allein, war es zu spät. Ich arbeitete 26 Stunden am Tag, neun Tage die Woche und sechs Wochen pro Monat, weil ich alles, alles und noch mal alles, was in einem Magazin geschrieben steht, selbst verfasste, und ich machte das nicht wegen der 5000 Eier, sondern wegen der absoluten kreativen Freiheit. Ich schrieb mich ein.

In der Grafik beschäftigte Kalle immerhin drei Leute, und es gab Chantal, die Sekretärin für alle. Große Personalkosten hatte Kalle also nicht, trotzdem musste er für jede Ausgabe die Druckerei wechseln. Wir arbeiteten vier Stockwerke über dem Straßenstrich von St. Georg. Ein leistungsstarkes Fernglas gehörte zum Redaktionsinventar und lag dienstbereit am Fenster. Weil Kalle zumindest uns fair und immer pünktlich bezahlte, suchten wir mit dem Fernglas ein Geburtstagsgeschenk für ihn aus. Ich holte die Hure hoch, und Chantal führte sie zu Kalle. »Happy birthday, Chef«, sagte sie, und als das Geschenk die Redaktion wieder verlassen hatte, trat der Verleger vor seine Tür, breitete die Arme aus und rief: »Champagner für alle!«

Ja, so begannen die Achtzigerjahre. Schon vier Ausgaben später platzten die ersten Schuldscheine, und Kalle ging nach Hause und weinte. Für alle außer ihn ging es noch eine Weile weiter. Ein FDP-Politiker kaufte das Magazin für 'n Appel und 'n Ei. Schlaue Politiker schließen Freundschaft mit Verlegern. Noch schlauere verlegen selbst, und Möllemann war der schlauste. Ich erinnere mich noch gut, wie er zum ersten Mal mit zwei Leibwächtern in die Redaktion kam, um die Titelgeschichte zu sehen. Ich zeigte sie ihm.

Acht Seiten über Cannabis, positiv, pro Legalisierung. Im Grunde eine Kampfschrift mit jeder Menge schöner Fotos von seltenen Sorten. Marokko Doppel-o Pulver, Schwarzer Bombay, Konhari Mondscheiben, Nepali Tempelbälle, das Wasser lief einem im Mund zusammen.

»Diese Seiten wird unsere Zielgruppe nicht lesen, sondern lecken, Herr Möllemann«, sagte ich.

»Und wie lautet die Schlagzeile?«

»›Gott liebt Kiffer!‹«

Möllemann reagierte absolut souverän. Er war zwar branchenfremd, dafür branchenübergreifend hochprofessionell. Sein Charisma verdunkelte sich nicht um eine Nuance.

»Sie wissen, ich komme von den Liberalen. Ich werde mich als Verleger redaktionell niemals einmischen, das ist selbstverständlich. Die Pressefreiheit ist ein hohes Gut, aber diese Geschichte geht natürlich nicht.«

»Warum denn nicht, Herr Möllemann?«

Der Ausdruck seiner Augen wechselte von leicht belustigt zu betroffen.

»Ich komme gerade aus Hessen. Da habe ich in einem kleinen Dorf mit einer alten Frau gesprochen, die ihren Enkel an Drogen verloren hat. Sie sagte, er sei von Hasch direkt an Heroin gekommen.«

»Aber Herr Möllemann, alle Kiffer, die ich kenne, mich eingeschlossen, kamen von Hasch direkt an Ritter Sport Vollmilch-Nuss. Aber direkt, oder?«

Sechstes Kapitel

# Alles, was Kiffern Spaß macht

Und das war's dann mit mir und dem Möllemann-Magazin. Der Weg von Wolfenbüttel zum *Stern* war ein Karriereschritt, der vom *Stern* zum New Journalism dagegen ein Quantensprung. Und bei Quantensprüngen landet man oft erst mal auf der Straße, denn man springt quasi zum Fenster hinaus. Trotzdem sah ich darin kein Problem. New Journalism war ein frisch aufkeimendes, total neues Genre, und der Weltgeist hat ein großes Herz für Pioniere. Ich weiß nicht mehr, wie ich auf die Idee kam, beim *Playboy* in München reinzuschneien. Vielleicht beim Onanieren, vielleicht beim Lesen. Der *Playboy* war für beides wie geschaffen. Um den Käufern des Magazins nicht gleich am Kiosk die Maske herunterzureißen, umrahmte der Verlag sein Kerngeschäft mit erstklassigen Texten und intelligenten Interviews. Man beschmutzte sich nicht, wenn man für das Männermagazin schrieb, im Gegenteil, man steckte sich den *Playboy*-Autor wie einen Orden an die Brust. Außerdem kam mir die enge Zusammenarbeit der Münchner Redaktion mit dem amerikanischen Mutterhaus zugute. Die deutschen Redakteure dockten über den kleinen Dienstweg nahtlos an die US-Trends an, für sie war New Journalism en vogue und keine Frechheit.

Und wieder saß ich vor einem wichtigen Schreibtisch, aber dieser sah komplett anders aus als alle vorher. Er war groß und weiß und makellos leer. Kein Blatt, kein Stift, keine Schreibmaschine, kein irgendwas ruhte auf ihm. Ich liebe Kreative und ich liebe Profis, aber am meisten liebe ich die Fusion von beidem. Kreativ ist jedes kleine Mädchen, das am Fenster sitzt und Bildchen malt. Und professionell ist jeder, der seinen Kram hinkriegt. Aber der professionelle Kreative oder der kreative Profi ist das Salz der Medien. Und wenn er noch dazu den Chefredakteursposten innehat, spricht man als Autor vom Paradies. Und kommt voran.

Vier Chefredakteure dieser Art habe ich auf meinem Weg durch die goldenen Jahre des Journalismus kennengelernt, und der Chefredakteur des *Playboy* war einer davon. Und der erste, denn Henri Nannen zähle ich nicht zu ihnen. Damit will ich nicht sagen, dass der *Stern*-Chefredakteur unkreativ gewesen wäre, beileibe nicht, ich habe ihn halt nur nicht kennengelernt, nicht mit ihm zusammengearbeitet, nicht mit ihm gesoffen. Ich weiß nicht, wie inspirierend er war, ich weiß nicht einmal, wie sein Schreibtisch aussah, ich habe ihn ja nur mal im Fahrstuhl getroffen. Trotzdem glaube ich, Henri Nannen hätte über die Antwort des *Playboy*-Chefs auf meine Frage genauso gelacht wie ich. Meine Frage war: »Warum liegt hier nichts auf dem Schreibtisch, arbeiten Sie nicht gern?« Und Fred Baumgärtel, um endlich seinen Namen zu nennen, sagte, nein, ganz im Gegenteil, er arbeite wahnsinnig gern. Aber er dürfe es nicht. Chefredakteure seien nicht da, um zu arbeiten. Ihre Aufgabe sei es, die Botschaft des Blatts zu leben. Und beim *Playboy* sei das nun mal »Alles, was Männern Spaß macht«. Ihm mache zwar, er habe es bereits gesagt, Arbeit großen Spaß, aber seiner Zielgruppe nicht.

Selbstredend war das ein Scherz, doch im Ernst zählt nur das Ergebnis. Fred Baumgärtel hatte den deutschen *Playboy* in den Fünfzigerjahren aufgebaut und sicher durch die Sechziger- und Siebzigerjahre geführt. Die Auflage übersprang die Million, und noch türmten sich am Horizont keine Wolken auf, nicht mal Schäfchenwolken kamen dahergezogen, das Schweine-Internet war einfach noch zu weit weg. Noch wichste jeder auf Hochglanz. Und für mich bedeutete das Hochglanzhonorare. Eine einzige Geschichte beim *Stern* hatte mir das Monatsgehalt eines Lokalredakteurs im ersten Berufsjahr eingebracht, und der *Playboy* legte noch mal einen Monat drauf. Aber nur, wenn die Geschichte was wurde. Das machen sie beim ersten Mal mit einem, Verzeihung, unbekannten Autor immer so. Kein Garantiehonorar. Nur Garantiespesen. Ein verdammt fairer Deal. Er erhöht den Druck. Und Druck ist gut. War immer gut. Wird immer gut sein.

Irgendein Fluch hat die Qualität der Arbeit mit der Quantität des Drucks verheiratet. Verdient eure Sätze im Schweiße eures Angesichts. Gebärt eure Geschichten unter Schmerzen. Wer es sich zu leicht macht, verliert auch leicht. Die Idee ist die Mutter des Erfolgs, und sein Vater ist der Druck. Darum ist alles gut, was den Druck fördert. Perfektionismus, Unsicherheit, Größenwahn, Eitelkeit sowie der hundsnormale Überlebensdruck. Der Druck der Not, die erfinderisch macht und wie eine Ratte Schlupflöcher sucht. Diese Ratte nennt man Kreativität. Erst wenn die Arbeit kreativ wird, schmeckt sie süß. Das ist das Zuckerbrot, der Druck ist die Peitsche. Und wenn sie niemand für dich schwingen will, dann musst du es selbst tun.

Der *Playboy* ließ mir mehr Freiheiten, als es Autoren

manchmal Spaß macht. Er legte mich thematisch nicht fest, er ließ mich auch nicht umschreiben. Sie druckten eine Geschichte so, wie sie war, oder gar nicht, und vor allen Dingen zündeten sie keine Deadline. Weiß man, was das ist? Der erste Abgabetermin? Der zweite Abgabetermin? Der letzte Abgabetermin? Der allerletzte? Die Deadline! Es geht um Leben oder Tod. Wer sie nicht einhält, stirbt als Profi. Ich begann immer erst ernsthaft mit der Arbeit, wenn ich die Hitze der Deadline im Nacken fühlte, denn es schreibt sich besser mit dem Rücken zur Wand. Wenn du absolut keine Zeit mehr hast, um rumzuspinnen, musst du den Punkt reiten und sonst nichts. Der *Playboy* machte da nicht mit. Meine Geschichten waren zwar nicht völlig, aber fast zeitlos, einen Abgabetermin noch im laufenden Jahrhundert brauchten sie nicht. Also blieb mir nur die Peitsche der Pleite, und war sie nahe genug herangerückt, machten die technischen Möglichkeiten der beginnenden Achtzigerjahre fabelhaft dabei mit, den finalen Druck aufzubauen.

Wenn es ans Schreiben ging, spannte ich ein weißes DIN-A4-Blatt in meine mechanische Schreibmaschine und klopfte los, denn Personal Computer waren seinerzeit reine Fantasterei. Missfiel mir ein Wort, hämmerte ich das große X über die Buchstaben, die zu löschen waren, und schrieb die Korrekturen zwischen die Zeilen. Dafür musste ich das Papier ein kleines Stück mit der Rolle nach unten kurbeln und danach wieder zurück. Und natürlich kritzelte ich auch mit dem Kugelschreiber viel herum. Der *Playboy* liebte lange Geschichten, ich ebenfalls. Zwanzig Schreibmaschinenseiten à dreißig Zeilen und die Zeile à sechzig Anschläge waren überhaupt keine Seltenheit. Und nach jeder Zeile bimmelte etwas an meiner Schreibmaschine. Das Hacken, das Bimmeln, das Fluchen und der Raucherhusten erinnerten wenig an schöngeistige Tätigkeiten und viel an die akustischen Nachteile von Fabrikarbeit.

Zweite Stufe. Die Reinschrift. Um den fertigen, aber nur für mich lesbaren Text nun sauber aufs Papier zu bringen, musste ich die fucking zwanzig oder mehr Seiten ein weiteres Mal abtippen. Dafür spannte ich zwei Schreibmaschinenseiten gleichzeitig ein, mit einem blauen Durchschlagpapier dazwischen. Und hämmerte noch härter in die Tasten, damit sich die Buchstaben durchdrückten. So wurden die Finger zu meinen muskulösesten Körperteilen. Die Kopie kam zu meinen Akten, und das Original in einen großen Briefumschlag. Denn auch das Faxgerät war leider Gottes noch immer Science-Fiction.

Und jedes Mal wieder war es ein erhabener Moment, im Postamt vor dem Schalter zu stehen und den Umschlag mit meiner Geschichte erst zu streicheln und dann zu küssen. *Bon voyage* nach München. Gute und vor allem schnelle Reise. Denn immer war ich zu diesem Zeitpunkt eigentlich pleite. Wird die Differenz zwischen dem »eigentlich« und der Totalpleite die Zeit bis zum Eintreffen des Honorars überbrücken? Wie lange brauchte die Post für einen Brief von Hamburg nach München? Mindestens drei Tage, manchmal auch vier, und wenn unglücklicherweise ein Wochenende dazwischenlag, noch mehr. Und wie viele Tage benötigten sie beim *Playboy*, um die Post zu öffnen, zu lesen und den Artikel abzunicken? In der Regel drei. Erst dann rief ich an. Hörte ich nun, was ich hören wollte, spannte ich wieder zwei DIN-A4-Seiten und ein Durchschlagblatt in die Schreibmaschine, um mein absolutes Lieblingswort zu schreiben. RECHNUNG. In drei bis vier Tagen wird sie die Redaktion erreichen. Und wann die Buchhaltung? Und wie viel

Zeit wird dann verstreichen, bis ich die Kohle endlich habe? Das waren alles bange Fragen, die sich mir im Grunde bereits während des ersten erhabenen Moments im Postamt stellten. Und es gab in Wahrheit nur eine Antwort darauf:

Tee-Andy.

Der einzige erfolgreiche Unternehmer in meinem Freundeskreis betrieb einen Großhandel für erbauende Heißgetränke in einer ehemaligen Korsettfabrik. Über zwei Etagen stapelten sich weit gereiste Kisten, und sein Büro lag wie eine Schiffsbrücke ganz oben, wegen des guten Überblicks. Wer in Hamburg was von Handel versteht, wird von der Seefahrt zugeschissen und hat immer irgendwo Geld rumliegen. Andy brauchte nur die Schublade seines großen alten Schreibtischs aufzumachen, und schon waren da 10 000 Mark in bar. Daneben lag ein Reisepass. Er nannte diese Kombination Freiheit, aber er nutzte sie nie, allein das Wissen, jederzeit dem Stress beherzt entfliehen zu können, reichte Andy aus. Die Schublade war das Schlupfloch seiner Träume. Der guten wie der bösen. Albträume von schlechten Ernten oder weltweiten Krisen. Nur die Riesen des Teehandels würden das überleben, für ein mittelständisches Unternehmen wie Andys wäre es der Garaus. Albträume vom Bankrott, Albträume von Pitbull führenden Gläubigern, Albträume von Schlagringen auf empfindlichen Gesichtspartien und dem frühzeitigen Verlust aller Beißerchen vermochten so entstehen, und all diesen bösen Träumen konnte Andy jederzeit entfliehen, denn er wusste, dass er nur rechtzeitig die Scheißschublade aufkriegen musste. Die Schublade nach Hawaii, Thailand oder den Philippinen. Hauptsache Strand. Hauptsache Palmen. Hauptsache geile Hula-Hula-Mädchen.

Für das Geldleihen unter Freunden gibt es nur zwei Regeln, aber die sind unbedingt zu befolgen. Erstens: Nenne nur einen Rückgabetermin, den du einhalten kannst. Und zweitens: Halte ihn ein. Wenn nicht, wird Tee-Andy dir zwar nicht den Kopf abreißen, denn er ist auch mal ein Hippie gewesen und trägt noch immer die Haare so lang wie du, und er wird dir auch nicht die Freundschaft kündigen, nicht mal sein Lächeln wird verblassen, wenn er sagt: »Kein Problem.« Nein, nichts von dem wird geschehen, Tee-Andy wird einfach nur nicht mehr seine Schreibtischschublade für dich öffnen, wenn du das nächste Mal vor ihm stehst. Und das nächste Mal kommt bestimmt.

»Warum eigentlich? Zahlt der *Playboy* so schlecht?«

»Im Gegenteil, 5000 für jede Reportage.«

»Und wie viel machst du davon pro Tag?«

»Die Zeiten sind vorbei. Für 5000 Mark arbeite ich auch etwa tausendmal länger daran. Wäre ich in Wolfenbüttel als Lokalredakteur losgezogen, um eine Geschichte über die Portiers von Sexkabaretts zu recherchieren, hätte das nicht länger als zwei Stunden gedauert, zur Not wäre ich vor Ort mit einem halbstündigen Interview ausgekommen. Und weißt du was, Andy, jetzt dauert das vier Wochen. Den ganzen letzten Monat stand ich als Portier auf der Reeperbahn in einer Uniform mit 'nem Elefanten drauf.«

»Du hast für das Safari gekobert?!«

Das Safari war einer der großen Hamburger Nachtklubs, und »kobern« heißt so viel wie »marktschreien«, nur dass man keine Äpfel, Birnen und Hülsenfrüchte anpreist, sondern Titten, Muschis und Ficken auf der Bühne. Damit das Kobern authentisch rüberkommt, muss man während der Arbeit viel Schnaps trinken. Das hilft auch gegen die Kälte. Ich habe mir jede Nacht den Arsch abgefroren und es nicht einmal gemerkt.

Sechs solcher Geschichten im Jahr, mehr geht gesundheitlich nicht. Und mehr wollte der *Playboy* auch nicht. Und immer wieder saß ich bei Tee-Andy rum, weil zwischendurch das Geld ausgegangen war, und verlor mich in den Landkarten, die an seinen Wänden hingen, Karten vom Himalaja, von Ceylon und Hinterindien sowie Karten mit Handelsrouten und Schifffahrtswegen. Natürlich hingen auch jede Menge Fotos von Teeplantagen bei Sonnenaufgang an Andys Wänden und die bunten Firmenplakate seiner Überseegeschäftspartner mit Teekisten tragenden Elefanten und der für asiatische Grafiker so typischen verspielten Typografie. Allein diese Wände hätten genügt, um mich auf neue Ideen zu bringen, aber da standen ja außerdem Teekisten zu Hunderten, mal aus braunem und mal aus sandfarbenem wettergegerbtem Holz, und trugen mit Stolz die Zollstempel und die mit Kreide oder Farbe aufgetragenen Hafenvermerke ihrer Reise. Kalkutta, Madras, Bombay, Sansibar, Suezkanal.

In Tee-Andys Warenwelt begann ich wieder, von einer Reise nach Indien zu träumen. Das letzte Mal hatte sie mich bis in den Himalaja gebracht, und das war lange her. Vor vierzehn langen Jahren hatte mir eine, wie ich immer noch meine, körperlose Stimme am Ganges befohlen, mehr oder weniger sofort nach Hause zurückzugehen und Journalist zu werden, und genau das hatte ich seither gemacht. In Bielefeld, Minden und Wolfenbüttel und schließlich in Hamburg, dem Tor zur Welt. Es wurde Zeit, durch das Tor hindurchzugehen. Der Journalismus würde schon mitkommen. Und die Reisekosten vorfinanzieren, wenn man es ihm schmackhaft machte. Auf andere Finanzierungskonzepte vermochte ich nicht zurückzugreifen, denn ich konnte nicht sparen. Ich konnte nur sagen, ich mache für euch eine Reise nach Indien, über Kreta, Kairo und Port Sudan, von da nehme ich ein Pilgerschiff nach Pakistan. Und wenn das auch zu allem gehört, »was Männern Spaß macht«, hätte ich dafür gern einen Vorschuss. In Indien erarbeite ich dann noch eine Reportage über die wilden Partys von Goa, und schon reden wir über zwei Vorschüsse. Und ich sage euch was, Vorschüsse machen allen Männern am meisten Spaß. Ob das Spesenvorschüsse oder Vorschüsse auf die Honorare sein würden, wollte Tee-Andy wissen. Wenn sie keine Spesen zahlen wollten, weil ihnen die Reiseroute und vor allem die Reisedauer zu unübersichtlich seien, würde er mir empfehlen, die Höhe des Honorars entsprechend anzuheben.

Als ich Tee-Andy verließ, war es längst nach Mitternacht. Ich ging zu Fuß nach Hause, obwohl die Strecke von der alten Korsettfabrik im Karolinenviertel bis nach Altona kein Pappenstil war. Aber ich gehe gern und wollte von meinen Hamburger Themen Abschied nehmen. Auf dem Weg lag die Reeperbahn. Aus allen Türen und Fenstern quollen die Fangarme der großen Krake Gier. Nur immer rein, der Herr. Ich hatte über die Portiers und Stripteasetänzerinnen des Kiez geschrieben, über seine Jugendgangs, Taxifahrer, Zuhälter und Huren, und nicht immer hatte ich vier Wochen gebraucht, um die Geschichte hinzukriegen, das ein oder andere Mal nur zwei oder eine, und ein Mal, aber wirklich nur ein einziges Mal, kam ich sogar mit einer Stunde für die Recherche und nur einer Nacht für die Schreibarbeit aus. Jeder wird wissen, was ich meine. Ich hatte eine gute Hure gefunden, 50 Mark Spesen eingesetzt, 5000 Mark Honorar herausbekommen. Wenn das nicht allen Männern Spaß macht, dann weiß ich nicht.

Das nächste Telefongespräch mit München verlief,

wie es Tee-Andy vorausgesehen hatte. Keine Spesen, aber erhöhte Garantiehonorare, und von denen die Hälfte als Vorschuss. Und sie hatten die Größe, auf keiner festen Route zu bestehen. Sie bestanden nicht einmal auf einem Ziel. Fahr einfach los, sagten sie, egal wohin, und bring uns Geschichten mit, egal worüber. Hauptsache, es knallt.

So gingen wir durch das Tor zur Welt, der *Playboy* und ich, und bald gesellten sich andere Magazine dazu. Ein Körpergefühl stellte sich ein, das man am besten mit »Flügel wachsen« beschreibt. Der rechte Flügel war der Journalismus, der linke das Reisen. Und im Herzen war die unbändige Lust auf *open end.* Dasselbe Gefühl, das mich als Siebzehnjähriger beseelt hatte, als ich über Land nach Indien geeilt war, stellte sich mit dreißig wieder ein, nur hatte ich jetzt bessere Karten. Ich brauchte nicht mehr bei Botschaften betteln zu gehen oder mich von Licht zu ernähren. Ich konnte jede neue Reise mit der Reportage über die vorausgegangene finanzieren, und wenn ich jetzt den letzten Satz mit einer winzigen Veränderung wiederhole, wird klar, was ich meine. Ich konnte jede neue *Etappe* mit der Reportage über die vorausgegangene finanzieren. Und das nennt man dann wohl die ewige Reise. Oder den Aufbruch in die Freiheit.

Denn immer wenn die Räder rollten, sprang in meinem inneren Motor ein zusätzlicher Zylinder an. Ich war wacher, wenn ich reiste. Und wurde süchtig nach dem Hier und Jetzt. Die Sensationen und Gefahren der großen weiten Welt konzentrierten meine Lebensenergien auf den jeweils präsenten Augenblick. Und wenn man es recht bedenkt, lebt es sich nicht nur besser in der absoluten Gegenwart, es lebt sich überhaupt nur da. Alles andere ist 'ne Geisterbahn.

Die Flügel des Reisejournalismus waren das eine,

das Gewicht von Reiseschreibmaschinen das andere. Weiß man, was das ist, eine Reiseschreibmaschine? Schwermetall mit einem Henkel dran. Unter zehn Kilo ging da nichts. Zwölf kam auch schon mal vor, und mit der Triumph-Adler hätte man einen Elefanten erschlagen können. Irgendwann schenkte mir ein Freund, dessen Hobby die Restauration alter Reiseschreibmaschinen war, eine rote Olivetti Valentine. Nicht meine, aber eine aus dieser Reihe steht heute im Museum of Modern Art in New York, denn diese Maschine gilt als Meilenstein des Industriedesigns. Sie sah erst auf den zweiten Blick wie eine Schreibmaschine aus, auf den ersten konnte sie auch ein außerplanetarischer Gebrauchsgegenstand sein. Und vor allem war sie leicht. Darf man das? Darf man eine mechanische Schreibmaschine heute noch leicht nennen? Mein MacBook Air wiegt zwanzigmal weniger als die Olivetti Valentine. Sieben Kilo in der rechten Hand, eine Gitarre in der linken und ein Rucksack am Buckel. Das war mein Sturmgepäck. Und es machte den rasenden Reporter zur Schnecke. Immer wieder überlegte ich, entweder auf die Gitarre oder auf die Olivetti zu verzichten, damit ich mal wieder eine Hand frei hätte, aber ich schaffte es nicht.

Ein anderes Problem war der Versand fertiger Manuskripte, zum Beispiel aus Sagar, einer kleinen, in Betelnussfelder gebetteten Stadt im südindischen Bundesstaat Karnataka. 1982 war ich dort der zweite Europäer, der es nach dem Abzug der Engländer aus Indien wieder in die Stadt geschafft hatte. Eine Woche vorher war ich zum ersten Mal in meinem Leben außerhalb des Zoos einem Tiger begegnet, die Geschichte war fertig, jetzt musste sie nur noch in einem dicken DIN-A4-Briefumschlag von Sagar nach München. Wie lange würde das dauern? Auf dem Postamt von Sagar sagte man mir, dass der Brief zunächst mal aus dem Dschungel raus und über die Berge müsse. Sobald er in Bangalore angekommen und nach Bombay weitergereicht worden sei, könne man internationaler denken.

»Also, wie lange? Einen Monat? Zwei?«

Der Beamte hinter dem Schalter des Postamts antwortete mit dieser zutiefst indischen Bewegung, die Nicken und Kopfschütteln vereint.

»Ein Jahr?«

Dieselbe Kopfbewegung.

»Sagen Sie mal, wird er überhaupt ankommen?«

Dieselbe Kopfbewegung.

Nehmen wir mal an, mein Manuskript erreicht die Redaktion doch irgendwann und ich habe vorsorglich schon die Rechnung dazugesteckt, wie lange braucht dann das Resthonorar, bis es bei mir ist? Es gibt ja 1982 nicht nur kein Internet und keine Faxgeräte, es gibt auch noch keine Geldautomaten. Das Honorar muss auf eine dafür autorisierte Bank in Bangalore überwiesen werden, die mir nach der Prüfung meines Reisepasses und aller anderen notwendigen Papiere das Geld in Rupien aushändigt. Aber wenn der Bankbeamte dabei einfach nicht vorankommt, weil er den Pass falsch herum hält und ihn deshalb nur schlecht lesen kann, was, verdammt noch mal, ist dann das nächste Ungemach? Dann wird er sagen: »Sorry, Sir, office closed«, und Feierabend machen. Oder er wird sagen: »Unfortunately not available, Sir«, und Feierabend machen. Oder er wird sagen: »Come tomorrow«, und tomorrow wird er dasselbe sagen, und am nächsten tomorrow auch, so lange, bis du begriffen hast, dass tomorrow never comes. Unfortunately ist das alles schon passiert. Und dann bist du pleite. In Indien pleite zu sein ist aber ganz etwas anderes, als in Hamburg temporär zu bankrottieren. In Indien war kein Tee-Andy in der Nähe. Das Reportagenfinanzierungskonzept auf Reisen lautete deshalb: Es gibt kein frisches Geld. Du musst mit den Vorschüssen auskommen, und weil ich das nicht konnte, war immer wieder mal der Ofen ziemlich aus, zum Beispiel in Kairo. Die bescheidenen Mittel, mit denen ich dort landete, reichten noch für drei Tage in einer billigen Absteige und den Besuch von *local kitchens*, aber sicher nicht für die 3000 Kilometer bis Hamburg. Und es gab noch mehr Probleme. Ich hatte offene Beine. Nichts Schlimmes, nur Streptokokken, nur mikroskopisch kleine Biester, die verhinderten, dass sich an meinem Körper Wunden schlossen. Es reichte, einen Mückenstich aufzukratzen, und nach ein paar Tagen wurde ein Loch in der Haut daraus, erst so klein wie ein Pfennig, dann so groß wie eine Mark. Die meisten dieser Löcher eiterten. Und Fieber hatte ich auch, als ich mir in Kairo die Pension Swiss als Unterkunft nahm.

Drei Tage schob das Fieber Wasser aus meinem Körper heraus, und die schäbigen blauen Wände, der kackbraune, abgeschlagene Schrank und die Urinflecken auf dem Fußboden gingen mir gehörig auf den Sack. Drei Tage saugten sich Zigarettenstummel und Zeitungspapier auf der Kommode neben mir in eine Rotweinlache ein, drei Tage drang heiße, stickige Luft von draußen herein, überall lagen Briefumschläge, abgebrannte Streichhölzer, Asche. Währenddessen schütteten die Angestellten der Pension den Abfall weiter aus den Fenstern des fünften Stocks in den Hinterhof, und hinter der Rezeption onanierte ein dicker Ägypter nach eigenem Bekunden sechs Mal am Tag, und meiner Meinung nach braucht man hier nicht mehr zum Thema irreführende Hotelnamen zu sagen (Pension Swiss!), und auch nicht mehr zu den goldenen Jahren des Reisejournalismus. Manchmal macht man aus Gold Scheiße. Und dann wieder aus Scheiße Gold.

Siebtes Kapitel

# »Oder willst du lieber die Friseuse ficken?«

Die Achtzigerjahre waren das amerikanische Jahrzehnt im Reigen der Dekaden. Der Traum, dass jeder ohne Rücksicht auf gesellschaftliche und berufliche Hierarchien a) alles machen und b) alles schaffen konnte, wenn er smart genug war und sein Bestes gab, der Glaube, dass es keine Grenzen gab, wenn sich Geist und Wille zusammentaten, der Kommunismus des Erfolgs sowie die Heiligsprechung des Genies und seine moralische Immunisierung begannen auf dem europäischen Festland merkwürdigerweise in Wien. Falco, Helmut Lang, Martin Kippenberger, die jungen Wilden der Musik, der Mode und der Kunst, hatten am Anfang dieses legendären Jahrzehnts hier ihren Wohnsitz, die jungen Wilden der Medien ebenso. Ihr Magazin hieß *Wiener.* Aus einer Werbeagentur geboren, haben sich dessen Macher vom Start weg am New Journalism der USA orientiert, natürlich auch an den britischen und französischen Variationen und, ach ja, den deutschen.

Sie hatten meine Geschichten in *twen* und im *Playboy* gelesen und über einen Fotografen meinen Aufenthaltsort erfahren. Sie riefen in der Pension Swiss an, und als ich mich endlich zur Rezeption schleppte, an der das Telefon immer wieder klingelte, war mein ägyptischer Leidensweg fast beendet. Sie wollten eine Kairogeschichte, und schon am nächsten Tag landete ich in Wien.

Das Fieber hatte sich inzwischen gelegt, aber die Löcher in den Beinen waren noch da. Weil es schmerzhaft war, wenn sich Stoff an den Wunden rieb, trug ich eine kurze Hose. Normalerweise sah das in der Wiege des Stils lächerlich aus, in diesem Fall überwog der Ekel. Ich stank nicht, aber die Löcher eiterten. Die Chefredakteure des *Wiener* taten so, als nähmen sie die Wunden nicht zur Kenntnis, und ich tat so, als wären sie die Stempel des Abenteuers, und bot den beiden sofort das Du an, denn Markus Peichl und Michael Hopp waren jünger als ich, Markus sogar deutlich jünger. Aber nicht deutlich weniger professionell. Unser erstes Gespräch beinhaltete Grundsätzliches. Ich hatte dazu drei Vorschläge zu machen. Erstens: Sie geben mir sofort einen Vorschuss, mit dem fahre ich nach Hamburg und schreibe dort die Kairogeschichte. Nee, sagten sie, das sei keine gute Idee. Okay, dann zweitens: Sie geben mir einen kleineren Vorschuss, mit dem ich ein Hotel und die Verköstigung bezahlen kann, und ich schreibe in Wien. Das höre sich schon besser an. Und drittens, fuhr ich fort, könne auch einer von den beiden Chefredakteuren mal für zwei Wochen Urlaub machen und ich übernähme in der Zeit seinen Schreibtisch und mal kurz seinen Job. »Super«, sagte Michael, »genau so machen wir's«, denn die Geburt seines zweiten Kindes stand kurz bevor. Und ein Hotel benötigte ich nicht, meinte Markus, er wohne mit seiner Schwester, die gerade nicht da sei, in einem Doppelhaus und ich könne ihre Hälfte haben. Und wenn ich Haschisch bräuchte, solle ich mich an das Chefsekretariat halten.

Wow, dachte ich, so hat beim *Stern* und beim *Playboy* niemand mit mir gesprochen.

Ich bin Jahrgang 1952. Mit zehn Jahre Jüngeren verstand ich mich sehr viel besser als mit zehn Jahre Älteren. Später galt dasselbe auch für Leute, die zwanzig, sogar dreißig Jahre nach mir geboren sind. Wer mich nicht mag, sieht darin einen Beweis für meine Unreife: Der will einfach nicht erwachsen werden. Oder: Der ist ein Berufsjugendlicher. Oder: Der kifft zu viel und entwickelt sich deshalb seit seiner Pubertät nicht weiter. Das mag ja alles sein, aber stimmt trotzdem nicht. Ich glaube vielmehr, dass wir es ab den Fünfzigerjahren nicht nur mit einem Wechsel in die zweite Hälfte des Jahrhunderts zu tun hatten, sondern auch mit einem kulturellen Quantensprung der Generationen. Rock 'n' Roll zum Beispiel gab es vorher nicht. Aber nachher ewig. Krawattenzwang und Anzugpflicht wurden nachhaltig lächerlich. Kleinfamilie, Beten, Siezen, Nationalismus und Fassonhaarschnitt kamen in der zweiten Hälfte des 20. Jahrhunderts zwar immer mal wieder als Moderevivals hoch, aber nie wirklich zurück. Der Sex befreite sich, Schwule und Lesben feierten ihre Coming-outs, auch die Unterscheidung zwischen dem gesellschaftlich akzeptierten Grundnahrungsmittel Alkohol und den bösen Drogen löste sich für immer auf. Nicht im Gesetzbuch, aber in den Köpfen. Natürlich merkte man von alldem nichts, solange die in den Fünfzigerjahren Geborenen noch Kinder waren. Aber kaum kamen die aus der Pubertät heraus und in die Sechziger hinein, wurden Elvis, Sinatra und Glenn Miller tödlich alt, und Jagger, Hendrix und Dylan forever young. Disco statt Tanzschule, Indien statt Italien, Gammler, Zen und hohe Berge statt Spießer, Weihnachten und Gartenzwerge. Ich kam nicht aus küchenpsychologischen, sondern aus kulturellen Gründen mit Jüngeren besser klar als mit Älteren, denn wir hatten dieselbe Sprache, dieselben Jeans, dieselben Helden. Inzwischen bin ich über sechzig, und sogar heute Zwanzigjährige sehen in mir kein prähistorisches Tier, eher einen Pionier. Eine Linie, eine Familie, ein Rock 'n' Roll. Rapper sind die Enkel oder Urenkel des Rock 'n' Roll. Und ein anderer Grund dafür, dass ich mich Anfang der Achtzigerjahre in Falcos Wien mit einem 23-jährigen Journalisten in Führungsposition nahtloser verständigen konnte als mit einem damals vierzigjährigen *Stern-* oder *Playboy*-Redakteur, war natürlich der »Wiener Schmäh«.

Der Wiener Humor ist so schwarz wie der englische, so unmoralisch wie der französische und so intelligent wie der jüdische, und der jüdische Teil überwiegt. Man sagt sogar, dass die Wurzel des Wiener Schmähs jüdisch ist, denn bis zum Eintreffen der humorlosen Nazis haben in der Stadt 180000 Juden ihre Witze erzählt, und das können sie gut. Die Wiener sind Rosinenpicker. Von den Türken übernahmen sie den Kaffee, von den Juden den Humor, von den Italienern die Frauen, von den Serben die Hausmeister, und das brachten sie alles schön zusammen im Kaffeehaus.

Die Redaktion, die Markus und Michael führten, arbeitete in der Lehargasse. Die ist saubere K.-u.-K.-Klasse, und die Mutter aller Kaffeehäuser war gleich um die Ecke. Das Sperl eröffnete anno 1880 und sah 1982 auch nicht anders aus. Was sind schon hundert Jahre im Kaffeehaus. Die Spiegel, die Kronleuchter, der Stuck an den hohen Decken, die Marmortische, die Polsterlogen, die Nischen, die Tapeten, alles war denkmalgeschützt, rauchgeschwängert und durch die unmittelbare Nähe zum Verlag ideal als Neben-, Außen- oder Zweitredaktion zu nutzen. Hier führten wir unser Kennenlerngespräch, hier machten sie ihre Interviews, hier konnte ich stundenlang schreiben, denn das Sperl war nicht nur vom Ambiente her ein erztraditionelles Wiener Kaffeehaus. Kaiser Franz Joseph I. hatte die Eröffnung von Kaffeehäusern im Stil der adeligen Salons protegiert, weil er als romantischer Reformer dem Volk Zugang zu den Wohnwelten der Schlösser verschaffen wollte, zudem hatte er verfügt, dass im Kaffeehaus jeder so lange sitzen durfte, wie er wollte, auch wenn er nur ein einziges Heißgetränk dabei konsumierte. Und wenn es der Kaiser befiehlt, sieht dich im Sperl kein Ober blöd an. Und mich sowieso nicht. Ich war Journalist. Ich trank Kaffee wie Wasser.

Ich genoss die Tage in Wien und die Zusammenarbeit mit dem *Wiener*-Magazin. Die Redaktion tickte wie eine professionelle Wohngemeinschaft und war auch nach Feierabend nicht auseinanderzukriegen. Kochen, trinken, Gartenfeste, man lag sich in den Armen, man tröstete die Liebeskranken. Freunde machten eine Illustrierte, so sah es für mich aus. Sie machten es mit Leidenschaft, Rotwein und Erfolg. Sie zahlten zwar nicht so gut wie der *Playboy,* aber sie waren auf dem Weg zum Kult. Und ich auf dem Weg zur Autobahnauffahrt.

Weil ich von dem nicht so *Playboy*-mäßigen Honorar für die Kairogeschichte meine Weiterreise nach Hamburg finanzieren musste, beschloss ich, an Eigenspesen zu sparen und es mal wieder mit Trampen zu wagen. Ich weiß, der *Wiener* hatte mit dem wunderbaren Fortgang der Geschehnisse auf der Autobahn nichts zu tun, aber für mich war es eine Melange. In Wien hatte ich zwei Wochen eine großzügige Doppelhaushälfte mit Garten im grünen Heurigengürtel der Stadt bewohnt, ohne dass es mich oder die Redaktion einen Schilling gekostet hatte, und als ich ebenfalls kostengünstig vor der Autobahnauffahrt auf der Kante eines Bürgersteigs saß, legte sich plötzlich ein Schatten auf den Asphalt und sehr breite Räder rollten lautlos vor meinen Sandalen aus. Eine weiße Jaguar-Limousine, Ledersitze, Armaturenbrett aus Edelholz, und du hörst die Tür nicht, die du zuschlägst. Das war mir beim Trampen noch nie passiert.

Die Maschine zog an, und ihre zwölf Zylinder machten einen Sound, der in etwa so laut wie mein Atem war, wenn er frei fließt. Auch der Fahrer war mir sympathisch. Mitte dreißig, Turnschuhe, Jeans, und er quatschte mich nicht voll, sondern redete nur das Nötigste.

»Sitzen Sie bequem?«

»Und ob!«

»Ist Ihnen die Musik zu laut?«

»Was?«

»Die Musik! Ist sie Ihnen zu laut?«

»Nein.«

»Fein. Wir werden, wenn die Straße frei ist, in vier Stunden in Hannover sein.«

Das war eine Ungeheuerlichkeit.

Der Jaguar legte sich mit 220 Stundenkilometern in jede lang gezogene Kurve, schoss über Talbrücken, ignorierte Steigungen, und die Berge wieder runter ging es im Sturzflug. Der Teufel scheißt immer auf den größten Haufen. Nachdem ich an der Autobahnraststätte Hannover-Garbsen ausgestiegen war, hielt als Nächstes ein schwarzer Porsche an. Allerdings ein versauter. Die Ledersitze waren voll mit den Haaren der beiden Afghanischen Windhunde, die auf dem Rücksitz lagen, und auch am Steuer saß ein Langhaariger. Ein alter Russe in einer viel getragenen Fransenwildlederjacke, passend zur Fransenwildlederhose und den staubigen Cowboystiefeln. Dazu trug er einen d'Artagnan-Bart. Er hatte eine Adlernase, knallblaue Augen und viele,

viele Falten im Gesicht, von denen ich gern, Falte für Falte, die dazugehörige Geschichte erfahren hätte, aber dafür war der Porsche zu schnell, das Ziel zu nah und die Musik zu laut. Rolling home mit den Rolling Stones to good old Hamburg.

Weißer Jaguar, schwarzer Porsche, russischer Hunderennenaktivist, was braucht es mehr für ein Roadmovie? Ich klopfte es runter, sobald ich wieder an meinem Schreibtisch saß, und das war die zweite Geschichte, die der *Wiener* von mir druckte. Das fand ich stark. Die Erfahrung, dass für den New Journalism das Geld quasi überall auf der Straße lag, ließ mich weiterhin zu Recht frohlocken, und als drei Jahre später meine Wiener Freunde mit Sack und Pack nach Hamburg umsiedelten, um zwar nicht den Namen, aber das Konzept ihres Kultmagazins auf dem deutschen Markt zu etablieren, ging es mit dem Frohlocken erst richtig los.

*Tempo* wurde ziemlich schnell für den deutschen Journalismus das, was Tarantino für Hollywood gewesen ist. Neue Erzählweise, neue Moral, neue Generation. Die alte Garde mochte uns nicht. *Stern, Zeit, Spiegel* und der Rest geißelten uns als unjournalistisch, weil wir subjektiv hassten und liebten; als unsozial, weil sie in uns eine Bande von Hedonisten sahen, die in Fragen des Stils und der Umgangsformen gern auch das Comeback des Adels ausriefen; als unmoralisch, weil wir über Pornos seriöse Filmkritiken schrieben; als unpolitisch, weil wir Modefotografen zu afghanischen Mudschahedin schickten; als unseriös, weil wir mit noch aktiven Bankräubern die Sicherheit von Banken testeten; als unverantwortlich, weil wir zu Drogen keine Sonntagsreden hielten. Und heute, wirklich aber erst heute, würde ich sagen, dass es nur ein Missverständnis war. Sie verstanden einfach nicht den Humor der zugereisten Blattmacher. Wiener Schmäh traf auf deutsche Ernsthaftigkeit, genauer auf deutsche Journalisten, wie eine Schrotladung. Jede Zeile durchlöcherte irgendeine Regel der Zunft. Das war ja nicht einmal das Schlimmste. Noch schlimmer waren die Achtzigerjahre und was sie aus den Menschen machten. Ihr schlimmstes Schimpfwort für uns war Yuppies.

Ein Wort aus Amerika. Kurzform und Kosename für »young urban professionals«. Und? Was war gegen junge Profis in der Stadt zu sagen? Wären ihnen junge Penner lieber gewesen? Oder alte Hippies? Ich entwickelte mich merkwürdigerweise durch die Jahrzehnte synchron zum Zeitgeist. Ich weiß nicht, warum. Mit einer Modeaffinität kann das nichts zu tun haben. Nur weil irgendwer in Mailand »gelb« sagt, werde ich nicht Gelb tragen, wenn mir gerade nicht danach ist. Trotzdem war ich ab Mitte der Sechziger ein Bilderbuchhippie, ab Mitte der Siebziger ein Gründungsgrüner, und Mitte der Achtziger brauchte ich als Erstes einen BMW 325i. Wäre noch ein Klecks von Grün in mir gewesen, hätte ich den 325e genommen. Zum Kauf erschien ich mit Maggie. Und Maggie erschien in einem Leopardenfellimitat. Der BMW-Verkäufer sah uns an wie Großwild, das ihm vor die Füße fiel.

»Was kann ich für Sie tun?«

»Im Prinzip suche ich ein gutes Kassettenradio mit einem BMW drumherum.«

Er hatte was Passendes da. In Delfingrau. Wir setzten uns in die Ledersitze, Maggie schob ihre Prince-Kassette rein und drehte auf volle Lautstärke. »Purple rain, purple rain…«

»Helge, er steht dir«, sagte Maggie.

»Ja, aber nicht deinetwegen.«

Wir stiegen wieder aus, ohne den BMW bewegt zu haben.

»Wollen Sie keine Probefahrt machen?«, fragte der Verkäufer.

»Das war die Probefahrt«, sagte ich und leaste die Karre.

Aber Kokain nahm ich noch immer nicht. Obwohl ich längst überfällig dafür war. Das Jahrzehnt schrie danach. Um mich herum eine Welt von glücklichen Koksern, doch ich blieb bei den leichten Drogen. Ein Hippie im Yuppiepelz, der sich mit Gras, Champagner und Pornos über Wasser hielt. Im Zuge einer *Tempo*-Reportage über die deutsche Pornovideoindustrie sah ich mir etwa eine Million davon an. Das war nur die erste Phase. Im zweiten Monat besuchte ich alle namhaften deutschen Pornoproduzenten und war bei den Dreharbeiten dabei, im dritten traf ich Pornostars aus den USA. Der großzügige Zeitrahmen machte sich bezahlt. *Tempo* verkaufte sich mit dieser Geschichte wie geschnittenes Brot. Und mir hat sie großen Spaß gemacht.

*DEUTSCHLAND – DEINE PORNOVIDEOS*

*Wissen Sie, wie oft in einem durchschnittlichen Pornofilm die Liebe obsiegt? Ich habe es gezählt. Fünfmal Missionar, zehnmal a tergo, also wie die Hunde, sieben Gänge anal, dreizehnmal oral, einmal mit Vibrator, zweimal – wie soll ich sagen – knapp über dem Herzen, dazu zwei Dreier und vier plattgemachte Dienstmädchen. 52-mal zwölf Filme pro Tag. Nach etwa zwei Wochen verschoben sich die Grenzen ein bisschen, schließlich lösten sie sich auf, und ich wartete selbst bei der »Tagesschau« darauf, dass sich die Moderatorin mal kurz vor dem Moderator niederkniet.*

*Ich machte das nicht zum Spaß. Die Erfindung der Videokassette hatte die Pornokinos ruiniert. Das ist eine traurige Geschichte. Arbeitsplätze gingen verloren,*

*Säle standen leer, Putzfrauen konnten keine gebrauchten Präservative mehr wegräumen. Andererseits hatte das deutsche Wohnzimmer klar gewonnen. Es ist nicht jedermanns Sache, in schmuddeligen Kinos und quasi in der Öffentlichkeit zu onanieren, aber zu Hause machten es plötzlich alle. Ein Volk wichste sich frei. Die goldenen Achtzigerjahre, sie führten so viele Menschen zum Schotter. Ich fuhr nach Hannover zu Porno-Franz. Ein Billigproduzent mit Schnauzer, geföhnten Locken und einer weißen Hose vom letzten Dreh auf Ibiza. Geplant war ein 60-Minuten-Rumpfporno, Drehzeit: drei Stunden. Anwesend waren außer seiner Frau, seinem fünf Monate alten Töchterchen und zwei Katzen eine Beamtin von der Berliner Schulbehörde, ein Finanzbeamter aus Wolfsburg und eine ehemalige Friseuse von irgendwo. Die von der Schulbehörde war blond, hieß Monika und trug rot-weiße Pepitastrapse. Sie mache Pornos aus zwei simplen Gründen, sagte sie. Erstens sei sie Exhibitionistin, und zweitens habe sie Schulden. Der Finanzbeamte wollte auf keinen Fall seinen Namen sagen und sich nicht ohne seine große schwarze Sonnenbrille fotografieren lassen. Auch während des Drehs nahm er sie nicht ab. Er fickte für einen Set neuer Ledersitze in seinem 280er Benz. Die Dritte im Dreier war das Küken. Sylvia, 22, schüchtern, liebenswert, hübsches Gesicht. Für sie ging alles ziemlich schnell. Zwei Wochen zuvor hatte sie bei einem Fotografen begonnen. Am ersten Tag Akt, am zweiten Pornofotos, und jetzt war sie beim Film. Franz erklärte ihr das Handwerk.*
*»Wenn ich ›action‹ sage, dann zählst du innerlich bis fünf. Klar? Die fünf Sekunden Leerlauf brauche ich nachher zum Schneiden.«*
*Aber bevor die »action« beginnen konnte, musste die Rahmenhandlung geklärt werden. Die Frage war:*

*Sollen die Frauen auf der Couch warten und der Mann kommt rein? Oder sitzt der Mann auf der Couch und die Frauen kommen rein? Oder kommen alle gleichzeitig rein? Porno-Franz entschied sich für die erste Variante. Der Typ kommt rein.*

*»Action!«*

*Das Küken setzte sich auf den Finanzbeamten, der jetzt nur noch die Sonnenbrille trug. Vorher hatte sie sich schnell etwas Öl zwischen die Beine geschmiert (ein Tipp von der Schulbehörde), trotzdem machte sie nun ein Gesicht, als wäre es der Zahnarzt, der bohrte, und nicht ein geiler Finanzbeamter. Porno-Franz sieht sich das eine Weile mit an, dann hat er einen Einfall. »Dreh dich einfach mal um«, sagt er zum Küken. »Und halt den Arsch ins Bild.«*

*Danach kam die Frau von der Schulbehörde dran, und zwei Beamte waren unter sich. Ein bisschen oral, ein bisschen auf dem Tisch, und dann mal sehen, was noch im Drehbuch steht. Das Drehbuch war eine DIN-A4-Seite mit Strichmännchen. Von Porno-Franz eigenhändig gezeichnet. Alle ihm bekannten Positionen. Die hakte er ab, Strichmännchen für Strichmännchen, und er war bei Gott kein Hobbyfilmer. Er arbeitete für vierzehn Videoverleihe und für 5000 Mark pro Produktion.*

*Das nannte man nicht Amateur, aber Profi nannte man das auch nicht. Da gab es andere, und meine Reise zu den drei größten Pornoproduzenten im Deutschland der Achtzigerjahre wurde zu einer Reise ins Wunderland der unbegrenzten Materie.*

*Der erste hatte ein Haus, in dem alle Tischbeine, Aschenbecher, Skulpturen, Kerzenständer, Türklinken und Wasserhähne aus 24-karätigem Gold waren und an den Wänden Picassos hingen. Gerd Wasmund hieß der Mann, alias Mike Hunter. Am nächsten Tag flog er nach Ibiza zu seiner Jacht. Beim zweiten deutschen Porno-*

*mogul war der Fuhrpark das Interessante. Ein grauer Mercedes 380 SL, ein Mannschaftstransporter der Marke Dutch aus alten Armeebeständen, ein Vierrad-Jeep und das goldfarbene Sportmodell von Rolls-Royce, dazu zwei schneeweiße Harley Davidsons. Drüben, in Florida, das ganze Programm noch einmal, und auf Mallorca warteten der Chevrolet, der Swimmingpool und die Ferienvilla. Werner Ritterbusch hieß dieser Mann. Und Ribu seine Firma. Eine Jacht hatte er auch. Das Haus des dritten Pornoproduzenten sah ich von oben. Aus einer Cessna. Es lag direkt an der Nordsee, vierstrahlig gebaut. Die Häuser drumherum gehörten dazu, und in dem 500er SL, mit dem wir zum Flughafen gefahren waren, war die Uhr am Armaturenbrett mit kleinen Diamanten besetzt und in die verchromten Trittleisten der Türen ein Name eingraviert: Beate Rotermund, besser bekannt als Beate Uhse. Sie hatte dem Interview unter der Bedingung zugestimmt, dass wir es in der Cessna führten, und als wir weit oben über der Lübecker Bucht waren, rückte sie mit einer Zusatzbedingung heraus: Ich solle den Steuerknüppel übernehmen, und solange ich flöge, könne ich sie interviewen. Eine Cessna ist ein Kleinstflugzeug. Die fliegen nicht, die hüpfen von Luftloch zu Luftloch, und das war mir schon, als noch Beate Uhse den Steuerknüppel hielt, ein bisschen auf die Nerven gegangen, und so fielen mir zwischen den Hüpfern nur noch zwei Fragen ein. Eine blöde, eine schlaue. Die blöde wollte wissen, ob eine der erfolgreichsten Unternehmerinnen der Sechziger- und Siebzigerjahre in den Achtzigerjahren noch Träume habe.*
*»Wissen Sie, junger Mann«, sagte Beate Uhse, während ich besorgt versuchte, einer Wolke auszuweichen, »wenn man so alt ist wie ich und so viel geschafft hat, dann reicht es eigentlich schon, wenn draußen die Sonne scheint.«*

*Und mir schien, dass Wind aufkam. Weiß sie, was sie tut, dass sie mich fliegen lässt? Und weiß sie überhaupt, was sie tut?*
*»Sie haben drei Enkeltöchter im pornofähigen Alter, Frau Uhse. Was würden Sie sagen, wenn die Mädchen zu Ihnen kommen würden, um Hardcore-Stars zu werden?«*
*Sie sah mich an, als wäre das nicht die schlaue, sondern die blöde Frage gewesen.*
*»Natürlich würde ich ihnen dabei helfen. Warum denn nicht?!«*
*Nachdem wir gelandet waren, sahen wir uns in ihrem Privatkino ein brandneues Video aus ihrer Produktion an, und ich verstand sofort, warum Beate Uhse es so locker nehmen würde, wenn ihre Enkelinnen mitmachen wollen würden. Kompliment an den Kameramann für den ästhetischsten Einlauf der Filmgeschichte. Normalerweise sieht es merkwürdig aus, wenn einer Dame zwanzig Liter Leitungswasser in den Po gepumpt werden. Aber in »Pretty Peaches« geht es nicht nur sauber rein, sondern kommt, und das ist die Überraschung, auch sauber wieder raus.*
*Am meisten gelacht habe ich bei Gerd Wasmund.*
*Der Mann mit dem goldenen Wohnzimmer war 46 Jahre alt, kam aus Schalke, lebte in Berlin, und sein Hobby war die Philosophie. Mit den Pornos finanzierte er sich das freie Denken. Und die freie Rede. Ein kleiner Mann mit großer Klappe. Es gab niemanden, den er nicht niedermachte, bis auf Beate Uhse, die war für ihn eine Heilige. Der Rest der Konkurrenz waren »Amateure«, »Wahnsinnige«, »Verrückte«, »Pleitiers«, »Schlampen«.*
*Teresa O., die deutsche Porno-Queen der Achtzigerjahre, könnten sie ihm vor den Bauch binden, er würde sie nicht nageln. Selbst wenn sie ihm jede Menge Geld dafür böten, er täte es nicht.*
*Wasmund mochte französische Kriminalfilme, er mochte*

*Lino Ventura, er mochte gern selbst mit der MP aus einem rasenden Auto herausballern. Aber was er gar nicht mochte, war eine Domina, die nicht pissen kann. »Die blöde Kuh. Zwei Stunden lang habe ich sie bei den Dreharbeiten von ›Las Vegas Maniacs‹ mit Bier abfüllen lassen, und die Frau hat noch immer geklemmt. So was kostet Geld. Mein Geld.«*
*700 000 Mark Produktionskosten hat der in Nevada gedrehte Porno gekostet, inklusive der Bestechungsgelder für mormonische Polizisten und der Tagesmieten für die Villa eines Airline-Chefs. Der wird hinterher viel zu putzen gehabt haben, weil bei Gerd Wasmund die Männer mindestens zwei Meter weit spritzen mussten. Das war seine Handschrift. Von allem etwas (lesbisch, anal, Folterkammer) und alles etwas drastischer als bei den anderen.*
*»Zerreißen, zerschneiden«, sagte Wasmund, »das ist es, was die Leute sehen wollen. Und da ärgert es mich einfach, wenn die Schere stumpf ist. Wir haben mit drei Kameras gedreht, mit Slow Motion und allen Extras, und diese Idioten kriegen die Strapse nicht zerschnitten.«*
*Kollege Ritterbusch, der Mann mit den vielen Autos, hatte dazu seine eigene Meinung, denn er war der Mann, der die Dessous in den Pornofilm eingebracht hatte. Die waren natürlich schon vor ihm da, aber nicht so konsequent, so edel, so seiden, so spitzenreich. Ritterbusch war ein Wäschefreak. Darum mochte er die Filme von Wasmund nicht. Es tat ihm in der Seele weh, wenn Strapse zerschnitten wurden.*
*»Ich weiß nicht, was der Gerd daran findet«, sagte er. »Der muss pervers sein.«*
*Vom Anpissen hielt er ebenfalls nichts. Seine Dessous sollten sauber bleiben, bis auf das Sperma, das einfach fliegen müsse, damit die Leute sähen, dass es echt sei und nicht getürkt wie früher, als die Schweden noch das Sagen hatten.*

*»Kann man Sperma türken, Herr Ritterbusch?«*
*»Aber klar. Man fülle die Dame mit ein bisschen Eigelb und Milch, der Herr rührt um, und wenn's überläuft, hat er 'nen Orgasmus.«*
*Das war der Schwedentrick, und damit die Leute nicht glaubten, dass auch bei ihm gelogen und betrogen werde, müsse Sperma frei fliegen. Ins Gesicht der Frau, auf die Brüste und den Po, aber mehr nicht. Keine Experimente. Er habe erst kürzlich wieder einen Regisseur nach Hause geschickt, der nicht aufhören wollte, Sperma an Fensterscheiben herunterfließen zu lassen.*
*»Das war sein Ding. Ich habe es ihm immer und immer wieder herausgeschnitten. Er ist immer wieder ausgeflippt. ›Das ist mein Film‹, hat er getobt. ›Das ist mein Film.‹ Und ich habe gesagt: ›Sperma an der Fensterscheibe, da habe ich keinen Bock drauf.‹«*
*Worauf Ritterbusch Bock hatte, war auch schnell geklärt. »Golden Girls« war sein Lieblingsporno, obwohl der aus dem Hause Beate Uhse kam. Diese Szene gefiel ihm besonders gut: Ein Mann allein zu Haus. Es klingelt, er macht auf. Eine Rothaarige im schwarzen Kleid und mit goldenen High Heels steht vor der Tür.*
*»Darf ich reinkommen?«, fragt sie.*
*»Warum nicht. Sie können mir beim Saubermachen helfen.«*
*Sie kommt rein und hebt ihr Kleid bis zur Hüfte hoch. Darunter trägt sie schwarze Strapse und schwarze Strümpfe, aber keinen Slip. Nun legt sie langsam ein Bein über die verchromte Stange neben ihr, und der Typ flippt aus. Zu Recht. Denn wer einmal gesehen hat, wie Rhonda Vanderbilt das Treppengeländer wichst, will keine andere Putzfrau mehr.*
*Ich hätte die Rhonda auch sofort als Reinigungskraft eingestellt, aber ich kam nicht an sie ran. Dafür traf ich Ginger Lynn Allen. Ich interviewte die 22-jährige*

*Nummer eins der US-Hardcore-Szene an Beate Uhses Stand auf der Wiesbadener Videomesse. Sie trug ein rosafarbenes Korselett mit weißen Strümpfen unter einem Pelzmantel, und aus irgendeinem Grund unterhielten wir uns ausschließlich über Meditation. Als wir uns abends an der Hotelbar wieder trafen, hatte sie eine Jeans an und ihre Friseuse dabei, die fast noch schärfer als die Porno-Queen war. Und aus irgendeinem Grund unterhielten wir uns jetzt nur über Marihuana. Weil ich davon etwas in der Tasche hatte, wechselten wir auf ihr Hotelzimmer. Dort kam Ginger zur Sache. Sie wollte wissen, wie viel ich verdiene. Ich verriet es ihr.*

*»Dann komm zu uns. Wir brauchen Männer.«*

*»Du verarscht mich.«*

*»Nein, im Ernst. Es gibt zu wenig Männer, die es vor der Kamera können. Es ist schwieriger für sie als für uns. Das ist lästig. Du drehst, und sie schaffen es nicht, und du fängst mit einem Stuntman von vorn an. Es ist mir ein Rätsel. Manche können es, aber die meisten können es nicht. Und die, die es können, wissen nicht, warum. Er steht einfach.«*

*»Ich glaube, ich könnte es auch nicht.«*

*»Lass es uns ausprobieren. Wir haben eine Videokamera hier.«*

*Weil ich mich a) nicht blamieren und b) das nicht zugeben wollte, nannte ich einen moralischen Einwand gegen das Berufsbild, in das hier zu wechseln anstand.*

*»Ich befürchte, dass man auf Dauer Liebe und Sex nicht trennen sollte.«*

*»Quatsch«, sagte Ginger. »Es ist ein großer Unterschied zwischen Sex und Liebe machen. Das sind zwei völlig verschiedene Sachen. Du kannst nicht mit jedem Liebe machen, aber du kannst mit jedem Sex machen, sogar mit jemandem, den du liebst. Und Sex ganz unverbindlich? Kein Problem. Wir treffen uns, drehen einen Film,*

*werden geil, haben Spaß, und hinterher sitzen wir zusammen und plaudern über unsere Haustiere.«*

*»Ich habe keine.«*

*»Dann schaff dir Katzen an. Ich habe zwei. Und einen Hund.«*

*»Hast du keine Freunde?«*

*»Hör zu. Ich mache Pornos. Und es gibt nicht viele Leute, mit denen du Pornos machen kannst. Wir sind eine kleine Gruppe, und wir kennen uns inzwischen ganz gut. Wir sind Profis. Wir machen unseren Job und wollen ihn gut machen. Und die Freundschaft zwischen uns ist eine Freundschaft, die durch Respekt entsteht. Ich respektiere jeden, der seine Sache gut zu machen versteht. Aber es gibt einen Haken. Und du weißt, wovon ich spreche. Also, was ist jetzt? Willst du auf die Besetzungscouch oder nicht? Das ist kein Bullshit. Ich bin nicht nur Pornodarstellerin. Ich bin Produzentin. Und wenn wir das hier durchziehen, kannst du ab morgen in Kalifornien oder Hawaii viermal so viel verdienen wie bei deinem* Tempo*-Magazin. Wenn du das willst, dann fickst du mich jetzt und meine Friseuse filmt. Oder willst du lieber die Friseuse ficken?«*

Achtes Kapitel

# Bodentruppen gegen Schreibblockaden

Immer wenn ich mich an meine rote Olivetti setzte, visualisierte ich erst einmal Folgendes: In dem Schreibmaschinenpapier, das ich einspannte, sah ich einen unbedruckten Tausendmarkschein, und mit jeder Zeile, die ich schrieb, ratterte an der Walze der Blanko-Riese seiner Vervollständigung entgegen. Das half mir ungemein. Egal, welches Thema ich am Wickel hatte, ob Porno in Deutschland, Aids in Afrika oder ein Porträt über Baden-Baden, die langweiligste Stadt der Welt: Die Vision des direkten Gelddruckens gab jeder Geschichte einen Sinn. Deshalb lehnte ich grundsätzlich jeden Auftrag ab, der nur viel Ehre versprach, aber ganz wenig oder gar kein Honorar. So etwas gab es durchaus. Immer wieder riefen Redakteure an und sagten, bei ihnen abgedruckt zu werden sei wie ein Orden für Autoren und sehr viel wertvoller als schnödes Geld. Außerdem steigere es den Marktwert, und das sei doch auch was wert. Diese Logik griff einfach nicht bei mir. Wenn ich beim Schreiben keinen Geldschein in der Maschine hochrattern sah, schrieb ich nicht. Dann machte es mir keinen Spaß. Und ohne Spaß ist Schreiben zu hart. Dagegen kam mir die Arbeit im Steinbruch wie eine Freizeitbeschäftigung vor.

Deshalb hingen an der Wand hinter meinem Schreibtisch auch die Aufmacherdoppelseiten meiner erfolgreichen Reportagen. Ich brauchte das. Ich gehörte zu der Sorte Journalisten, die sich nie sicher sind, ob sie ihre neue Geschichte auf die Reihe kriegen, egal, wie viele sie vorher geschrieben haben, egal, wie routiniert sie sind, und auch egal, wie lange das nun schon so geht. Jahrzehnte? Ein halbes Leben? Egal, es hört einfach nicht auf. Diese Sorte Journalisten setzt sich vor jeder neuen Geschichte mit Angst vor das weiße Blatt Papier. Und hat gute Gründe dafür. Denn wenn Ideen wie Antiquitäten und Gedanken wie Sperrmüll beim Leser rüberkommen, gehen Münder auf und zu, und nur Staub kommt heraus. Schreiben ist kein Ponyhof. Eher eine Schweinefarm. Wörter jagen wie die Säue im Kreis, buddeln wie bescheuert im Schlamm oder verstecken sich im Unterholz. Man muss sie erschießen, erstechen und erschlagen, bevor man die richtige Sau gefunden hat. Es gibt immer nur die eine Sau, das eine Wort, das den Punkt trifft. Und treibt man die richtigen Säue in der richtigen Reihenfolge aufs Papier, hat man den richtigen Satz. Mehrere richtige Sätze in der richtigen Reihenfolge ergeben den richtigen Absatz. Warum immer »richtig«? Warum nicht auch mal »gut«? Oder »sehr gut«? Oder auch nur »okay«? Weil wir Perfektionisten sind. Und weil sich das immer ein bisschen krank anhört, sagen wir nicht »perfekt«, sondern: »Wenn wir was machen, dann machen wir es richtig!« Das ist kein entspanntes Schicksal. Nichtperfektionisten leben besser. Aber uns geht es ja nicht um das richtige Leben. Wir wollen richtig schreiben. An der richtigen Geschichte. Und weil das jedes Mal die Möglichkeit des Scheiterns in sich birgt, hingen die Erfolge der vergangenen zwei

*Tempo*-Jahre wie Rückenwindmaschinen an der Wand hinter mir, wenn ich am Schreibtisch saß. Oder wie Helge-Flüsterer.

»Schau, bei uns hast du auch Angst gehabt. Und es trotzdem geschafft. Bei jeder, die hier hängt, gab es ein Problem, oder nicht?«

Bei der Pornovideogeschichte war das Problem, dass ich um ein Haar Ginger Lynn Allens Angebot angenommen und umgesattelt hätte. Meine Schüchternheit löste das Malheur. So hingen Problem gelöst neben Problem gelöst und Problem gelöst als Doppelseiten in Glasbilderrahmen fein säuberlich aufgereiht hinter meinem Schreibtisch, und bei allen war es was anderes. Irgendein Scheiß ist bei jeder passiert.

»Straße nach Indien«. Mir wird schlecht, wenn ich daran denke. Vierzehn Jahre nach meiner ersten Überlandreise bin ich für *Tempo* noch einmal durch das wilde Kurdistan, durch Persien und Pakistan Richtung Ganges gefahren und dort auch angekommen. Trotz der Bombennächte in Teheran, die uns Saddam Hussein bescherte, der seriösen Konfrontation mit einer Rotte Revolutionswächtern, der hundert Flaschen Whiskey in den geheimen Hohlräumen des Schmugglerbusses und, und, und. Die Geschichte hätte auch meine Oma hingekriegt, weil so viel schiefgelaufen ist. Nur wenn alles glattläuft, wird es nachher schwer. Wenn ein Zuckerguss jede Erinnerung an die Reise versüßt, kriegt kein Schwein die Geschichte hin, ohne langweilig zu werden und ohne dass die Brillantine aus den Zeilen quillt. Wenn es hingegen vom Start weg Scheiße regnet und durchgehend bei diesen Wetterverhältnissen bleibt, erwarte ich für die Schreibtischarbeit normalerweise keine Probleme. Aber auf der »Straße nach Indien« schien einfach zu viel Scheiß passiert zu sein. Der Haufen war zu groß, um ihn im ersten Anlauf sauber durchzuerzählen. Im zweiten klappte es auch nicht, erst die dritte Fassung lief wie geschmiert, weil ich in ihr das alles dominierende Thema der Tour schon in den allerersten Zeilen skizzierte:

*Wer das Scheißhaus des Pudding Shop in Istanbul überlebt hat, ist fit für die ganze Reise.*

Jede Geschichte ist ein Kampf, und die Doppelseiten mit den gewonnenen Schlachten an der Wand munterten mich auf, wenn ich sie auf dem Weg zum Schreibtisch erblickte, und saß ich dann, spürte ich sie im Rücken wie ein Wärmepflaster, das meine Verspannung milderte. Aber natürlich reichte das nicht aus. Natürlich brauchte ich auch noch Drogen. Sie sind unsere Musen. Und ich gehöre nicht zu denen, die über ihre Musen schlecht reden. Sie machen das Leben schwieriger, aber das Schreiben leichter. All meine Vorbilder und Idole bestätigten das. Hemingway empfahl, nüchtern zu recherchieren und mit Whiskey zu schreiben. Steven King suhlte mit Opium in Horrorvisionen und hämmerte sie auf Kokain runter. Hunter S. Thompson nahm Koks und harten Alkohol, um einen geraden Satz auf die Reihe zu kriegen, Bukowski brauchte Bier, Bier, Bier, und ich kiffte wie Novalis, Schiller und Hesse. So gesehen war ich ein Klassiker. Und die Achtzigerjahre waren für das klassische Arbeiten genau das richtige Jahrzehnt. Man wurde rausgemobbt, wenn man nüchtern blieb. Weil man a) seinen Job nicht ernst nahm und b) vor den einfachen Wahrheiten die Augen verschloss. Autos brauchen Benzin und Kreative benötigen Drogen, damit es weitergeht. Darum zog sich in den Falco-Jahren unser Berufsstand alles rein, um vorn zu sein. Bei Sportlern wurde das Doping genannt, bei uns Inspiration. Die Neurologie erklärt das Phänomen mit folgendem Bild: Nüchtern gleichen unsere Gehirnwindungen einem Pfad, auf dem ständig Eisberge im

Weg stehen. Drogen schmelzen die Gletscher ab. Was für Gletscher? Nun, sie haben viele Namen. Einer ist »Mount-Konzept«. Wer sich einbildet, vorher zu wissen, was, wie und in welcher Reihenfolge in seinem Text passieren wird, versteht vom Schreiben so viel wie ein Pauschalurlauber vom Abenteuer. Auch Schreiben ist eine Reise, und die Überraschungen lauern immer im Hier und Jetzt. Wenn subversive Ideen wie Vögel dahergeflattert kommen und die geplanten Wege plötzlich unvorhergesehene Wendungen nehmen, sollte man ihnen beherzt folgen, statt auf Konzepttreue zu bestehen. Konzepte werden von der Vernunft diktiert, Einfälle vom Unterbewusstsein. Und dreimal dürfen wir raten, was spannender ist. Und fließender. Egal, welchen Autoren wir zu fassen kriegen: Wenn wir ihn fragen, wo er gerade am liebsten wäre, muss er sagen: im Schreibfluss. Brustschwimmen, Kraulen, Tauchen oder Auf-dem-Rücken-treiben-Lassen, alles ist möglich in diesem Fluss – und alles unmöglich, solange wir an seinem Ufer hocken bleiben, damit unser Textkonzept nicht nass wird oder gar ersäuft. Nein, es muss ersaufen. Und wenn das nicht von selbst passiert, muss es ersäuft werden. Oder plattgekifft. Denn noch besser als der Schreibfluss ist die Schreibtrance. Dann singen die Musen und die Englein zupfen auf der Harfe dazu. Die Quelle des Schreibflusses sprudelt im Unterbewusstsein, die der Schreibtrance im Überbewusstsein. Oder Übersinnlichen. Wenn du plötzlich weißt, was vorher nur der Kosmos gewusst hat, kommen die Worte von oben herab in dein Schreiberhirn, und viel anders wird es bei Mohammed auch nicht gewesen sein. Hat sich eigentlich schon mal jemand gefragt, was der alles angestellt hat, um den Koran auf die Reihe zu kriegen?

Musik. Superwichtig. Heute würde ich den Internetsender »Jazz Radio – Blues« aus Frankreich empfehlen.

Mitte der Achtzigerjahre gab es den noch nicht. Aber Gettoblaster. Ich schrieb nie ohne ihn, denn das wäre mir vorgekommen wie Kino ohne Filmmusik. Blues brachte mich in die Emotionen, Rock 'n' Roll in den Satzrhythmus. Rock 'n' Roll ist wie reiten. Und man will ja voran, Strecke schaffen. Außerdem macht Rock 'n' Roll mutig. Dann zittern die Schreibtabus vor Angst und Schrecken, und entfesselte Worte beginnen wie Hexen zu tanzen. Zudem war Rock 'n' Roll das Slangwort für Sex. Blues dagegen ist Liebe machen und Trauerarbeit.

Was brauchte ich noch, um zu schreiben? Kam darauf an. Wenn es eine Reportage aus den Tropen oder Subtropen war, hängte ich tropfnasse Wäsche in Schreibtischnähe auf und drehte die Heizung hoch, und ruck, zuck hatte ich die zum Thema passenden klimatischen Verhältnisse geschaffen. Bei Karibikgeschichten fütterte ich den Gettoblaster zusätzlich mit Bob-Marley-Kassetten. Natürlich hatte diese Arbeitsweise Grenzen. Bei Geschichten aus eiskalten Regionen konnte ich nicht einfach den Kühlschrank aufmachen, Wasser verspritzen und warten, bis es zu schneien begann. Selbst wenn ich dazu fähig gewesen wäre, hätte ich es nicht getan. Ich kriege in kalten Räumen keinen Satz gebacken, nicht mal in kühlen. Ich bin ein Wärmeschreiber, alles zwischen 22 und 26 Grad ist meine Betriebstemperatur, und wenn ich dazu die Karibiknummer machte, verschlug es meinen Freunden den Atem, sobald sie mein Schreibzimmer betraten. Und wenn ich trotz all dieser Arrangements nicht weiterkam, musste Hollywood ran.

Prinzipiell bauten alle guten Filme meine Schreibkraft wieder auf. »Rocky«, »Rambo«, »Alarmstufe Rot«, »Die Todeskralle«, »Das Jahr des Drachen« brachten mich, selbst wenn ich sie schon zwanzigmal gesehen hatte, in nur 120 Minuten zurück auf Spur. Ihre Helden waren meine Therapeuten, ihre Schauspieler meine Coaches. Steven Seagal machte da einen sehr guten Job. Ich konnte mich problemlos mit seiner Spiritualität und Asienaffinität identifizieren, außerdem inspirierte mich seine Kompromisslosigkeit. Kehlköpfe herausreißen, Messer ins Ohr, Knochen im Vorbeigehen brechen, Seagal gab's dem Bösen richtig, und es sah auch richtig aus, weil er ein richtiger Kämpfer war, ein richtiger Kampfkunstmeister, der Einzige aus dem Westen, der in Japan eine Aikidoschule geführt hatte – und dort akzeptiert wurde –, bevor er nach Hollywood kam. Aikido ist auf Griffe mit Hebelwirkung und Knochenbrüche spezialisiert. Die Messer-im-Ohr-Geschichten waren seine Weiterentwicklung des Stils.

Noch authentischer wirkte natürlich Bruce Lee. Gerüchte besagen, er sei, um in Form zu bleiben, zwischen den Dreharbeiten nachts auf den gefährlichsten Straßen von Hongkong und L.A. spazieren gegangen, in der Hoffnung, überfallen zu werden. Und auch Bruce Lee konnte Adamsäpfel aus Hälsen pflücken. Sein Nachteil als Identifikationsfigur lag für mich naturgemäß in dem Umstand, dass er Chinese war. Bei Seagal störte mich, dass er fast nie was einstecken musste, höchstens mal eine Schramme abbekam und eigentlich nie zu Boden ging. Und das war nicht mein Ding. So funktionierte ich in meinem Kampf gegen Schreibblockaden nicht. Mir ging es eher wie Sylvester Stallone alias Rocky. Was der auf die Fresse kriegte, war nicht mehr feierlich. Und der fiel auch um. Und stand wieder auf. Und kriegte noch mal was in die Fresse. Und das ging Runde um Runde um Runde so weiter, und zwar genau so lange, bis er richtig wütend war. Dann erwachten die Augen des Tigers. Dann stand er auf. Und ging zurück an den Schreibtisch.

Rocky war ganz klar mein perfekter Schreibcoach. Mit Bruce Willis funktionierte das nicht. Der war zu intellektuell für mich. Und Jean-Claude Van Damme mochte ich nicht. »Indiana Jones« dagegen hätte mich genauso gut wie Rocky durch die Abenteuer des Schreibens geführt, wenn der Klamauk unterwegs nicht gewesen wäre. Das war einfach lächerlich, so kannte ich das nicht. Auch wenn es mir um Helden auf Reisen ging, blieb deshalb Stallone die Nummer eins. Rambo war in Vietnam, Burma und Afghanistan gänzlich ohne Slapstick unterwegs. Und auch die Reiseimpressionen waren einigermaßen realistisch. »Rambo II« und »Rambo IV« wurden zwar im Dschungel von Thailand gedreht, aber der Urwald in Vietnam und Laos sieht nun mal genauso aus. Und was war, um das hier zu Ende zu bringen, mit dem jungen Wilden Hollywoods, dem neuen Marlon Brando, der Wiedergeburt von James Dean? Der als Schauspieler und als Boxer ein Ausnahmetalent war. Denn auch im echten Ring hatte er alle weggehauen, bevor ihn erst ein Mitglied des örtlichen Theatervereins ansprach und dann Steven Spielberg entdeckte. Mit »9½ Wochen« und Kim Basinger trat er die weltweit erste SM-Welle los, aber zum Schreiben inspirierte mich das nur bedingt. Ich musste ihn mit Männern kämpfen sehen. In »Rumble Fish«, »Angel Heart« und »Im Jahr des Drachen«. Also was war mit dem supercoolen und gleichzeitig supersensiblen Mickey Rourke?

Das war mit ihm: Weil er Journalisten für hinterhältige Intellektuelle hielt, die beim Interview lächeln und beim Schreiben Gift sabbern, verprügelte er sie oder ließ sie gar nicht erst in seine Nähe kommen. Aber ihm gehörte in Beverly Hills eine kleine Bar. Also flog ich nach L. A. und dachte, ich trink mal was in seinem Lokal. Man erreichte es über einen Hinterhof, in dem nur

Harley Davidsons parkten. Auch seine. Das heißt: Mickey war da. Und meine Strategie war klar: Ich mache ihn nicht an. Ich warte, bis er mich anspricht. Und wenn es Tage dauern sollte, ganz egal, in Mickey's Place halte ich das locker aus. Drinnen alles hübsch halbdunkel und straight up Rock 'n' Roll, draußen brüllen heavy Bikes, und die kalifornische Sonne scheint dazu.

Ich setzte mich in der Bar an einen Tisch zwischen der Theke und der Tür zum Hinterhof und trank irgendwas. Etwa drei Stunden lang. In dieser Zeit ging Mickey Rourke oft an mir vorbei. Beim ersten Mal grüßte er mich, wie Wirte Gäste grüßen, mit einem netten Lächeln und kurzem Nicken. Und mehr machte ich auch nicht. Ich tat so, als wäre er nicht ein Star, sondern nur der Boss einer geilen Bar. Er kam immer wieder an mir vorbei, aber ich überschätzte das nicht. Er war halt gern zwischen Theke und Hinterhof unterwegs. Auf dem war immer was los. Harleys fuhren auf oder weg. Groupies wurden hinter die Müllcontainer geschleppt, Basketbälle in Körbe versenkt. Und wer Durst bekam, ging halt zur Theke zurück. Mehr ist am ersten Tag nicht passiert. Am zweiten auch nicht. Am dritten Tag setzte sich Mickey plötzlich zu mir an den Tisch.

»Hi, I'm Mickey«, sagte er.

»Hi, I'm Tim.«

»Geile Jeans«, sagte er. »Wo hast du die her?«

Sie war das neue Ding aus Italien, mit einem bunten, durchgehend von oben nach unten verlaufenden »Indianerstreifen« an den Außennähten der Hosenbeine. Mickey trug ebenfalls eine Jeans mit was Buntem drauf, wie viele seiner Gäste auch, aber es war bei ihnen blumiger und vor allem: nur draufgemalt. Meine Streifen waren eingenäht. Und sahen viel cooler aus. So kamen wir ins Gespräch und tauschten das Übliche aus.

Woher ich käme? Deutschland. Was ich in L.A.

wolle? Mal sehen. Ob ich Schauspieler sei? Nein. Musiker? Jetzt hätte ich Ja sagen können. Ich spielte noch immer Gitarre. Aber ich wollte ihn nicht verarschen, außerdem hatten sie hier bestimmt eine Gitarre rumstehen. Ich wollte kein Risiko eingehen.

»Hör mal, Mickey, die Sache ist so. Ich bin Journalist, und ich weiß, du kannst Journalisten nicht leiden. Aber was soll ich machen?«

»Nobody is perfect«, sagte Mickey Rourke. »Und deine Jeans ist wirklich geil. Komm mal mit raus. Ich will dir meine Exfrau vorstellen.«

Auf dem Hinterhof lauerte eine fleischgewordene Rasierklinge in Blond. Ich kannte sie natürlich aus einem Film. In »Leben und Sterben in L. A.« hatte sie neben William Defoe die Hauptschlampe gespielt. Normalerweise verlieren solche Frauen, wenn man sie im wahren Leben trifft. Die Ex von Mickey Rourke nicht.

»Hi, ich bin Debra«, sagte sie. »Du hast aber 'ne echt geile Jeans an!«

Man konnte es nicht mehr länger anders sehen. Es schien nur noch aufwärtszugehen. Doch es brauchte nur ein paar Worte mehr und ein paar Scherze hin und her, um die Richtung wieder umzudrehen. Mickeys Ex begann mich anzumachen. Und sie machte das sicher nicht wegen mir oder meiner Jeans. Sie wollte ihn ärgern.

»Hey, ich muss gehen«, sagte sie. »Aber willst du mich nicht heute Abend in meinem Haus besuchen? Mickey gibt dir die Adresse. Oder nee, er fährt dich mit der Harley hin. Er kennt ja den Weg.«

Mickey stand daneben und verlor ein wenig an Lässigkeit. Hatte sie ihn verlassen? Dann wird er mich jetzt hassen. Hatte er sie verlassen? Dann wird er mich nur hassen, wenn ich ihre Einladung annehme. Außerdem: Was ist das für ein Haus, zu dem er den Weg so gut kennt? Gehörte das vor Kurzem noch ihm? Und dahin soll er mich heute Abend mit seiner Harley bringen?

»Hör zu, Süße«, sagte ich – was sich auf Englisch natürlich ganz anders anhört. Also … »Listen, Sugar, ich würde wahnsinnig gern zu dir kommen, aber noch lieber würde ich heute Abend mit Mickey ein schönes Interview machen.«

Er gab es mir sofort, nachdem sie weg war. Ein schönes Interview. Ein langes Interview. Ein Interview, mit dem ich und *Tempo* überglücklich gewesen wären, wenn mein Aufnahmegerät funktioniert hätte. Hat es aber nicht. Die Batterien spielten nicht mit.

»Shit happens«, sagte Mickey, nachdem ich es ihm gestanden hatte. »Aber du hast ja alles gehört.«

Ich war mir da nicht so sicher. Sobald ich zurück in Hamburg war, ging ich endlich zum Ohrenarzt. Das war längst überfällig. Meine Schwerhörigkeit ist ein Familienerbe. Mein Vater, mein Großvater, mein Urgroßvater, alle hörten schwer, und in jeder Generation begann das ein bisschen früher. Bei mir um die dreißig. Weil es anfangs nicht schlimm war und sich nur schleichend verschlimmerte, unternahm ich nichts. Als ich Mickey traf, war ich 37 und hörte noch immer fast das meiste. Und das, was ich nicht hörte, waren Löcher, die ich mit Logik füllen konnte. Das war ein bisschen wie Kreuzworträtseln. Die Anforderungen vergrößerten sich, wenn Musik mit im Spiel war wie in Mickeys Bar und mein Gegenüber ein Englisch sprach, dem ich zwar ohne Musik und in kürzeren Intervallen recht gut folgen konnte, aber nicht sechzig Minuten lang und mit Rock 'n' Roll. Das war einfach zu anstrengend. In solchen Fällen lächelte ich, wenn mein Interviewpartner lächelte, lachte, wenn er lachte, schaute ernst, wenn er es tat, und hoffte darüber hinaus, dass er gerade keine Frage an mich gestellt hatte. So kam ich über die Runden und mein Sony-Walkman hörte für mich. Oder eben nicht.

Der Hamburger Arzt stellte fest, dass mein rechtes Ohr nur noch 45 und mein linkes nur noch 40 Prozent mitbekam und verschrieb mir Hörgeräte. Ein Fachgeschäft in meiner Nachbarschaft besorgte sie mir, was ein paar Wochen dauerte, und als sie eintrafen, sagte man mir, ich solle sie, bitte schön, erst in meiner Wohnung ausprobieren. Die Straße sei zu brutal fürs erste Mal hundertprozentige Hörfähigkeit. Weil das Haus, unter dessen Dach ich wohnte, aber nicht viel mehr als hundert Meter entfernt stand, folgte ich nicht dem Expertenrat und erschrak mich sehr, als ich vor die Tür trat. Da landete gerade, so glaubte ich, ein großes Flugzeug. Gut, es war die Barmbecker Straße, die ist vierspurig und nachmittags immer stark befahren, aber einen solchen Lärm kannte ich nur von einer Boeing 747 mit brüllenden Turbinen. Nachdem ich mich beruhigt hatte, bekam ich dann wirklich einen Grund zum Fürchten, denn direkt hinter mir bellte ein riesiger Hund. Ich drehte mich um – und sah am Horizont ein eher kleines Tier. Zum ersten Mal in meinem Leben hörte sich ein Dackel wie eine Dogge an. Das nennt man gesteigerte Lebensqualität. In der Wohnung ging es folgendermaßen weiter. Ich musste dringend auf die Toilette. Die Sache plumpste ins Klo, als hätte ein Elefant reingeschissen, und als ich die Spülung betätigte, hüpfte ich aus dem Stand und mit noch heruntergelassenen Hosen ein Stück zurück, denn ich wollte nicht von den Stromschnellen mitgerissen werden. Als Nächstes heulende Sirenen. Bombenalarm. Das war die Klingel. Ich öffnete die Tür, und da standen doch tatsächlich zwei Frauen von den Zeugen Jehovas vor mir. Sie wollten mit mir über Gott reden, sagten sie, und ich breitete die Arme aus.

»Das ist ja wunderbar. Kommen Sie doch rein. Sie sind die ersten Menschen, die ich richtig hören kann.«

Neuntes Kapitel

# Alles wird gut in Havanna!

Wie genau funktioniert Karriere? Ich hörte, man könne sie planen. Das setzt voraus, dass man sie will. Ich wollte nie Karriere machen, und planen wollte ich das, was ich nicht wollte, auch nicht. Es ist passiert. Ein anderes Wort für Karriere ist Erfolg. Das Wort besteht aus zwei Silben. *Er* und *folgt*. Wem folgt der Erfolg? Dem Fleiß? Nicht immer. Dem Talent? Nicht immer. Der Leidenschaft? Immer. Weil mit Leidenschaft arbeiten zu können an und für sich schon ein Erfolg ist. Trotzdem wünscht sich so mancher leidenschaftliche Romancier, nicht auch noch Taxi fahren zu müssen. Dafür braucht es dann leider alles, also Leidenschaft, Talent und Fleiß, und ich weiß, dass in gewissen Kreisen die Wertschätzung des Talents als politisch unkorrekt gilt, weil sie die Talentlosen diskriminiert. Aber ich weiß auch, dass es niemanden gibt, der ohne Talent ist. Die Tatsache, dass jeder Mensch einzigartig ist, beweist, dass jeder irgendetwas besser kann als alle anderen. Man muss nur herausfinden, was das ist. Mit Mode hat das nichts zu tun. Modeberufe sind Statussymbole. Da lauert keine biografische Aufgabe. Wenn zum Beispiel einer gern seine

Ruhe hat, aber trotzdem unbedingt mit Menschen arbeiten will, wäre vielleicht nicht Journalist, sondern Leichenwäscher sein Traumberuf.

Glücklich ist, wer sich dem Fluss übergibt. Ich floss von Geschichte zu Geschichte und wunderte mich über den schnellen Wechsel der Verkehrsmittel nur nebenbei. Ein Floß, ein Kahn, ein Speedboot. Und dann der Luxusdampfer. Von *Tempo* zur *Bunten* war kein Seitenwechsel. Vom Kult zum Boulevard kein Verrat. Wer dem Boulevard unterstellt, ein grundsätzlich giftiges Gewässer zu sein, ist selbst verdeckt reaktionär. Der Boulevardjournalismus ist weder Dreck noch unseriös, und auch oberflächlich ist er nicht. Er kann es sein, aber muss es nicht. Er ist ein neutrales journalistisches Format, das man gut oder böse, links oder rechts, intelligent oder blöd besetzen kann. Es gibt nur einen grundsätzlichen Unterschied zwischen ihm und den bildungsbürgerlichen Medien: Der Boulevard ist nicht akademisch. Er richtet sich an eine weniger gebildete Zielgruppe. Grundsätzliche Kritik am Boulevard ist deshalb unterbewusster Standesdünkel. Bewusst würde das heute natürlich niemand mehr zu denken wagen. Der hochnäsige Umgang mit dem einfachen Mann auf der Straße gilt mittlerweile als ein bisschen aus der Zeit gefallen. Das war eher im 16. Jahrhundert en vogue. Auch Shakespeare hat in seinen Tagen Boulevard gemacht und wurde vom Kulturadel dafür verlacht. »Romeo und Julia« würde heute von der *Bunten* jederzeit mit Kusshand genommen. Was heißt »würde«? Das passiert Woche für Woche in dem Blatt.

Die Kusshand des Boulevards ist Geld. Auch ein schönes Thema. Gewinne die Menge und du bist frei, hatte Rom zu den Gladiatoren gesagt. Macht Geld frei? Gelegentlich. In der Regel hält es sein Versprechen nicht. In der Regel macht es gierig oder ängstlich, und beides hat mit Freiheit nichts zu tun. Ich habe mir immer Sorgen um Geld gemacht, obwohl ich (fast) immer Geld hatte. Ist das schizophren? Oder doch im direkten Zusammenhang zu sehen? Die Sorgen haben mit meiner Herkunft zu tun. Ich bin in kleinen Verhältnissen aufgewachsen, und da spielt Geld eine andere Rolle als in Dagobert-Duck-Haushalten. Für die Armen ist Geld ein Sehnsuchtsthema, für die Reichen das Objekt der Begierde. Die goldene, weil stresslose Mitte ist wohlhabend. Dafür gibt es konkrete Zahlen.

Die Wissenschaft wollte neulich mal erkunden, ob Geld glücklich macht, und wenn ja, wie sehr. Ich weiß nicht mehr, wer die Studie herausgegeben hat, aber sie war seriös. Ich weiß auch nicht mehr, welcher Fakultät die Forscher angehörten, ich nehme an, es waren Soziologen und Psychologen. Sie fanden heraus, dass ein Jahresgehalt so um die 60 000 Euro, was in den Neunzigerjahren 60 000 Mark entsprach, Menschen tatsächlich Glück bringt. Und alles darüber hinaus nicht mehr. Ich kann das bestätigen. Immer wenn ich 60 000 im Jahr verdiente, hatte ich alles, was der Mensch benötigt. Brauche ich zwei große Wohnungen? Nicht unbedingt. Brauche ich zwei gute Autos? Nicht mal eines. Muss ich jeden Morgen im Café frühstücken und jeden Abend im Restaurant essen? Ja, weil ich Single bin. Die speisen ungern allein. Aber auch das ist mit 60 000 kein Problem. Und so könnte es hier weitergehen. Kleidung, Reisen, Entertainment, Medizin, Drogen. Rauche ich ein Kilo Haschisch pro Tag? Wie soll das gehen? Und selbst wenn es ginge, wäre ich zwar noch immer nicht tot, denn noch nie ist ein Mensch nachweislich an einer Überdosis Haschisch gestorben, aber ich würde wahrscheinlich zu lange schlafen. Ich komme mit einem Gramm pro Tag aus, manchmal mit zwei, im Schnitt mit eineinhalb. Ich könnte gar nicht mehr rauchen, wenn ich mehr verdiente. Also, was soll das dann?

Die *Bunte* bot mir 15000 Mark monatlich an, also 180000 Mark Jahresgehalt. Das war dreimal so viel, wie ich brauchte, um glücklich zu sein. Ich nahm das Angebot trotzdem an. Weil ich dafür aber auch dreimal so viel arbeitete als jemals geplant, kündigte ich nach einem Jahr. Genauer, ich wollte kündigen, aber als man mir sagte: »Na gut, dann bekommst du eben ab jetzt das Doppelte!«, überlegte ich es mir noch einmal.

30000 im Monat, 360000 im Jahr. Was bedeutet es, wenn man sechsmal so viel verdient, wie man zum Glücklichsein braucht? Ist man dabei genauso gut drauf wie mit einem Jahresgehalt von 60000 Mark, und der Rest neutralisiert sich im Glückshaushalt? Oder kippt das Glück in sein Gegenteil? Weil zu viel genauso unglücklich macht wie zu wenig?

Ich sah auf mein Konto bei der Hamburger Sparkasse wie auf ein extraterrestrisches Wesen, das sich für irdische Verhältnisse ungewöhnlich schnell entwickelte. Ich sah es mit ungläubigem Staunen. Aber Unglück war das nicht. Auch kein Glück. Dafür blieb keine Zeit. Weder, um das Geld auszugeben, noch, um es stillvergnügt zu genießen. Was blieb, war das alte Glück, das im Schreiben und Lernen liegt. Nur dafür habe ich der *Bunten* sehr zu danken. Ich machte jetzt in der Regel eine Reportage pro Woche statt einer pro Monat wie bei *Tempo*. Um das ohne Qualitätsabstriche hinzukriegen, musste ich lernen, viermal so schnell wie vorher zu sein. Bei Geparden bedeutet das die vierfache Erhöhung der Laufgeschwindigkeit, Menschen werden viermal so wach. Nur das Gehirn rast beim Reporter. Das tut nicht nur gut, das ist auch gut für die Arbeit. Gegenteilige Behauptungen sind Ausreden von Schnarchnasen. Darüber hinaus blieb alles wie gehabt.

Ich konnte schreiben, wie und was ich wollte, auch ICH und was das ICH so tat. Nur bei der Erwähnung meiner Arbeitsdrogen bremste man mir den New Journalism etwas ein. Komischerweise war mir das egal.

Was lernte ich noch bei der *Bunten?*

Ich schrieb neben meinen wöchentlichen Reportagen in der Regel zwei bis drei Schreibtischgeschichten pro Tag. In diesem Fall war ich reiner Texter. Die Recherchen machten fünf Kolleginnen ein Stockwerk tiefer. Sie durchsuchten das Archiv nach relevanten Informationen und telefonierten mit den Stars und Prominenten sowie deren Pressesprechern, Familienmitgliedern, Freunden, Feinden und Gärtnern. Eine sechste Recherchekraft bündelte alle Informationen und Spekulationen zu einem übersichtlichen Dossier und brachte es mir. Nun konnte ich wählen. Entweder selbst lesen oder mir das, was ich gerade brauchte, auf Zuruf vorlesen lassen. Letzteres sparte Kräfte, aber die Chemie musste stimmen. Es gibt Journalisten, die sind für mich wie eine fleischgewordene Schreibblockade, und andere sind wahre Redaktionsmusen. Auf diese Art ließ sich natürlich einiges wegschaffen. Der Selbstmordversuch von Maria Schell und was uns das über den Fluch der verblassenden Schönheiten im Allgemeinen sagt. Der Tod von Marlon Brandos Tochter und was das mit dem Vater macht. Warum sich Roy Black zu Tode soff.

Da war ich natürlich nicht überall dabei, das ist klar, aber es sollte sich so lesen, als wäre ich dabei gewesen. So nah, als wäre es mir selbst passiert. Das ist der Trick 17 des Boulevards und der Literatur gleichermaßen. Man muss sich hineinversetzen können. Es gibt nur drei große Themen des Lebens. Sie heißen Liebe, Geld und Tod. Mit denen wird jeder konfrontiert, egal, wie alt, reich und schlau er ist. Ob Weltstar oder Journalist, substanziell erleben wir dasselbe. Oder haben Mütter, die es erleben. Irgendwie kommen wir an das Gefühl schon ran, das eine Frau beseelt, deren Trümpfe welken. Und was genau Maria Schell sah, hörte und fühlte, als sie nach ihrem missglückten Suizidversuch zum ersten Mal die Augen aufschlug, fand ich auch irgendwo in mir verborgen. Sie hatte es mit Tabletten versucht. Ich wollte mich zwar nie umbringen, aber das Thema Überdosen und seine Folgen kannte ich ganz gut. Mit siebzehn schluckte ich ein paar Captagon-Tabletten zu viel, und als die Wirkung einsetzte, rutschte ich unter den Tisch. Erst im Krankenhaus holte man mich mit ein paar beherzten Ohrfeigen zurück ins Leben.

Wir können uns grundsätzlich an alles erinnern. Das ist eine Frage der Selbsthypnose und ihrer Riten. Ich hypnotisierte mich mit Marihuana, und wenn der Joint abgebrannt war, fing die Geschichte an.

*Als Maria Schell aufwachte, sah sie sehr große Gesichter sehr nah über sich. Unförmige, verschwommene, konturlose Gesichter, und die Stimmen hallten wie aus einer anderen Welt zu ihr herüber. Sie erschrak. Ist das die Hölle? Dann begann sie zu erkennen. Ihren Sohn, ihre Schwester, einen Arzt und vor allem: Maximilian war da. Und hielt ihre Hand. Für einen Moment, für einen sehr kurzen Augenblick, für die Dauer von zwei, drei Atemzügen war sie beruhigt, sogar glücklich. Dann fiel ihr alles wieder ein. Und sie weinte.*

So ging es Seite um Seite weiter, und so was liebten, bis auf Maria Schell, natürlich alle. Die Chefredaktion, meine Mutter, ihre Freundinnen. Meine Mutter erzählte es mir am Telefon. Sie brauchte eine neue Dauerwelle und ging zum Friseur, und als sie da ankam, sah sie nur Frauen, die weinten. Warum sie denn alle heulten, habe sie gefragt. Und die Antwort sei gewesen, dass ihr Sohn wieder was in der *Bunten* geschrieben habe. »Dann habe ich es auch gelesen und selbst geheult.«

So viel Liebe, so viel Geld, so viel Platz. Mein Büro hatte mal dem Herausgeber der *Bunten* gehört. Er verließ den Verlag, kurz bevor ich kam, und als man zu mir sagte: »Such dir ein Büro aus«, nahm ich halt von den freien Räumen den geräumigsten, weil sich der Geist darin besser entfalten kann als in einem Schuhkarton. Sechzig Quadratmeter Kaschmir für die Füße, ein weißes Ledersofa, zwei Ledersessel, chinesische Vasen, exotische Pflanzen, Panoramafenster sowie eine nur über diesen Raum zu erreichende, etwa hundert Quadratmeter große Dachterrasse mit einem Bodenbelag aus feinem weißem Kiesel im Stil eines japanischen Zengartens. Den nutzte ich zum Kiffen. Die *Bunte* war nicht *Tempo,* München nicht Hamburg, und Bayern nicht Holland, deshalb kiffte ich dezent. Ich wollte niemanden in der Redaktion in die Verlegenheit bringen, mir hier irgendetwas verbieten zu müssen, weil es das Gesetz befahl. Denn ich war der, der alles durfte. Auch singen und Gitarre spielen, wenn mir zwischendurch danach war. Das habe ich auch bei *Tempo* gemacht, aber nur bei der *Bunten* betraten dann immer beide Chefsekretärinnen meinen Raum und applaudierten, weil der Chefredakteur es ihnen befahl.

Der Chefredakteur hieß Franz Josef Wagner. Er akzeptierte keinen uninspirierten Satz. Dafür wurde er entweder geliebt oder gehasst. Ein mittelmäßiges Gefühl konnte man zu diesem Mann nicht aufbauen, weil die Nebenwirkungen seiner Genialität nie mittelmäßig daherkamen. Er brüllte wie ein Orkan oder jubilierte wie die himmlischen Heerscharen, und danach verließ man sein Büro entweder als Gewürm oder als Gott. Ich liebte ihn, aber wollte ihn trotzdem wieder mal verlassen. Trotz des Wahnsinnsbüros und der Wahnsinnskohle kündigte ich ein zweites Mal, und ich sage natürlich gern noch einmal, warum. Aber muss es nicht. Weil er es sagte. Er schien einzusehen, dass ich es diesmal ernst meinte. Diesmal hätte er mir 60 000 im Monat anbieten können, ich wäre trotzdem bei meinem Entschluss geblieben.

»Du bist leider nicht geldgeil«, sagte Franz Josef Wagner.

»Ja, leider.«

In Wahrheit lag es an München. Ich konnte die Stadt nicht leiden. Ich konnte auch Bayern nicht leiden, und dasselbe galt für ganz Deutschland, um nicht gleich Mittel- und Nordeuropa zu sagen. Schuld daran waren in erster Linie das Wetter und was schlechtes Wetter mit Menschen macht. Mit ihrer Laune, ihren Gesichtern, der Kultur. Die alte Sehnsucht nach der Flucht aus der industrialisierten Gesellschaft nahm langsam wieder schmerzhafte Züge an. Auch in Hamburg, Berlin oder Wien. Aber wenn es einen Mittelpunkt dieser ungeliebten Hemisphäre gab, dann München. Vier Tage in der Woche wohnte ich im Sheraton. Das Hotel lag fast gegenüber dem Verlag, und ich brauchte auf meinen Wegen zur oder von der Redaktion nicht durch viel München zu gehen. Aber manchmal musste ich doch mal nach Schwabing.

Und dann, o Graus. Wie sehe ich aus?

In Fragen der Garderobe war ich meiner Zeit weit voraus. Nur Jogginganzüge. Und nur aus Nasa-Abfallprodukten. Irgendwann sind wir alle Astronauten. Außerdem kleiden mich meine Geschichten. In der Redaktion kam ich damit durch, auf der Leopoldstraße nicht. In Schumann's Bar bedienten sie mich auch nur unwillig. Und manchmal offen gar nicht. Und ich war weit entfernt davon, erleuchtet zu sein, oder gar demütig. Ich verachtete die Münchner noch mehr als die Münchner mich. So etwas geht nicht lange gut. Und Franz Josef sah das ein.

»Na gut«, sagte er, »dann machst du für uns nur noch die ›Leute‹-Seiten. Die kannst du von überall schreiben.«

Das Faxgerät ward endlich erfunden. Schöner Satz, leider falsch. Die reine Erfindung lag bereits Jahrzehnte zurück, aber seinen Siegeszug durch die Redaktionen trat das Fax erst in den Neunzigerjahren an. Synchron dazu eroberte es die Hotelrezeptionen. Das erweiterte die Möglichkeiten der Zusammenarbeit mit einem großzügigen Chefredakteur sehr. Er gab mir wöchentlich 5000 Mark für die »Leute«, und ich brauchte dafür nicht länger als einen Tag – oder länger als eine Nacht, das kam darauf an, in welcher Hemisphäre ich schrieb und faxte. Auf den Monat hochgerechnet, waren das 20000 Mark für vier Tage (oder Nächte) Arbeit. Jeder Text, den ich darüber hinaus an den Hotelschreibtischen dieser Welt für die *Bunte* verfasste, wurde extra verrechnet. Zudem schrieb ich auch wieder für andere. Unterm Strich waren das wie gehabt 30000 im Monat oder gar mehr, ganz wie ich es wollte. Und brauchte. Und so viel brauchte ich noch immer nicht. Das Grundhonorar für die »Leute« reichte locker auch ohne Zubrote aus.

Ich habe nicht grundsätzlich etwas gegen das Angeben. Im Gegenteil. Lieber eine ehrliche Angabe als geheuchelte Bescheidenheit. Zudem hat die Wissenschaft festgestellt, dass Angeben zu den Überlebenstechniken des Dschungels zählt. Trotzdem will ich mit den finanziellen Details an dieser Stelle nicht die Backen dick machen, sondern meinen jungen Kollegen der Gegenwart erläutern, was Mitte der Neunzigerjahre im Journalismus möglich war. Ich will, dass sie weinen.

Und endlich gab ich nun das ganze schöne Geld

auch aus. Quasi eins zu eins. Nach all den Jahren der Sehnsucht hinter den Panoramascheiben im sechsten Stock der *Bunten,* mit Ausblick auf Regen, Sturm, Hagel, Schnee und München, reiste ich, wie aus einer Steinschleuder katapultiert, zunächst durch den Vorderen, Mittleren und Hinteren Orient, eine Weile durch Brasilien sowie immer wieder nach Indien, bevor ich in Havanna die finale Bestimmung für all die Kohle fand.

Meinen Arbeitsplatz richtete ich im Hotel Riviera ein. Es war in den Fünfzigerjahren von dem großen Mafioso Meyer Lansky gebaut worden. Der Boss der Kosher Nostra war ein jüdischer Gangster mit Geschmack, der den Stil der Côte d'Azur mit dem von Miami paaren wollte, und das hat er fabelhaft geschafft. Das wichtigste Merkmal dieser lichtorientierten Architektur ist das Panoramafenster. Wo immer Platz dafür war, kam eins rein. Selbst in einem hundsnormalen Doppelzimmer bestand die Frontwand mehr oder weniger nur aus Glas. Dahinter war der Balkon mit ausreichend Platz für eine kleine Partygesellschaft.

Wie immer musste ich das Zimmer erst ein wenig umräumen. Prinzipiell stimmte zwar die Einrichtung – solides, aber leicht wirkendes Mobiliar, großes Bett, bequeme Sessel, milchige Lampenschirme und ein breiter weißer Schreibtisch –, aber der Schreibtisch stand vor einer Wand, an der ein großer Spiegel hing. Weil ich beim Schreiben mein Gesicht nicht sehen will, transportierte ich das für mich wichtigste Möbelstück direkt vor das Fenster und brauchte ab sofort keine Arbeitsdrogen mehr. Der Schreibfluss ist das Paradies des Autors, die Blockade seine Hölle, dazwischen sind die Knoten. Kleine gemeine Strickfehler im Kopf, Gedanken, die nicht weiterwollen, verlorene Halbsätze. Aber ich brauchte nur den Blick zu heben und geradeaus in die Bucht von Havanna zu sehen, und die Knoten lösten sich. Das galt bei jedem Wetter. Strahlender Sonnenschein, knallblauer Himmel und leicht gewelltes Türkis bis zum Horizont machten den Job genauso gut wie die jagenden Wolken und das vom Sturm gepeitschte Meer während der Regenzeit. Ich hängte meine Knoten in den Himmel der Karibik, und der machte Sätze daraus. Viele brauchte ich ohnehin nicht. Zwanzig, maximal dreißig Zeilen pro Meldung und neun bis zwölf dieser Minitexte insgesamt.

Das Konzept der »Leute«-Seite am Heftanfang der *Bunten* teilte die prominente Menschheit in »Leute von gestern«, »Leute von heute« und »Leute von morgen« auf. Im Gestern versammelten sich die Größen der Vergangenheit sowie die Verlierer der Gegenwart, im Heute die aktuellen Stars und Machtinhaber, im Morgen die jungen Wilden und Hoffnungsträger. Wer auf welche Seite kam, entschied Franz Josef in München. Damit hatte ich nichts zu tun. Ich war nur seine weit in die Karibik ausgelagerte Hand. Mal streichelte sie, mal war sie eine Faust, mal gab es auch nur Ohrfeigen, und wenn ich davon mal eine Pause brauchte, ging ich auf den Balkon hinaus.

Das Riviera steht links außen am Malecón. Die Uferstraße, die in einem großen Bogen an der Bucht von Havanna verläuft, ist zwar vierspurig, wurde aber Mitte der Neunzigerjahre noch immer sehr verkehrsberuhigt befahren. Amerikanische Oldtimer, sowjetische Busse, chinesische Fahrräder holperten in malerischer Langsamkeit darüber. Auch schön: Sturm, Tropengewitter, Orkan. Dann wandelte sich der Malecón unter meinem Balkon in ein Spektakulum der Naturgewalten. Wütende Wellen brachen über die niedrige Mauer der Uferpromenade, andere Wassermassen suchten sich unterirdische Wege und schossen in Powerfontänen aus den Gullys. Erwischten sie einen Kubaner, der gerade direkt darüberstand, hatte der zwei Möglichkeiten. Entweder war sein Tag gelaufen, oder er lachte, bis die Zigarre wieder trocken war.

Linker Hand vom Balkon lag der sechseckige Hotel-Swimmingpool. Für mich war das zwar ein ungewöhnliches Format für ein Schwimmbecken, aber kein gewöhnungsbedürftiges. Ich gewöhnte mich praktisch sofort daran. Bei den Juden symbolisiert das Sechseck die Allmacht Gottes, bei der Mafia die des Paten. Das FBI hatte Meyer Lansky den Boss der Bosse genannt. Aber was immer er auf dem Kerbholz gehabt hatte, sein Pool machte es wieder gut. In einem der Pavillons rund um den Pool war die Telefonzentrale mit dem Faxgerät untergebracht. Oft bildete ich mir ein, über diesem Pavillon ein imaginäres Glühen zu sehen, dann heizte München ihm ein. Zwanzig Seiten Archivmaterial pro »Leute«-Meldung war normal, und rechnet man das auf neun oder zehn Kandidaten hoch, nudelte da natürlich schon mal schnell eine kubanische Faxrolle ab. Aber das ist nur beim ersten Mal passiert, danach nie mehr. Die Kombination aus gut ausgebildeten Kommunisten und großzügigem Trinkgeld hat den Faxverkehr im Riviera umgehend professionalisiert.

Meinen Alternativarbeitsplatz etablierte ich in der Bar Monserrate, denn es ist gut, wenn man in einer Stadt zwei Büros hat und ein hübscher Spaziergang dazwischenliegt. Es regnet ja nicht sehr oft in Havanna, aber auch wenn die Sonne scheint, schlabbert dich die hohe Luftfeuchtigkeit wie eine Zunge ab. Das Salz in der Luft, das Meer, der Duft, da kommt einiges zusammen. Dabei ging ich immer an der Ufermauer entlang, auf die man sich auch mal setzen oder legen kann, um weiter an gestern, heute und morgen zu denken, während auf der anderen Straßenseite des Malecón prinzipiell ähnliche Themen mit den Mitteln der spanischen

Kolonialarchitektur erzählt wurden. Der Mensch baut Häuser, der Zahn der Zeit nagt sie ab. Erst die Fassade, dann das Dach. Kann ich das auch über Liz Taylor schreiben, gleich im Monserrate?

Das Lokal liegt mitten in der Altstadt, eine Straße hinter dem Parque Central und drei Minuten zu Fuß vom Floridita, in dem Hemingway dreißig Jahre zuvor bis zu achtzehn Daiquiri in der Nacht getrunken hat. In seiner Stammkneipe die *Bunte*-Meldungen zu schreiben hätte nicht nur Stil, sondern auch Vorbildvorteile gehabt. Er war der Meister des Weglassens. Er ritt auf dem Punkt. Für ein Jahrhundertbuch wie »Der alte Mann und das Meer« brauchte er nur 120 Seiten. Ich musste mich noch kürzer fassen. Hemingway war für meine Arbeit an den Meldungen deshalb das richtige Vorbild, aber leider geht die Zeit auch an dem Charakter von Lokalen nicht spurlos vorbei. Das Floridita wirkte inzwischen wie ein Museum mit Ausschank. Um Hemingways Barhocker war eine rote Kordel gespannt, und die Fotografien des besoffenen Literaturnobelpreisträgers zierten wie Heiligenbilder die Wand. Papa unser, der du warst im Floridita, geheiligt werde dein Name, aber auch du würdest heute im Monserrate abhängen. Doch selbst wenn du wiedergeboren würdest, gehörte dort der letzte Tisch am Fenster mir. Die rote Kordel um meinen Stammplatz war zwar unsichtbar, aber sie war da. Dafür sorgten die Barmänner des Monserrate. Ich erreichte das nicht durch Weltruhm, sondern durch Weltklassetrinkgelder, doch der Unterschied ist nicht wirklich essenziell. Ruhm oder Geld? Beides wird uns vom Teufel eingeschenkt. Außerdem zählt, wenn Pragmatismus das Ruder übernimmt, nur das Ergebnis. Ein eigener Schreibtisch am Fenster der besten Bar in der Altstadt, was will man mehr? Ein immer offenes Fenster, übrigens. Statt Glas trennte nur ein filigranes Gitter die Straße von meinem Arbeitsplatz. Im Kern autistisch, aber an den äußeren Rändern der Wahrnehmung ausfasernd, widmete ich mich den »Leuten von gestern«, in diesem Fall Liz Taylor. Mich beschäftigte hier unter anderem die Frage, wie unterschiedlich die Berufe von Mann und Frau in einer Ehe sein dürfen.

*Liz kam vom Film, Larry vom Bau. Er war 20 Jahre jünger, sie 200-millionenmal so reich. Ihr erstes Date hatten sie bei einem Alkoholentzug in der Betty-Ford-Klinik und geheiratet wurde auf der Ranch eines weltberühmten Kinderfreunds. Ende der schlechten Nachrichten. Die Gute: Die Scheidung ist eingereicht.*

Viel kürzer hätte das Hemingway auch nicht hingekriegt. Und was trinken wir darauf? Ich arbeitete im Monserrate in der Regel am Nachmittag, und das war zu früh für ehrlichen Alkohol. Außerdem konnte ich, im Gegensatz zu Hemingway, betrunken nicht nachhaltig schreiben. Darum bitte nur dieses Fruchtsaftgetränk auf Rumbasis, das man Mojito nennt. Nach Liz Taylor war ein Grieche dran. Auch Weltstar. Aber der kam, obwohl er noch mal zwanzig Jahre älter als die Diva war, auf die Seite »Leute von morgen«.

*Anthony Quinn, ein Mann, der im Vulkan geboren ist und kein Gesetz kennt, außer dem der Kraft, hat im Alter von 78 Jahren einen fast alttestamentarischen Akt vollbracht und auf seine alten Tage noch mal schnell ein Kind gemacht. Zehn hat er schon, von fünf verschiedenen Frauen. Sein ältester Sohn ist 50. Natürlich ist Quinns Ehefrau sauer. Natürlich ist das Kind nicht von ihr. Seine 35-jährige Exsekretärin Kathy ist die Mutter. »Na und«, sagt Quinn, »wenn eine Frau für mich arbeitet, wird sie auch schwanger.«*

Neun oder maximal zwölf Meldungen dieser Art, und das war's dann wieder mal für 5000 Mark.

Einen Tag Arbeit, sechs Tage frei. Ich machte es umgekehrt wie Gott, was nicht heißt, dass ich in meiner freien Zeit untätig war. Zwei volle Jahre unterstützte ich mit den dekadenten *Bunte*-Honoraren den Kommunismus auf Kuba. Dabei war ich als eine Art Nichtregierungsorganisation unterwegs. Der Vorteil von privat organisierter Hilfe ist, dass nicht der Staat bestimmt, wohin oder wohinein sie fließt. Nicht in Panzer, Schlagstöcke und Bonzenvillen, sondern zum Beispiel in Mädchen, Mädchen, Mädchen. Dass ich sie bisher noch nicht erwähnte, war kein Versehen. Ich wollte Witze machen. Eine Beschreibung von Kuba ohne die Kubanerinnen ist wie eine Milkareklame mit satten grünen Almen, aber nirgendwo ist die lila Kuh. Sie waren im Monserrate, sie waren auf dem Malecón, sie waren vor und im Riviera, und sie waren auch an dem sechseckigen Pool des Mafiapaten. Nicht vereinzelt, nicht in überschaubaren Gruppen, sondern so massiv zusammengerottet wie bei Völkerwanderungen. Überall waren Mädchen, Mädchen, Mädchen, und natürlich ist das nicht ganz korrekt. Sie waren keine Mädchen, aber auch noch keine Frauen. Sie waren *chicas*. Die schönste, weil sexualisierteste Phase im Leben der Kubanerin beginnt im Alter von 15 und endet mit 27. Danach sind sie keine Chicas mehr, sondern *mujeres*, Frauen. Wer sich bis dahin nicht ausgetobt hat, trägt selbst die Schuld daran und hat kein Mitleid verdient. Chicas verbrauchen deshalb Männer wie Grundnahrungsmittel. Natürlich hätte ich auch Kindern helfen können oder Greisen, aber hilft man der Chica, hilft man der ganzen Familie.

Zehntes Kapitel

# Marlene

Marlenes Vater war so klapprig wie sein Schaukelstuhl. Er brauchte langsam einen neuen. Marlenes Mutter, die in einem anderen Viertel von Havanna lebte, brauchte einen neuen Kühlschrank, und Marlene selbst brauchte dringend Drogen. So hilft man auch den Dealern. Er hieß Jimmi, und wir trafen ihn in einer schwach beleuchteten Seitenstraße. Er saß in seinem alten Lada, wir in einem privaten Taxi. Wir mussten ein bisschen warten, denn Jimmi fertigte noch einen anderen Kunden ab, einen jungen Kubaner, der zu seinem weißen Anzug einen weißen Hut und weiße Schuhe trug und an der offenen Fahrertür lehnte. Wie es schien, war eine Diskussion entbrannt, und die entwickelte sich zu einem Streit. Als Nächstes stieg Jimmi aus. Ein böser schwarzer Mann, groß und schlank. Ich wusste von Marlene, dass er ein Mitglied der kubanischen Karate-Nationalmannschaft gewesen war, bis eine Sportverletzung seine Karriere beendete. Jimmi brauchte nur ein paar Sekunden, dann lag der Dandy k.o. am Boden. Marlene verließ den Wagen und machte sich auf die Zielgerade zum Kokain. Sie hätte dabei ohne große Zeitverluste um den Bewusstlosen herumgehen können, aber sie tänzelte einfach über ihn drüber. Marlene tänzelte immer, egal, in welchen Schuhen. Sie trug knallrote High Heels und ein knallrotes Minikleid, und es wundert mich bis heute nicht, das sie meine erste kubanische Freundin gewesen ist. Sie war der Prototyp der scharf gemachten Mulattin. Beine bis zum Hals, Haare bis zum Arsch und ein gleichermaßen makel- wie treuloses Gesicht.

»Hola, Marlene«, sagte Jimmi.

»Hola, mi amor, mi vida«, antwortete sie.

Das durfte man getrost ernst nehmen. Kokain war ihre Liebe und ihr Leben. Sie missionierte mich umgehend. Ich hatte vor Kuba zwar auch schon hie und da das Zappelpulver versucht, aber es war nie gut. Auch nicht schlecht. Es machte keinen Unterschied. Ich merkte nichts, ich schlief ein von dem Dreck. Jimmis Koks war ungestreckt. Mit dem Ergebnis, dass ich plötzlich Spanisch sprach. Als wäre der Heilige Geist in mich gefahren, verstand ich meine Freundin. Nase für Nase nahm ich bei Marlene Unterricht. Sie sprach kein Englisch, aber sie war eine gute Schauspielerin. Sie spielte die Worte, um die es ging, und auch wenn wir manchmal fünf Minuten für nur eines brauchten, machte es ihr einen Heidenspaß, und mir ging es genauso. Ich pflückte mir die Worte aus der Sprache wie Äpfel vom Baum der Erkenntnis, und immer wenn ich wieder etwas kapiert hatte, erlebten Marlene und ich einen gemeinsamen Orgasmus der Kommunikation. Nase für Nase, Rum für Rum, Nacht für Nacht haben wir so zugebracht. Und ich muss sagen, ich liebte Spanisch. Ich dachte spanisch. Ich träumte spanisch.

Nach der Geschichte mit Jimmi erklärte mir Marlene das illegale Glücksspiel, das war eine ideale Unterrichtseinheit, denn dabei lernte ich in einem Rutsch Zahlen und Worte. Es galten die Ergebnisse der venezolanischen Radiolotterie. Gesetzt wurde bei illegalen

Banken. Jede Straße hatte eine. Die Einsätze begannen bei zwanzig Kubanischen Pesos, ein Limit nach oben gab es nicht. Wurde die Summe zu hoch, reichte der Banker die Wette an die nächstgrößere illegale Bank weiter. Weil alle spielten, war das ein immenses Geschäft. Täglich gewannen drei Zahlen zwischen 1 und 100. Die Kubaner kriegten sie über die Kurzwelle mit. Aus Angst vor der Polizei, aber auch aus Jux und Tollerei hatten die Spieler für jede Zahl ein Symbol. Die 10 war *pescado,* Fisch, die 15 *perro chico,* kleiner Hund, 50 *perro Policía,* Polizeihund. Die 77 hieß »Lazarus«, die 78 »Lazarus im Rollstuhl«. Träumt der Kubaner in der Nacht von einem Unfall, setzt er am Morgen sofort auf die 78. Und nun wollte Marlene von mir wissen, worauf meiner Meinung nach Jimmi setzen würde, wenn er erführe, dass der Kunde, den er gerade zusammengeschlagen hatte, der Sohn eines mächtigen Polizeioffiziers war? Auf den »Lazarus im Rollstuhl«? Oder doch gleich auf die 50?

Marlene war lustig und nur allzu bereit, in den Hafen der Ehe einzusegeln. Es wurde ja auch langsam Zeit. Für kubanische Verhältnisse war sie als Chica wie als Tänzerin mit 28 bereits ein Jahr zu alt. Darum nannte sie mich gern ihren *novio aléman,* ihren deutschen Verlobten, und stellte mich so auch ihren Freunden vor. Dass es auch noch einen *novio italiano* und einen *novio español* in ihrem Leben gab, störte niemanden, denn das waren Urlaubs-Novios, ich dagegen war der Mann vor Ort. Außerdem stimmte das Gleichgewicht des Schreckens. Denn um mich herum wimmelte es von anderen potenziellen *novias cubanas.*

Generell schlief in Havanna jeder mit jedem, so viel und so oft man das wollte, aber es gab Prioritäten, und es gab auch eine Lösung für die Eifersucht. Den Kubanern ging es nicht um Treue, sondern um Loyalität.

Und die Kubanerinnen sahen das genauso. Der Novio ist die Nummer eins, und das weiß er, das weiß sie, und das wissen auch alle anderen, mit denen sie sonst noch schläft. Die sind Liebhaber, Affären, Freundschaft-plus-Kandidaten, One-Night-Stands. Sie haben ihren Spaß mit ihr, aber in ihrer Beziehung haben sie nichts zu suchen. Und stören sie auch nicht mit emotionalen Rechtsansprüchen. Sie tauchen in dem Beziehungsraum nicht auf. Weder in Fleisch und Blut noch als Thema. Der Novio wird sie niemals sehen und niemals etwas von ihnen hören. Sie sorgt als eine gute Frau dafür, dass er weder im privaten noch im öffentlichen Raum mit ihren Seitensprüngen zusammenkommt und er sich deshalb nie darüber Gedanken machen muss, ob der Freund oder Bekannte, den er mit ihr trifft, ein Liebhaber von ihr ist. Außerdem sorgt eine gute Kubanerin dafür, dass sein Freundeskreis nichts davon sieht oder hört. Und falls der Zufall mal auf der Straße oder am Strand einen ihrer Zweit-, Dritt- oder Spielzeugmänner in ihre Nähe spült, während ihr Novio an ihrer Seite ist, dann ist der andere Luft für sie. Nicht mehr und nicht weniger. So setzt in Kuba niemand jemandem Hörner auf und behält jeder seinen Besitzerstolz. Nur wenn es zu Pannen kam, gingen Dinge zu Bruch, wie ein Glastisch im Hotel Riviera, und Strafen nahmen ihren Lauf. Liebes- und Vollentzug. Egal, wo ich nach Marlene suchte, sie war nicht da. Ihr Freundeskreis war auch keine Hilfe. Er schirmte sie ab, aber immerhin konnte ich vor ihren Freundinnen meine aufrichtige Reue und Tränen demonstrieren. Erst nach vier Wochen tauchte sie wieder auf. Und das ganze Theater wurde nicht wegen meines Seitensprungs mit einer flüchtigen Bekannten aufgeführt, sondern weil ich ihn zugegeben hatte. Marlene gab nie einen zu.

Marlene war loyal, und es machte einen Heidenspaß,

mit ihr Spanisch zu lernen und auszugehen. Von allen Kommunistinnen, die zu kapitalisieren ich das Vergnügen hatte, war sie mit Abstand die beste Tänzerin.

Aber sie kokste einfach zu viel.

Auf ihren Freundeskreis, der ausschließlich aus Profitänzerinnen, Dealern und Musikern bestand, traf das ebenfalls zu. Ich wurde einmal mit Marlene zu einem Privatkonzert von El Médico de la Salsa eingeladen, der damals populärsten Band von Havanna. Die Party fand quasi bei mir zu Hause statt, im Palacio de la Salsa des Hotels Riviera. Auch den hatte der große jüdische Mafioso Meyer Lansky prima hingekriegt. Der Ballsaal war wie ein Amphitheater angelegt. Tischreihen schachtelten sich in Halbkreisen abwärts bis zur Bühne und der vorgelagerten Tanzfläche, pompöse Kronleuchter hingen in beachtlicher Höhe, zwei große Bars, eine neben dem Eingang und eine auf der gegenüberliegenden Seite, trumpften mit dreiflügeligen Edelholztheken auf. Das Palacio war der beste Salsa-Klub der Stadt, und auch während der normalen, nicht privaten Konzerte ging hier die Post ab, wie ich sie noch nie zuvor in meinem Leben hatte abgehen sehen, aber in dieser Nacht hatten sie über die gesamte Theke der Bar am Eingang eine fette Linie Kokain ausgelegt. Sie begann rechts außen an der Wand, zog sich über den Seitenflügel zur Fronttheke und bog an deren Ende nach links ab zurück zur Wand. Insgesamt waren das über fünfzehn Meter.

Koks und Kommunismus, wie geht das? Alle, die ich das fragte, sagten dasselbe. Nach dem Zusammenbruch der Sowjetunion habe Castro nach neuen Mäzenen seines Systems gesucht und sie zum einen in der Tourismusindustrie und zum anderen in Kolumbien gefunden. Die Kartelle hätten Zwischenlager auf der Insel eingerichtet, die vom kubanischen Militär beschützt würden. Natürlich seien die Berge von Koks nicht für den Binnenmarkt bestimmt, aber die Kubaner zweigten, ähnlich wie bei den Zigarren, so viel ab, wie nur gehe. Ich weiß nicht, ob das stimmt, aber ich weiß, dass Mitte der Neunzigerjahre in Havanna ein Gramm fast reines Kokain jederzeit für ein Zehntel des Preises zu haben war, den man in Europa für stark gestreckte Ware zahlte, und ich weiß, dass Kubaner Kokain liebten. Alle. Militärs, Funktionäre, Spitzensportler, Musiker, Tänzerinnen, Huren, wer immer Zugriff auf Dollars hatte, zog es sich durch die Nase und hatte damit nicht das geringste Problem, denn sie sahen in Koks keine Droge, sondern so eine Art stärkeren Kaffee. Aber selbst in diesem Umfeld war Marlenes Konsumverhalten extrem. Sie hatte immer Kokain dabei, auch wenn sie das Gegenteil behauptete und nach neuem verlangte. Man brauchte sie nur hochzuheben und durchzuschütteln, und schon fielen aus ihrer Kleidung, und wie mir manchmal schien sogar aus ihren Haaren, die kleinen weißen Päckchen wie Blüten vom Apfelbaum.

Mir bekam das nicht. Körperlich hatte ich zwar keine Probleme mit dem Kokain, außer dass ich dünner wurde, und das temporäre Glückshormonminus beim Runterkommen schaltete ich durch Meditationstechniken wieder auf Plus. Ich wurde nicht mal süchtig davon. Ich kokste mit Marlene, und wenn sie nicht da war, kokste ich nicht. Aber ich veränderte mich. Das war das Problem. Ich wurde eine andere Person. Weil es sich um eine schleichende Persönlichkeitsveränderung handelte, bekam ich sie als Letzter mit. Etwa neun Monate nach meinem ersten Spanischkurs mit Marlene hatte ich in dem fabelhaften 1830 diesbezüglich ein Schlüsselerlebnis. Das 1830 war eine Open-Air-Disco am westlichen Ende des Malecón direkt am Meer. Neben der Tanzfläche standen Palmen, sanft plätscherten die Wellen der Karibik, und ich schaute mit einem Cuba Libre in der Hand mal in den tropischen Sternenhimmel und mal auf die Tanzenden. Schöne Menschen in schönen Kleidern, die sich bewegen können, und einer von ihnen bewegte sich gerade auf mich zu. Ein Kubaner, den ich noch nicht kannte.

»Hola, amigo«, sagte er, und ich dachte: Der will eine Zigarette. »Un cigarillo por favor«, bat er, und ich dachte: Als Nächstes will er einen Drink. Als er den hatte, begann er mit mir über das Leben und die Revolution zu quatschen, und ich dachte: Gleich will er Geld. Egal, was ich dachte, es kam immer genau das als Nächstes aus ihm heraus. Erst wollte er zwanzig Dollar, dann zehn, dann fünf, und als ich ihn mit nur einem Dollar demütigte, lächelte er immer noch. An seinem Ende der Kommunikation stand ein Mann ohne Ehre. An meinem Ende ein Mann ohne Liebe. Ich hatte sie komplett verloren.

Die grundsätzliche Liebe zur eigenen Art mag angesichts dessen, was Menschen alles anrichten, absurd und fehl am Platz sein. Aber sie ist natürlich. Wölfe mögen Wölfe, Katzen mögen Katzen, Rapskäfer mögen Rapskäfer mehr als die anderen Spielarten der Evolution. Ich hielt deshalb meine Menschenliebe oder, etwas bescheidener, mein menschenfreundliches Wesen immer für legitim, auch wenn Chefredakteure das oft anders sahen. Wenn sie mich rausgeschickt hatten, um ein Schwein fertigzumachen, und ich zurückkam und sagte, das Schwein ist eigentlich ganz nett, verfluchten sie meine Naivität. Kleine Schweine, große Schweine, Schweine in allen Farben und beiderlei Geschlechts. Ich fand eigentlich keines, das nicht irgendwo in den Speckspalten des Bösen noch irgendetwas Liebenswertes verbarg. Das war irre, aber es öffnete mir alle Türen. Außerdem hatte ich Verständnis für Schwächen, die auch meine charakterlichen Problemzonen waren. Oder bin ich etwa nicht korrupt, eitel und emotional hin und wieder höchst brutal? Und Schweine lieben Schweine, so ist das nun mal. Oder besser, so war es einmal. Im 1830 wurde mir klar: Ich liebte keinen mehr und hatte für niemanden mehr Verständnis.

Dabei wäre es so leicht gewesen. Ein armer Kubaner mit guter Allgemeinbildung hatte es geschafft, umsonst in diese Disco reinzukommen. Anders war es nicht vorstellbar. Er bekam, wie alle Menschen auf der Insel, umgerechnet fünfzehn Dollar vom Staat, und der Eintritt ins 1830 hätte schon mal zwei Drittel seines monatlichen Einkommens verschlungen. Er kam also auf lau rein, und jetzt musste er auf lau trinken, denn schon ein einziger Cuba Libre hätte auch das letzte Drittel verschlungen. Und da stand ein Ausländer, in dessen Heimat das Geld an den Bäumen wuchs. Jedes Blatt ein 10-Mark-Schein. So stellten die Kubaner sich Deutschland vor. Und er war allein. Ich an seiner Stelle hätte mich auch um ein Schlückchen Alkohol gebeten und um eine kleine Spende in Höhe des kubanischen Monatsgehalts. Da war doch nichts den Charakter Abwertendes dabei. Wenn er über gute Umgangsformen verfügte, lustig war oder irgendetwas Interessantes zu erzählen hatte, bot man ihm ein Getränk an, bevor er danach fragen konnte. So fingen viele guten Kontakte an, und wenn nicht, dann blieb es bei der Zigarette und einem lieben Gruß. »Ve con Dios. Pero vete!« Geh mit Gott, aber geh. Stattdessen sah ich nur die nervenden Aspekte seines Defizits, das falsche »amigo«, das aufgesetzte Lächeln, das vorgetäuschte Interesse an meiner Person. Ich nahm nur seine Lügen wahr, seine Wahrheiten interessierten mich nicht, und so ging es mir mit allen Gästen im 1830. Die schönen Frauen in den schönen Kleidern waren schöne Schlampen, denn sie würden alles für diese Kleider tun und haben es bereits getan, viele Male. Die Männer an ihrer Seite können entweder nicht tanzen, denn es sind Sextouristen, oder sie können tanzen, dann sind es kubanische Zuhälter. Die kubanische Herzlichkeit des Personals muss mit Trinkgeld bei jeder Bestellung neu aufgepumpt werden, und draußen auf der Straße warten Taxifahrer, die nicht Auto fahren können. Und das stimmte ja auch alles, wie es stimmt, dass eine Seite des Mondes immer dunkel ist. Und eine immer hell. Ich sah die helle Seite nicht mehr. Ich konnte nicht mehr wie der ans Kreuz genagelte Jesus bei Monty Python »Always Look on the Bright Side of Life« singen. Das Licht war ausgegangen. Der Menschenfreund war weg. Das war der Preis. Und der war mir zu hoch. Nicht nur aus Hippiegründen, auch aus professionellen. Ich fand es strategisch falsch, die sanfte Belustigung in meinen Texten durch Zynismus zu ersetzen. Ich schrieb ja nicht nur die »Leute«-Meldungen, sondern auch immer noch große Geschichten für die *Bunte.* Und Titelgeschichten für *Tempo.* Ob kleine oder große, ich hatte ein Millionenpublikum und die Macht, Menschen gesellschaftlich unmöglich zu machen oder Karrieren zu kippen. Ohne Mitleid. Ich hatte keins mehr, für nichts und für niemanden. Ich entwickelte eine faschistische Verachtung für Amateure. Ich hob in Richtung Hochmut ab. Das konnte nicht gut gehen. Ich wusste das. Deshalb beschloss ich an diesem Abend im 1830, nie mehr Kokain zu nehmen, und als ich Marlene meinen Entschluss mitteilte, verließ sie mich sofort.

Elftes Kapitel

# Adrenalina

Adrenalinas Genpool war panhuman. Das Blut indianischer Ureinwohner, weißer Eroberer und schwarzer Sklaven mischte sich in ihren Adern. Man sagt, dass multikulturelle Zeugungsketten besonders gesunde und schöne Menschen hervorbringen, denn sie sind das Gegenteil von inzestuös. Man sagt viel, aber in Adrenalinas Fall stimmte es unbedingt. Ein Fick-mich-Körper, ein Küss-mich-Mund, zwei magische Augen, und ihre Haut hatte die Farbe von Milch mit einem Schuss Kaffee. Oder eher von Marzipan? Damit man sich jetzt kein falsches Bild von ihr macht, merke ich an, dass sie einen feingliedrigen Fick-mich-Körper mit Wespentaille und Pianistinnenfingern hatte, nur ihre Brüste waren ganz klar von Mama Afrika. Im Alter von vierzehn Jahren sah Adrenalina frühe Folgen der spanisch synchronisierten Krimiserie »Derrick« im kubanischen Staatsfernsehen. Dabei verliebte sie sich in den blonden Assistenten des Kommissars. Seitdem war ihr Beuteschema blond und deutsch. Das machte es mir einerseits leicht, aber gebar auch zickige Fragen. Sehe ich wie Fritz Wepper aus?

Wir waren auf dem Weg von Holguín zum Strand von Guardalavaca. Wenn Kuba wie ein Krokodil im

Wasser liegt, wie es ja immer wieder formuliert wird, mit dem Schwanz im Golf von Mexiko und dem Kopf im Karibischen Meer, dann ist Havanna am Arsch der Insel und die kleine Stadt Holguín das rechte Auge des Tiers. Hier wurden Fidel Castro und Adrenalina geboren, hier hatte ich sie gegen Mittag in einem Café zum ersten Mal gesehen und am frühen Abend in einem 56er rot-weiß lackierten Chevrolet-Cabriolet mit roten Ledersitzen abgeholt. Natürlich lassen Kubaner einen Touristen nicht ihren Oldtimer fahren, man muss das Auto samt Besitzer mieten, der einen chauffiert. Mein Fahrer hieß Alfredo, und er war ein Alfredo aus dem Bilderbuch. Gedrungen, breit und stark, rundes Gesicht mit Schnauzbart, und weil er seine Hawaiihemden bis zum Bauch offen stehen ließ, wissen wir auch, wie viele Goldketten ein ausgewachsener Alfredo tragen kann. Praktisch unbegrenzt viele. Er war Berufsmusiker in der Band seines Vaters und fuhr Leute wie mich, weil er damit etwa 120-mal mehr verdiente. Vierzig Dollar pro Tag. Das waren Mitte der Neunzigerjahre für die kubanische Provinz eigentlich zwanzig zu viel, aber dafür waren in seinem Chevi vom Lenkrad bis zum Differenzial alle Teile original, selbst das Radio war in meinem Alter, also um die vierzig. Adrenalina ging auf die neunzehn zu. Eine der schönsten Frauen auf diesem Planeten blühte neben mir auf dem Rücksitz und trug dazu irgendein Hängekleidchen. Sie hätte auch irgendein Säckchen tragen können. Ich nicht. Ich fühlte mich in dem dreiteiligen weißen Leinenanzug vom Hamburger Herrenausstatter Braun definitiv sicherer als halb nackt. »Das ist unfair«, hatte Adrenalina beim Einsteigen in den Chevi gesagt, aber was, bitte schön, war fair an ihrer Erscheinung? Es gab nicht ein Detail an ihr, bei dessen Anblick sich das törichte Herz hätte ausruhen können. Ihr schlanker Hals, ihre Schulterblätter, ihr äthiopisches Profil, ihre Gazellenbeine, ihre Schaufensterpuppenwaden, ihre High-Heel-Sandalen, alles war Adrenalina pur. In Wahrheit hieß sie Adenalina, das r hinter dem d war meine Kreation.

Von Holguín bis zum Strand von Guardalavaca sind es etwa sechzig Kilometer, die Fahrt dauerte eine Stunde, und die sich durch Kurven, Täler und über Hügel schlängelnde, gut ausgebaute Landstraße führte an Zuckerrohrplantagen, Palmenwäldern und Hütten vorbei. Nicht an Palästen, auch nicht an Fabriken. Weil sich Che Guevara, der Kuba industrialisieren wollte, gegen Castro, der Agrarwirtschaft favorisierte, nicht hatte durchsetzen können und darüber hinaus das karibische Klima wie das kommunistische System sich nicht als sonderlich leistungsmotivierend erwiesen, sah es hier immer noch ein bisschen wie weiland im Garten Eden aus. Über dem gerade die Sonne unterging. Ein sanftes Rot färbte den Himmel, ein Riesenmond nahm Leuchtkraft auf. Ich erklärte Adrenalina währenddessen die *Bunte*-Welt, aus der ich kam.

»Es gibt derzeit zwei schwarze Supermodels. Die eine heißt Naomi Campbell, die andere Tyra Banks. Du siehst exakt wie deren perfekte Mischung aus. Von Tyra hast du den Körper, von Naomi das Gesicht. Und du bist zehn Jahre jünger als sie. Wenn du einverstanden bist, fliege ich mit dir nach Deutschland und stell dich einem Starfotografen vor.«

Ich konnte aus zwei Gründen so mit ihr reden. Zum einen sprach Adrenalina gut Englisch, was unter den kubanischen Chicas selten vorkam, und zum anderen erzählte ich ihr nicht die drei großen Lügen der Fotografen.

Erstens: Ich bezahl dich!

Zweitens: Ich mach dich berühmt!

Drittens: Ich komme nicht in deinem Mund!

Nein, ich bin kein Fotografenschwein. Ich meinte es ernst und glaubte an sie. Im Vertrauen auf meinen Frauengeschmack und meine Profikontakte sah ich eine großartige Zukunft vor uns. Ich werde ihr Manager. Über meine Anteile an ihren Millionen reden wir noch. Aber ihren Markennamen haben wir schon. Adrenalina! Was denn sonst? Und was sagte sie dazu?

»Okay, warum nicht. Aber nur, wenn du mir schwörst, dass du mich heute Nacht fickst.«

Und schon hatten wir ein Problem. Schwüre wirken kontraproduktiv auf meine Sexualität. Weil die Zunge keine Potenzprobleme kennt, knutschten wir bis zur Stranddisco.

Das La Roca beherrschte die kleine Bucht von Guardalavaca wie eine Burg, obwohl es wie alle Beach-Discos wie ein Pilz gebaut war. Die Tanzfläche war mit dem Pilzhut überdacht, aber die offenen Seiten ermöglichten den Vollkontakt zur Hitze der Nacht. Musik: Reggae und Rock, Madonna und Michael Jackson, Latino-Pop und manchmal Salsa. Alles wie überall, alles wie gehabt, als gäbe es einen weltenverbindenden Strom von tanzbarem Spaß, doch wie dazu im La Roca getanzt wurde, das hatte ich nie zuvor gesehen. Nachher sah ich es auch nie mehr. Nicht in Kuba, nicht in Rio, nicht auf dem Mars, nirgendwo. Zwei Reihen. Eine für die Frauen, eine für die Männer. Gesicht zu Gesicht, die Partnerin direkt gegenüber. Aber man fasste sie nicht an, man drehte sich nicht mit ihr, man bewegte sich nicht aus der Formation heraus. Man blieb in seiner Männerreihe, so wie Adrenalina in der Reihe der Frauen. Oder soll ich Kette sagen? Es fühlte sich jedenfalls mehr wie angeschlossen als wie eingereiht an. Angeschlossen an den reinen maskulinen Rhythmus, und wenn ich selbst gerade nicht so im Rhythmus war, brauchte ich nur in die Reihe zu treten, und sofort übernahm mich die Kette des tanzenden Testosterons. Das war Kraal, das war archaisch, das war kraftvoll und gleichzeitig entspannend, denn schlechte Tänzer gab es in dieser Kette nicht, auch keine brillanten, die alles platttanzten. Wer gut war, gab das als Kraft in die Kette weiter, und wer schlecht war, profitierte davon. Auch die Anmache fiel weg. Die So-wie-man-tanzt-so-ist-man-im-Bett-Demonstrationen und der Stress, den das macht, solange man nicht so recht weiß, ob man es wirklich zu Ende bringen kann. Die Kette schluckte alle verkrampften Ambitionen. Sie tanzte wie ein Mann ohne eine Spur von Angst mit der Kette der Östrogene, in der nun auch Adrenalinas Schönheit niemanden mehr schockierte. Warum ficken wir eigentlich nicht auch in einer Kette?

Haben die Frauen die Arschkarte gezogen? Oder wir? Wenn Frauen Ja zum Sex sagen, brauchen sie nur die Beine breitzumachen, wir müssen ihn hochbekommen. Allein den Penis »ihn« zu nennen, weist darauf hin, dass er ein Eigenleben hat. Mit Potenz oder Impotenz hat das weniger zu tun, als oft befürchtet wird. Auch der Alkohol ist nicht immer nur der »Böse für die Eier«-Likör, als der er diffamiert wird. Ich hatte auf Kuba eigentlich generell betrunken Sex, und auch nüchtern stand mein Penis, wann immer er es wollte, selbst dann, wenn ich es nicht wollte, was mir natürlich peinlich war. Aber tausendmal peinlicher ist es, wenn ein Mann auf der Frau, vor der er den ganzen Abend und die halbe Nacht den Dicken gemacht hat, plötzlich zu einer Schnecke wird, die nach Hause will. Davor haben alle Männer Angst, und widerlicherweise bewirkt die Angst davor genau das befürchtete Ergebnis. Nur die Angst macht uns impotent. Als wir zurück in Holguín waren und Alfredo in die Auffahrt meines Hotels einbog, fragte ich Adrenalina, ob sie bei mir schlafen wolle, und wieder willigte sie nur unter der Bedingung ein, dass ich schwöre, sie zu ficken.

Ich fickte sie nicht. Ich lag neben ihr, ich lag auf ihr, ich lag unter ihr und hätte genauso gut neben, auf und unter der Venus von Milo liegen können. Nehmen wir eine Skala von 1 bis 10, auf der die 1 das hässlichste aller vorstellbaren Mädchen und die 10 das schönste ist, dann hatte ich mit Adrenalina die 12 im Bett. Das war meinem Penis eine Spur zu übernatürlich. Am nächsten Tag hieß es in Holguín, ich sei entweder schwul oder impotent. Mit beidem konnte Adrenalina leben. Als ihr aber andere Chicas von gegenteiligen Erlebnissen mit mir berichteten, irritierte das Adrenalina so sehr, dass sie sich in mich verliebte. Das nützte auch nichts, es blieb bei meiner »Schwäche«. Trotzdem kam Adrenalina nun jeden Tag in mein Hotel und versuchte, mich zu verführen.

Mein Hotel in Holguín hieß Pernik, und überall fehlte die stilsichere Hand von Meyer Lansky, denn es wurde nicht in den Fünfzigerjahren von einem jüdischen Gangster gebaut, sondern in den Sechzigern von Architekten aus der DDR. Ein sauberer, geschmacksneutraler Plattenbau, in dem sich auch ein Krankenhaus hätte verstecken können, ein Schlachthof oder die Parteizentrale, aber kam man ins Foyer, wurde ein völkerkundliches Museum daraus. Holzschnitzereien ausgerotteter indigener Kulturen, flankiert von Oasen vereinsamten Grüns in einer riesigen, fast menschenleeren Halle. Die Zimmer dagegen waren klein und verbreiteten eine Mischatmosphäre aus Jugendherberge und Sportseminar-Tagungsstätte. Die Wände waren bis zu einer Höhe von eineinhalb Metern hellgrün lackiert, die Bettdecken grün-weiß gestreift, und auch der kleine Balkon sah wie ein grüner Zebrastreifen aus. Adrenalina saß breitbeinig auf meinem Bett und war nur mit meiner Gitarre bekleidet. Der Korpus bedeckte zwar all ihre Geschlechtsteile, aber wie sie den Hals des Instruments küsste, war entweder eine astreine Präsentation ihrer oralen Fähigkeiten oder verriet viel über ihre Sehnsüchte. Ich hatte noch nie vorher gesehen, dass auch Lippen lecken können.

Plötzlich klopfte es an der Tür. Weil Adrenalina sich etwas anziehen wollte und ich noch Marihuana rauchte, öffnete ich nicht sofort, also klopfte es lauter. Es war Gregor, ein junger Hotelgast aus Italien, der aber in Deutschland lebte und blonde Haare hatte. Darum kannte er Adrenalina ganz gut. Gregor trug wie immer einen mit Rum gefüllten 5-Liter-Benzinkanister bei sich. Nicht mit dem teuren Havana Club, sondern mit dem Rum für Kubaner, den es an den Zapfstellen der Revolution für umgerechnet zehn Cent pro Liter gab; das Behältnis zum Abfüllen musste man selbst mitbringen. Gregor behandelte den Kanister wie ein Körperteil. Er nahm ihn überallhin mit, auch in Discos oder Lokale. Weil er, wie ich, ein Langzeittourist auf Kuba war, aber nicht über meine Mittel verfügte, musste er sparen und bestellte sich nie einen Rum mit Cola, sondern immer nur die Cola. Den Cuba Libre mixte er sich selbst unterm Tisch. Außerdem, und auch wie immer, hatte Gregor zwei Chicas dabei.

Wir kifften und tranken eine Weile zu fünft, bis es wieder an der Tür klopfte und endlich mal einer reinkam, der in dieses komische grüne Zimmer passte. Ein Abgesandter der Frankfurter Grünen. Er war für seine Partei in Holguín unterwegs, um Kultur auszutauschen, und ging grundsätzlich nur mit den hässlichsten Mädchen. Niemand wusste ganz genau, warum. Hatte der Grüne nur einen schlechten Geschmack? Oder ein schlechtes Gewissen? An diesem Tag allerdings kam er in Begleitung von zwei männlichen Kubanern. Was wollten die auf meinem Zimmer? Dasselbe wie alle. Freien Rum und freies Marihuana. Die Musik kam aus meinem Gettoblaster. Adrenalina zuliebe, die Salsa hasste, spielte ich Rock 'n' Roll. Gregors Mädchen tanzten. Erneut klopfte es an der Tür.

Nun stand der Sicherheitsmann des Hotels davor und machte ein blödes Gesicht. Normalerweise waren die Hotel-Securitys netter. Sie sahen nichts, sie hörten nichts, sie rochen nichts, solange die Regelmäßigkeit des Trinkgelds gesichert war. Und er hatte sein Geld gekriegt. Hier stimmte etwas nicht. Er sagte, ein paar Herren würden drei Türen weiter in der Suite auf uns warten. Was das für Herren seien, wollte ich wissen. Das würden sie uns selbst verraten. Und wen meinte er mit uns? Alle hier?

»Nein«, sagte er, »nur Sie und die beiden anderen *turistas.*«

In der Suite trafen wir auf sieben ernst blickende Kubaner, von denen vier Uniform trugen. Ein Übersetzer stellte sie mit Namen, Dienstrang und Tätigkeitsfeld vor, und in jedem dieser Titel waren die Wörter »anti« und »droga« präsent. Sie informierten uns darüber, dass wir Drogen besaßen. Es sei nicht nötig, es zu leugnen, denn sie könnten, wenn wir das wünschten, jeden unserer Schritte seit unserer Ankunft in Holguín dokumentieren. Natürlich wüssten sie, dass Kiffen in Deutschland kein großes Problem mehr sei, aber auf Kuba sei es das gewiss. Wie groß diese Probleme jetzt würden, hänge nun auch ein bisschen von uns und unserer Kooperation ab.

»Was für eine Kooperation?«

»Nun, Sie bringen uns jetzt erst einmal alles Marihuana, das Sie auf dem Zimmer haben.«

»Ist damit die Sache dann erledigt?«

»Möglich. Wir werden sehen. Aber Sie können sich

gern erst auf Ihrem Zimmer beraten«, sagte der Sprecher der Uniformierten. »Wir warten.«

In meinem Zimmer war nur noch Adrenalina. Die anderen Kubaner hatten sich aus dem Staub gemacht. In Holguín bekam man das Marihuana nicht lose, sondern fertig gedreht. Ich holte meine sechs Joints aus der Schreibtischschublade und warf sie auf den Tisch. Gregor legte seine fünf dazu, und der Grüne hatte zwei. Der Grüne schlug vor, dass wir drei für später zurückbehielten und der Polizei nur zehn gäben. Gregor wollte ihnen nicht mehr als sechs geben und ich nur drei.

»Damit kommen wir nicht durch«, sagte Gregor. »Drei macht sie sauer, bei zehn verlieren sie den Respekt, nein, sechs Joints ist genau das, was sie von uns erwarten. Außerdem werden sie noch den Namen des Dealers von uns wollen und möglicherweise Geld.«

Ich bin kein Held, ich bin nicht cool, aber ich hatte für Situationen wie diese eine Trumpfkarte im Gepäck. Mit ihr und der von mir vorgeschlagenen Menge an Marihuana gingen wir zurück in die Suite zu den Bullen. Nachdem ich ihnen die drei Joints gegeben hatte, verfinsterten sich ihre Mienen, wie es Gregor vorausgesagt hatte, aber als ich ihnen die Trumpfkarte zeigte, hellten sie sich nicht nur wieder auf, sondern fanden kein Ende mit dem Aufhellen. Die Gesichter wurden regelrecht zu Sonnen. Bei der Trumpfkarte handelte es sich um eine auf teurem Papier und mit meinem Namen bedruckte Einladung zu einem Empfang mit Fidel Castro im Palacio de la Revolución in Havanna. Die *Bunte* hatte mich fünf Jahre zuvor in eine Delegation spanischer Politiker, Journalisten und Geschäftsleute eingeschmuggelt, und viel mehr, als Castro einmal die Hand gegeben, hatte ich dabei nicht. Aber das wusste hier niemand, und selbst wenn sie es gewusst hätten, wäre das Ergebnis dasselbe gewesen. Auf der Stelle veränderte ich meinen Status bei den Drogenpolizisten von dem eines Kriminellen in den eines *amigo.* Ich wurde ein großer Freund Kubas genannt. Der schon so viel Gutes für Kuba getan habe. Man sei froh, mich endlich auch in Holguín begrüßen zu dürfen. Wenn ich irgendwas bräuchte oder es Probleme gäbe, sollte ich sofort zu ihnen kommen. Kein Scheiß, *amigo,* du hast jetzt mächtige Freunde in der Stadt.

»Und damit ist die Sache erledigt?«

»Na klar.«

»Und wir werden ganz bestimmt nicht ausgewiesen?«

»Warum?«

»Und wir müssen nicht einmal das Hotel verlassen?«

»Keineswegs. Nur Kubaner dürft ihr nicht mehr mit auf eure Zimmer nehmen.«

»Was?!« Gregor, der Grüne und ich riefen das fast unisono. »Keine Chicas?!«

Meine neuen Freunde bei der Polizei beruhigten uns umgehend. Sie hätten nur Männer gemeint, nicht Frauen. »Natürlich dürft ihr die Chicas mitnehmen, *hombres,* wir sind in Kuba.«

Das Schicksal wollte es also, dass mir Adrenalina noch ein paar Tage mehr auf die Nerven fallen konnte. Aber ich jammere auf einem hohen Niveau. Es gab wirklich Schlimmeres.

Zwölftes Kapitel

# Ana

Das Dorf Maceo liegt etwa dreißig Kilometer von Holguín entfernt, und ich war mit Alfredo und Mario unterwegs. Mario war mein bester Freund in der Stadt. Seine Eltern wohnten in Maceo, und er wollte sie besuchen. Sonst war niemand in dem rot-weiß gestreiften Chevrolet. Keine Chicas, es war eine reine Männerpartie. Wir ließen mit Alfredo den Rum kreisen, das Autoradio sang, Reiter kamen uns entgegen, Ochsenkarren sogar, vor uns fuhr ein betagter russischer Lastwagen, Marke Ich-habe-Nowosibirsk-überlebt. Er war mit Menschen beladen, die von der Arbeit nach Hause wollten, denn es war Nachmittag, und in Kuba machen sie früh Schluss. Rechts und links war nur noch Zuckerrohr zu sehen, und aus der Ferne dampfte es aus einem großen Rohr.

»Das ist die Rumfabrik«, sagte Mario.

Unser Ziel lag der Rumfabrik zu Füßen, deshalb wirkten auch die Mangobäume dort angetrunken. Das Holzhaus von Marios Eltern war klein und schief und hatte eine große überdachte Veranda mit Schaukelstühlen und Blick auf den Hof. Auf dem Hof stand das Wrack eines 56er Cadillacs und liefen ein paar Schweine herum, mehr war da nicht los. Auf der

Veranda das übliche kubanische Bild. Viele Menschen und eine Flasche. Marios Äußeres entsprach dem eines Parade-Latinos, Mitte zwanzig, sein Vater sah natürlich schon etwas verschlammter, aber immer noch wie Harry Belafonte aus, und seine Mutter erwies sich als ein einziges dampfendes Herz. Sie sah mich lange an, dann ihren Mann, dann wieder mich und ging kopfschüttelnd ins Haus.

»Hast du keine Chica?«, fragte mich Marios Vater.

»Nein, gerade nicht.«

»Mario, geh ins Dorf und hol drei Chicas.«

»Warum drei?«, wollte sein Sohn wissen.

»Er ist unser Gast!«

Während Mario mit dem Fahrrad davoneilte, ging es auf der Veranda mit dem Rum weiter. Der Alte erzählte von seinem glücklichen Dorf. Alle arbeiten für die Rumfabrik. Alle haben irgendwelche Säugetiere zum Essen und Hühner für die Eier und Tomaten, Mangos und Reis, ganz zu schweigen von den kleinen süßen Bananen. In den fünfzig Jahre alten Amischlitten, mit denen sie durch die Plantagen zuckeln, sind Motoren von russischen Traktoren eingebaut, die Zigarren, die sie rauchen, sind weltweit allererste Wahl, und den Liter Rum bekommen sie von der Fabrik zum Vorzugspreis von einem halben Kubanischen Peso, also einem Cent. Hier würde Fidel Castro freie Wahlen gewinnen.

Als Mario mit den drei Chicas für mich zurückkam, war mir das schon ein bisschen peinlich, aber der Alte lachte nur und ließ uns weitertrinken, und zu der Ruhe, die mich nun überkam, begann es zu regnen. Richtig zu regnen, musikalisch zu regnen, mit den Fingern eines Pianisten fiel der Regen auf das Dach der Veranda und schlämmte den Hof vor unseren Füßen auf. Es war heiß, der Rum kam zurück als Schweiß, und dann gesellten sich noch ein paar von Marios Freunden zu uns auf die Veranda, unter ihnen ein Zuckerrohrschneider, der wie José Feliciano spielen und singen konnte. Bei Regen, Rum und Feliciano im grünen Herzen der kubanischen Provinz Holguín flirtete ich nur mit Ana, obwohl sie die kleinste der drei Chicas war, die Mario angeschleppt hatte. Aber bei Ana spielte die Größe keine große Rolle. Sie war vom kleinen Zeh bis zu den Ohrläppchen ein schwarzes Mädchen aus der Porzellanmanufaktur. In ihren schönen Halbmandelaugen schimmerte eine schöne Seele, plus Intelligenz, plus Humor, plus die unbändige Lust, mit mir heute Abend ins La Roca nach Guardalavaca zu fahren. Sie wollte sich nur noch schnell umziehen und bat mich, mit in ihr Haus zu kommen. So lernte ich ihre Mutter kennen, sie war etwas jünger als ich. Um uns Kaffee zu kochen, verschwand sie kurz in die Küche. Ana nutzte die Zeit, um mir schon mal unter der Gürtellinie rumzufummeln, was zu einer Beule in der Hose führte, bis der Kaffee kam. Auch das war mir einigermaßen peinlich, aber nachdem Anas Mutter die Tassen auf den Tisch gestellt hatte, griff sie mir in den Schritt und beglückwünschte ihre Tochter zu Größe und Gewicht des Geprüften.

Ich verließ das Haus, als hätte ich einen Sonnenstich, aber die kulturellen Missverständnisse reihten sich. Unterwegs nach Guardalavaca lauerte die Polizei in der Dunkelheit. Zwei Beamte, einer blieb im Lada, einer kam zu uns an den Chevi. Er wollte von Alfredo wissen, wer ich sei. »Un amigo«, sagte Alfredo, und beide wussten, dass ich kein Freund war, sondern ein Tourist, der den unter Ausländern so begehrten Oldtimer als Taxi gemietet hatte. *Taxi particular,* also ein Taxi ohne Lizenz, das kostete entweder 2000 Kubanische Pesos korrekte Strafe oder fünf Dollar auf lau. Alfredo wählte die laue Variante. Und dann war Ana dran. Sie musste aussteigen und mit dem Polizisten auf die andere Straßenseite gehen, wo dessen Kollege im Auto wartete. Und Ana blieb da zu lang.

»Lass uns mal die Beine vertreten«, sagte Alfredo.

Als wir nahe genug dran waren, sah ich, nur schüchtern beleuchtet vom Sternenlicht, die Konturen eines möglichen Dreiers, und als wir noch näher kamen, fiel das »möglich« weg. Ana stand gebückt vor der Beifahrertür, um den sitzenden Polizisten oral zu bezahlen, der andere kassierte sie von hinten ab. Wie ich später, und wie ich meine zu spät, von Alfredo erfuhr, war das aus der Sicht der Polizisten ganz normal. Sie sind korrupt, und Prostitution ist illegal, und dass Ana mit einem Deutschen ohne jegliche finanzielle Versprechen auf dem Weg zu einem netten Tanzabend war, glaubten sie ihr nicht. Der Preis für die Mädchen, sich rauszukaufen, waren zehn Dollar oder Sex. Weigerten sie sich, mussten sie mit zur Wache und das ganze Revier bedienen. Weigerten sie sich auch da, kamen sie ins Gefängnis. Warum verstand das der *turista* nicht? Warum war er im Begriff, sich in die inneren Angelegenheiten seines Gastgeberlandes einzumischen? Weil das aus meiner Sicht eine Vergewaltigung war. Und warum hatte mich Ana nicht um die zehn Dollar gebeten? Ich hätte sie ihr schneller gegeben, als hier irgendwer seinen Schwanz rausholen konnte, auch wenn er Weltmeister darin war. Als Alfredo und ich noch näher kamen, ließen die Polizisten von ihr ab, und Ana durfte gehen.

Zurück im Chevi, nahm ich sie schockiert in den Arm, um zu trösten, was noch zu trösten war, aber Ana sah mich nur verwundert an.

»Kubanische Polizisten ficken besser als Touristen«, sagte sie, worauf Alfredo einen Lachkrampf bekam.

Trotzdem kreiste nun die Rumflasche noch häufiger als vorher durch den Chevi, und wir erreichten den

Strand und die Disco bereits einigermaßen betrunken. Im La Roca begann sich Ana auf der Tanzfläche auszuziehen. Sie hatte mich schon in Maceo vorgewarnt, dass sie sich immer ausziehe, wenn sie zu viel getrunken habe. Darum sei es meine Aufgabe, sie entweder am Ausziehen oder am Trinken zu hindern. Ich schaffte beides nicht. Es gab einen kleinen Skandal, und man warf uns hinaus. Nun lief Ana zur Hochform auf. Sie saß noch keine dreißig Sekunden auf der Rückbank des Chevrolets, da begann sie schon zu masturbieren. Vielleicht waren es auch nur zehn Sekunden, denn wie sich Ana auf die roten Ledersitze fallen ließ, den Kopf nach hinten warf, das Kleid hochschob, die Beine spreizte und ihre Hand dazwischenkrallte, war keine Abfolge von separat wahrnehmbaren Bewegungen mehr, sondern ein einziger Fluss durchgeknallter Geilheit. Selbst Alfredo schien verblüfft. Erst als seine Karre ins Rollen kam, ließ sie ab von sich und griff nach mir. Ein 56er rot-weiß lackiertes Chevrolet-Cabrio ist kein Auto, das man überall parken kann. Aber für Geschlechtsverkehr ist es ganz wunderbar. Ana setzte sich auf meinen Schoß, und so ging es los, mit ihr und mir und Alfredos vierzig Jahre alten Stoßdämpfern.

In meiner infantilen Phase waren Titten beim Sex das Wichtigste. Mit Anas Arsch wurde ich erwachsen. Es kam erst im Hotel zu diesem Entwicklungsschritt, denn es auf der Rückbank des Chevrolets den Hunden gleichzutun wäre zwar gegangen, aber schickte sich nicht. Und nun habe ich ein Problem. Ich weiß nicht, wie ich Anas Arsch einigermaßen wahrhaftig beschreiben soll, ohne dass mich Feministinnen dafür massakrieren, denn die Wahrheit ist: Er war das geilste Stück Fickfleisch, das sich mir je entgegengestreckt hatte. Ist das sexistisch? Ich denke schon, aber was soll es sonst sein? Spirituell? Im Arsch ist weder des Menschen Geist noch seine Seele. Die findet man nur in den Augen, und was ich darin erblickte, als sie auf mir saß, beglückte und bedrückte mich in synchronen Emotionen. Ich sah die Seele ihres Stammbaums bis zurück nach Afrika, die Savanne, den Dschungel, die Feuerdämonen sowie die Schmerzen der Sklaven bei der Überfahrt. Ich sah die Peitschen der Plantagen, die Freiheit, die Armut, die Revolution und das glückliche Dorf bei der Rumfabrik, in dem Ana als vorläufig letztes Glied der langen Kette zu einer schwarzen Rose herangewachsen war. So nannte ich sie später, und ihr hat es so gut gefallen, dass sie damit ihre Briefe an mich unterschrieb: *Tu rosa negra de Oriente.* Und ich konnte oder durfte oder musste das alles in Anas Augen sehen, weil sie mich nur noch mit ihrer Seele fickte, als sie auf mir saß. Ich wusste, wie gefährlich das ist. Sie nicht. Sie sah, wie sie mir später erzählte, in diesem Augenblick den Vater ihres ersten Kindes in mir. Und ich sah das anders. Das war der Konflikt. Weil ich sie nicht verletzen wollte, sagte ich es ihr nicht am nächsten Tag. Und nicht am übernächsten. Fast eine Woche lang verschwieg ich ihr, dass ich sie nicht so liebte wie sie mich.

Sehenden Auges einen Menschen immer weiter ins Messer laufen zu lassen ist ein Kapitalverbrechen, egal, welcher Ausreden man sich bedient. Niemand will die Stimmung versauen, niemand mag Tränen. Außerdem hatte ich genug andere Sorgen. Im Hotel Pernik ging nicht nur die Faxrolle aus, es konnte auch niemand eine neue besorgen. Ich vergeudete wertvolle Stunden eines Arbeitstags damit, in und sogar außerhalb Holguíns in anderen Hotels um eine Rolle nachzufragen, bevor ich und die *Bunte* sich damit abfanden, dieses Mal die »Leute« am Telefon durchziehen zu müssen. Doch auch die Telefonanlage fiel immer wieder aus. Weil das Telefon auf meinem Zimmer keine Wahlwiederholung hatte, musste ich alle paar Minuten die 9 wählen, um aus dem Hotel hinauszukommen, dann die 36 für die internationale Leitung, die vierstellige Vorwahl für Deutschland, die Ortsvorwahl für München, die Nummer der *Bunten* sowie die Durchwahl der mich betreuenden und langsam an den Rand des Nervenzusammenbruchs schliddernden Redakteurin, um, zum Beispiel, die notwendigsten Informationen über die dunkle Seite von Albert Einstein zu bekommen. Zudem soll hier nicht vergessen werden zu erwähnen, dass mir meine Hörgeräte beim Telefonieren nichts nutzten, denn entweder musizierten sie in unerträglichen Rückkopplungen, oder ich nahm sie aus ebendiesem Grund raus. Geschrieben habe ich die Meldungen im Schatten eines Mangobaums am Hotelpool, aber das milderte meine schlechte Laune überhaupt nicht, denn ich wusste, was auf mich zukam, sobald sie fertig waren. Natürlich tat meine Wut wieder einmal der Arbeit an den »Leuten von gestern« gut. Einstein hatte seine erste Tochter gleich nach der Geburt zur Adoption freigegeben und alle ihre Spuren sorgfältig verwischt. Seinen Sohn Eduard, hochbegabt wie er selbst, aber zu sensibel, ließ er in einer Züricher Nervenheilanstalt dahinvegetieren, ohne ihn auch nur einmal zu besuchen. Zu Freunden sagte Einstein, in solchen Fällen sei ein früher Tod das Beste, weil das die Angehörigen weniger Geld koste. Das waren die Fakten. Reichen sie, oder braucht es noch einen dramatischen Einstieg, also etwas wie:

»Einsteins Herz war so kalt wie meins auf Kokain.«

»Das macht Franz Josef nicht mit, Helge«, sagte die Redakteurin am Münchner Ende der Leitung. Sie hieß Esther.

»Ja, ich weiß.«

»Kannst du das ›wie meins‹ nicht rausnehmen?«

»Na klar, ich halt mein Herz eh überall raus. Aber es war auch nur ein Scherz, Esther.«

»Für Scherze ist gerade kein guter Zeitpunkt, Helge. Franz Josef tobt.«

»Der tobt immer.«

»Ja, aber selten wegen dir. Franz Josef liebt dich. Und ich liebe dich auch. Was also darf ich ernsthaft als ersten Satz notieren?«

»Genies leiden, wie wir wissen, an Depressionen, Geldmangel und ...«

Die Leitung brach ab. Ich wählte die gefühlten hundert Ziffern, aber Esthers Durchwahl war besetzt. Klar, sie wählte mich gerade an. So ging es eine Weile hin und her, bis wir uns wieder hatten.

»Woran leiden Genies noch?«, fragte Esther. »Ich hab's bis ›Geldmangel‹.«

»An Geschlechtskrankheiten.«

»An was ...?«

Und wieder versagte das Telefon.

Wir kriegten die neun Meldungen irgendwie hin, aber ich schwor mir, nie wieder in Holguín zu arbeiten, und die kleine Stadt im Herzen der Zuckerrohrplantagen nur noch als Freizeitdestination zu nutzen, wenn mir der Zirkus in Havanna auf die Nerven ging. Die Achse entsprach der von Hamburg–Sylt oder der von Bombay–Goa. Der Flug dauerte nicht viel mehr als eine Stunde, obwohl die Cockpitfenster der Aero Cubana auffällig verkittet waren und der Pilot die Passagiere in der rechten Sitzreihe immer mal wieder bat, zur linken Seite zu wechseln, damit der Flieger die Balance halten konnte. Was tut man sich nicht alles an für eine Stadt wie Holguín und deren Bewohner, die allesamt naiver, romantischer und weniger durchkokst rüberkamen als die Habaneros. Und wann sag ich Ana endlich, dass ich längst zu einem der Männer geworden bin, die man in

Kuba *desperados* nennt, was nur ein anderes Wort für Räuber ist, in diesem Fall »Krimineller der Liebe«? Natürlich wollte ich es ihr erst zeitnah vor meinem Rückflug nach Havanna gestehen.

Wir trafen uns am Abend am Parque Central in Holguín. Da fummelten um diese Zeit alle, die unter dreißig waren, aneinander rum. Der Platz war etwa so groß wie ein Fußballfeld, in seiner Mitte stand ein steinerner Held der Revolution, eingerahmt von einer hüfthohen Mauer, auf der sich gut sitzen, trinken und knutschen ließ, aber Ana wartete auf einer der Steinbänke auf mich. Sie trug ein blaues Jeanskleid mit weißen Blüten, weiße Turnschuhe und einen kirschfarbenen Lippenstift. In ihren Augen glänzte das Nur-du-und-ich-Hormon, doch ich sah schon den Glanz der zukünftigen Tränen darin. Ich schlug vor, ins Nocturno zu fahren. Das Kabarett lag am Stadtrand, und wir brauchten dafür Alfredo nicht, der einen Auftritt mit der Band seines Vaters hatte. Wir nahmen Fahrradrikschas. Sie kamen aus China, hatten nur einen Gang und auch nur Platz für einen Fahrgast, aber dafür zwei riesige Klingeln am Lenkrad. In Holguín wurden wenig Häuser höher als zweistöckig gebaut, und auf den schmalen Straßen waren tagsüber zwar immer mal wieder Ladas und Oldtimer unterwegs, aber wenn die Nacht anbrach, wurden sie schnell zu Geisterbahnen ohne Motorengeräusche und Elektrizität. Darum fürchtete ich, die ganze Stadt könnte hören, was Ana während der Fahrt lauthals von sich gab. Ihre Rikscha rollte hinter meiner, mal mit drei, mal mit fünf oder zehn Metern Abstand, und je größer die Distanz zu mir war, desto lauter wurde Ana. Manchmal lag ihre Rikscha so weit zurück, dass die Dunkelheit sie verschluckte, und manchmal hatte ich bereits eine Kurve umrundet und sie noch nicht. Dann sah ich sie nicht mehr, aber hörte sie noch gut.

Sie rief wohlgemut immer dieselben zwei Sätze, und sie rief diese übrigens in meiner Muttersprache und ohne jeglichen Akzent; darüber hinaus beherrschte Ana kein Wort Deutsch.

»Ich will blasen.

Ich will ficken.«

Von mir hatte sie das nicht aufgeschnappt, und das besänftigte mein schlechtes Gewissen gegenüber diesem zarten Seelchen ein bisschen.

»Ich will blasen.

Ich will ficken.«

Ana wurde deshalb wieder nicht darüber informiert, dass sie mich wahrscheinlich nie wiedersehen würde, sondern bekam auch in dieser Nacht ihren Willen.

Ich sah sie dann doch noch zwei Mal. Das erste Mal einen Monat nach unserer letzten Nacht in Holguín, das zweite Mal fast ein Jahr später. Dazwischen war viel mit ihr geschehen. Beim ersten Mal ist sie dreißig Stunden mit einem kaputten Bus über die kaputten Straßen nach Havanna gefahren, und als sie mich endlich erblickte, flog sie über eine Entfernung von zehn bis fünfzehn Metern wie eine Kanonenkugel auf mich zu und verschmolz mit mir. Aber es war wie in Holguín. Nur sie verschmolz. Ich hatte damit nichts zu tun. Ich hatte mich nicht vier Wochen lang erst nach ihr gesehnt und dann verzehrt, nicht mal gedacht hatte ich an sie. Ich bemitleidete Ana. Und mich bemitleidete ich auch. Eine große Liebe nicht erwidern zu können ist kein kleines Problem, wenn man den Menschen sehr, sehr mag. Dieses Mal sagte ich es ihr. Zwar erst nach drei Tagen, aber immerhin. Und ich spendierte ihr einen Rückflug nach Holguín. Im Taxi fuhr ich sie zum Flughafen José Martí, und das Gesicht, das sie dabei machte, brachte mich fast dazu, die Trennung abzubrechen, sie in die Arme zu nehmen und ihr die Ehe zu versprechen. Es war genau das Gesicht, das ich befürchtet hatte, als sie in unserer ersten Nacht auf mir saß. Ihr schöner Mund, ihre schönen Augen, ihre schöne Wange im Halbprofil wurden nun nur noch vom Schmerz modelliert. Ich hatte Ana das Herz gebrochen, noch pathetischer formuliert: Ich hatte *la rosa negra de Oriente* in ihrer Blüte gepflückt. Und weggeworfen. Das passiert jeden Tag und überall, und Liebeskummer ist ein widerliches Hormon. Aber die gute Nachricht ist: Er geht vorbei. Dachte ich.

Ein Jahr später, ich sagte es schon, sah ich Ana ein letztes Mal. Wieder in Havanna, aber jetzt war es Zufall. Ich ging über den Malecón, und plötzlich stand sie vor mir. Fast hätte ich sie nicht erkannt. Ihr Gesicht war mit den Auswürfen des bösen Lebens drapiert. Koks-Akne, Alk-Pickel, ihre Haut duftete nicht mehr, ihre Augen hatten den Glanz verloren. Nur das Make-up war bunter geworden. Sie lachte kalt, als ich versuchte, ihr etwas Nettes zu sagen. Es ist also nicht gut gegangen. Und ich habe sie auf dem Gewissen. Mein Gott, was ist aus Ana geworden? Und was aus mir?

Dreizehntes Kapitel

# Angelina

Als ich mir, wahrscheinlich vom Koks inspiriert, die langen Haare kurz schneiden ließ, sah ich plötzlich wie James Dean aus. Mit seinem Aussehen anzugeben ist für einen Mann eine höchst peinliche Angelegenheit, darum kostet es mich einige Überwindung, es zu tun. Aber es muss sein, damit deutlich wird, dass ich es nicht nötig hatte, für Sex zu bezahlen. Auch schon per definitionem des Wortes wäre ich kein Sextourist gewesen. Wenn schon, dann Sexreisender, aber auch das träfe die Sachlage nicht, weil es unterstellt, dass Sex der Sinn und das Ziel der Reise war. Ich hatte Sex auf Reisen, weil der Mensch halt manchmal Sex haben muss, und als ich nach Kuba kam, war plötzlich nur noch Sex da, denn das waren die Verhältnisse vor Ort. Man hatte Verständnis dafür. Es gab für die braven Kommunistinnen und Kommunisten wenig zu tun und wenig Entertainment. Zwei erzlangweilige Programme im staatlichen Fernsehen, und Shopping machte auch keinen Spaß, nicht mal Windowshopping, weil außer dem Schaufenster sonst nichts da war. Außerdem war es durchgehend schwül und dauernd ging das Licht aus, weil die Elektrizität den Geist aufgab.

Die Hitze, die Dunkelheit und die Langeweile allein

erklären das zwanglose Paarungsverhalten noch nicht. Wahrscheinlich ist es ein Inselphänomen. Weitab von den Geschehnissen auf den Kontinenten entwickelten oder hielten sich weltweit auf den Inseln die merkwürdigsten Auswürfe der Evolution. Drachen überlebten auf den Galapagos, boxende Beuteltiere hüpfen durch Australien, und auf Kuba wird halt rudelgefickt. Zudem kann man über Castro sagen, was man will, aber dass er durch die Entmachtung der Kirche auch deren Sexmoral mit in das Karibische Meer kippte, war eine gottgefällige Tat. Wenn Gott keinen Sex wollte, dann hätte er keinen erfunden. Und nach allem, was man so hört, war auch sein Sohn kein Spießer. Jesus konnte gut mit Huren. Seine hieß Maria Magdalena, meine Angelina.

Angelina war die einzige mir bekannte Kubanerin, die sich offen als *puta* bezeichnete, als Prostituierte. Sie sagte es mir schon während unserer ersten Begegnung in der Bar Monserrate. Ich hatte damit, wie Jesus, kein Problem. Sie auch nicht. Im Gegenteil. Sie bezeichnete ihren Beruf als eine nicht nur kostenlose, sondern sogar Geld einbringende Therapie. Sie hatte ein Vaterproblem zu bewältigen. So rächte sie sich an ihm. Ein ausuferndes Sexleben der Tochter war für einen kubanischen Vater an und für sich kein Problem, die illegale Prostitution dagegen sehr, wenn es sich um einen strammen Kommunisten handelte. Angelinas Vater war ein einflussreicher Provinzpolitiker, ihre Mutter wahrscheinlich sehr schön und ihr Haus voller Elektrogeräte. Trotzdem fing Angelina mit der Hurerei an, sobald sie fünfzehn war. Das geschah vor vier Jahren, und damals nahm sie zehn Dollar, manchmal auch nur fünf, denn sie begann in der Provinz. Heute nimmt sie in der Provinz zwanzig und in Havanna fünfzig.

Das Monserrate war eine klassische spanische Bodega. Von einer mächtigen Bar aus dunklem Holz und einer karibisch sortierten Flaschenwand dominiert, von Deckenventilatoren klimatisiert und von Spitzeln infiltriert, bot sie zwischen den Tischen genügend Platz zum Tanzen. Musik: Straight-up-Salsa und ziemlich laut. Die beiden Barkeeper hatten die Statur und das Lächeln von freundlichen Gorillas und einen Traumberuf. Das Monserrate galt, wie alle von Touristen besuchten Bars, Cafés und Restaurants, als Anbahnungslokal für schönes Geld und schöne Frauen. Chicas in Begleitung eines Ausländers ließ man ohne Probleme rein, aber allein mussten sie entweder in bar oder mit Dienstleistungen das Personal bestechen, es sei denn, sie konnten die europäischen Preise in der Bar selbst bezahlen. Angelina konnte das immer.

Ich begann, sie ziemlich schnell Angel zu nennen, und sie wurde das, was man eine gute Freundin nennt, eine Vertraute oder, besser noch, eine Verbündete in diesem Dschungel der Liebe, Triebe und Diebe, in dem jede Nacht die Jagdzeit begann. Die Jagd nach *amor y dinero* – Liebe und Geld –, nach Sex und Rum, nach Romantik, Spaß und ein paar anständigen Tanzexstasen. Ich nahm Angelina nun ziemlich oft auf meiner Jagd mit und finanzierte ihr den Eintritt in die Discos und in Salsakonzerte. Damit war sie an ihrem Arbeitsplatz und konnte frei schalten und walten. Im Gegenzug organisierte sie für mich das Marihuana. So ging es ein paar Tage ohne Geschlechtsverkehr zwischen uns dahin, aber dann meldete Pit seinen Besuch an, und als ich am späten Nachmittag mal wieder Angelina in der Bar Monserrate traf, kaufte ich sie zum ersten Mal. Aber nicht für mich.

»Hör mal, Angel, heute Abend kommt mein bester Freund aus Hamburg, und du hast die besten Titten von Havanna. Wenn du einverstanden bist, bringe ich beides zusammen. Du wirst ihn lieben. Und er dich. Die Chemie stimmt auf jeden Fall. Da sehe ich kein Problem.«

Angelina sah auch keins. Und das mit den Titten stimmte. Auf den ersten Blick wirkten sie wie Silikon, auf den ersten Griff nicht. Und ihr Charakter? Der war schwer zu durchschauen. Sie war zu intelligent, eine zu gute Lügnerin und viel zu lange ohne Not als Hure unterwegs, als dass man nicht hie und da ein paar dunkle Seiten an ihr vermutete, aber ihr Lachen und ihr Witz strahlten das alles weg.

Wir waren pünktlich am Flughafen, Pit nicht. Die KLM hatte eine Stunde Verspätung, und das ist eine ärgerliche Zeit. Zu kurz, um in die Stadt zurückzufahren, zu lang, um einfach nur immer weiter Blödsinn von sich zu geben, aber auch zu lang, um zu schweigen. Ich erzählte Angelina deshalb in der Ankunftshalle ein altes türkisches Märchen. Es dauert etwa eine Stunde, wenn man es detailverliebt vorträgt, und dass ich es inzwischen auf Spanisch hinkriegte, gab meiner Erzählfreude einen zusätzlichen Schub. Die schöne Hure wurde zu einem kleinen Mädchen, das nach Atem rang, und als Pit endlich gelandet und bei uns war, hatte er es gegen diese Intensivierung der freundschaftlichen Gefühle Angelinas mir gegenüber schwerer als geplant. Er nahm mit ihr auf der Rückbank des Taxis Platz, ich saß neben dem Fahrer. Pit wechselte ein paar Worte mit seinem Geschenk, dann beugte er sich nach vorn zu mir.

»Du hast recht, sie hat die besten Titten von Havanna. Sollte es irgendwo in dieser Stadt noch bessere geben, falle ich tot um.«

Dann packte Pit das Extasy aus. Drei kleine Pillen, und wir alle drei schluckten sie sofort. Angelina zum ersten Mal, aber sie war, wie sie sagte, schon lange neugierig darauf. Die Party beginnt immer, wenn Pit dabei ist. Egal wo, egal wann, egal mit wem und auch egal womit, Pit wirft die Party an, sobald er aus dem Flugzeug steigt. Weil er immer so wenig Zeit hat. In ein paar Tagen musste er schon wieder zurück. Wir fuhren zum Hotel Riviera, damit er sein Gepäck an der Rezeption abwerfen konnte, und gingen dann rüber zum Hotel Meliá, in dem El Médico de la Salsa ein Konzert gab. Auf der Treppe zum Ballsaal traf ich auf Marlene. Sie sah zum Niederknien aus. Unter ihrem halb transparenten Kleid waren teure Dessous zu sehen. Die hatte ich ihr kurz vor unserer Trennung geschenkt. Das Kleid auch. Jetzt war ein *novio italiano* bei ihr und erfreute sich daran. »Super Investition, Alter«, sagte Pit und reckte den Daumen. Noch hatte also das Extasy nicht zu wirken begonnen, denn es wirkt bekanntlich antiironisch, antizynisch und antiintelligent. Es ging erst beim Tanzen los. Aber dann wurde alles gut. El Médico de la Salsa galt zu Recht als die beste Band von Havanna, Pit war mein bester Freund, und die besten Titten auf der Party tanzten nur mit mir. Sie hatten Pit abgehängt, und auch ich wollte das nicht, aber man weiß nie, wo das Extasy hinfällt. Außerdem wurde es vom CIA ursprünglich nicht aus Jux und Tollerei eingesetzt, sondern als Wahrheitsdroge. Noch bevor die Nacht zu Ende ging, gestand mir Angelina unter Tränen, dass sie für die Polizei arbeite. Nicht hauptberuflich, nur nebenbei. Dafür durfte sie in Havanna machen, was sie wollte. Sie zeigte mir die Namen und Telefonnummern der Polizeioffiziere, die sie anrief, wenn ihr ein Straßenpolizist an die Wäsche wollte. Sie selbst schien darin nicht gerade eine revolutionäre Heldentat zu sehen, sonst hätte sie nicht so viel geweint, aber ich fand es nicht so schlimm. Ich war ja auch auf Extasy.

Jeder nüchterne Kenner der Insel wird dagegen folgenden Satz unterstreichen: Auf Kuba funktioniert nur die Staatssicherheit. Experten aus der DDR und der Sowjetunion haben dabei geholfen, sie aufzubauen, und sie ist überall und immer paranoid. Und wer war ich? Ein ausländischer Journalist, der als Musiker und Tourist eingereist ist, aber jeden Donnerstag Faxkaskaden an ein deutsches Magazin loslässt. Und was schreibt er? Kein Wort über Kuba. Fast keines über Politik. Er schreibt über deutsche Fußballer, französische Schauspielerinnen, schwedische Prinzessinnen und britische Supermodels, und niemand von diesen Leuten hat irgendetwas mit Kuba zu tun. Was soll das?

*Wenn alle Bäume dieser Welt*
*Füllfederhalter wären*
*und alle Meere voll mit Tinte,*
*und das ganze große Himmelszelt*
*wär nur ein einziges Stück Papier,*
*es würde nicht reichen,*
*ihre Schönheit zu beschreiben.*

Das war nicht von mir, das hatte ein Inder namens Kabir gedichtet. Ich habe es ein bisschen umgeschrieben und als Einstieg zu einer »Leute von heute«-Meldung über Naomi Campbell benutzt. Wo ist da der Code? Die geheime Nachricht? Was will der wirklich damit sagen? Dass die Füllfederhalter Raketen sind? Und die Tinte Blut?

Waren das ihre Fragen? Angelina schwor mir, dass unser erstes Treffen im Monserrate zufällig gewesen war und niemand sie auf mich angesetzt hatte, und sie würde auch nie etwas verraten. Und ich sagte, nein, verrate so viel, wie du kannst. Jedem Kubaner, auch denen, die für die Staatssicherheit arbeiten, muss die Wahrheit über mein Leben hier gefallen.

Nachdem wir von dem Extasy wieder herunter waren und Pit allein nach Holguín weitergeflogen war, begann zwischen Angelina und mir eine *relación musical.* Eine »musikalische Beziehung« ist weniger als eine offene Beziehung und mehr als Freundschaft plus. Sie verbindet Freiheit und Vertrautheit, ihr zentrales Element ist die Sexualität. Von allen Kubanerinnen, mit denen ich zusammenkam, war Angelina mit Abstand die beste im Bett. Und ich hatte inzwischen auch etwas dazugelernt. Ein Security-Mann vom Palacio de la Salsa, mit dem ich am Rande eines Konzerts ins Gespräch gekommen war, hatte mir erklärt, was die Kubaner mit den Kubanerinnen machen, wenn die auf ihnen reiten. Man legt beide Hände um ihre Hüfte und übernimmt erst ihren Rhythmus und dann das Auf und Ab der Fliehkräfte. Das hat keinerlei kulturerotische Raffinesse, aber wirkt so sicher wie ein Dampfhammer. Was ich an Angelina, unter anderem, so schätzte, war, dass sie mir ein *high five* gab, wenn sie kam. Einen Orgasmus abzuklatschen mag für romantische Seelen ein zu sportives Happy End für den Liebesakt sein, doch es ist ganz passend für eine *relación musical.*

Ein weiteres zentrales Element der »musikalischen Beziehung« zwischen Angelina und mir war der fünfzigprozentige Rabatt, den sie mir einräumte. Sie berechnete 25 Dollar statt 50, außerdem wollte sie nie einen Kühlschrank für ihre Mutter oder Medikamente für ihre Oma oder einen Ehevertrag mit Visum für Europa oder sonst irgendetwas, das alle Nichthuren von mir wollten und das unterm Strich viel teurer war – und verlogener – als diese ehrlichen 25 Dollar. Angelina war fair. Sie hielt nicht mehr, als sie versprochen hatte, aber das hielt sie jedes Mal. Für mich war das ideal. Ich gab ihr gern die 25 Dollar und legte noch fünf obendrauf. Meine Ehre, meinen Stolz, mein Selbstbewusstsein und meine gute Laune kratzte es überhaupt nicht, dass ich für Sex bezahlte, denn seit wann war Sex umsonst? Nichts ist umsonst, und manchmal ist es billiger zu bezahlen. Nachher wird immer die Rechnung aufgemacht. Entweder kostet er Geld oder Nerven. Auch gebrochene Herzen. Ich schreibe keine ernst zu nehmende Zeile bei Liebeskummer. Dauert er länger, gehe ich pleite. Frauen waren deshalb gefährlicher als jede Droge für mich. Ich mag es nicht verallgemeinern, möglicherweise gilt es wirklich nur für mich, aber weil ich Angelina für Sex bezahlte, verliebte ich mich nicht in sie. Und sie sich nicht in mich. Der Rest war Sympathie, Respekt und die Lust, Zeit miteinander zu verbringen. Und wenn die Lust dazu mal fehlte, war das auch egal, denn ein drittes zentrales Element der *relación musical* ist die Freiheit. Auch da tickten wir synchron. Je mehr ich hier über sie schreibe, desto klarer wird mir, welch ein Glücksfall Angelina für mich in Havanna war. Glück in der Liebe, Pech im Spiel. Die *Bunte* schmiss mich raus.

Der Chefredakteur hatte das Magazin verlassen. Mein Freund, Bruder und Mentor Franz Josef Wagner ging zum Verlag Axel Springer, und seine Stellvertreter, die nun vorübergehend die Macht übernahmen, hatten jahrelang in Todsünde gelebt, weil sie auf mich so neidisch waren. Schon einen Tag nachdem Franz Josef weg war, schickten sie mir ein Fax mit der sofortigen Aufkündung meiner Mitarbeit. Ich verließ das Hotel Riviera, überquerte den Malecón und setzte mich auf die Mauer. Ich fühlte keinerlei Wut oder Trauer. Mein Herz war völlig kalt. Trotzdem wusste ich sehr genau, was das für mich bedeutete. Ein halbes Jahr vorher war *Tempo* eingestellt worden, jetzt brach auch die *Bunte* weg. Finanziell wie familiär ein herber Verlust. Beide Magazine waren wie ein Zuhause für mich. Existenziell war das Problem noch nicht. Es gab genug andere Magazine und Zeitungen, die mit mir arbeiten wollten, aber keines würde so viel wie Franz Josef zahlen, das war gewiss.

Ich stand auf und machte einen langen Spaziergang zum Hotel Sevilla in der Altstadt, in dessen Pool Angelina an den heißen Nachmittagen nach Touristen fischte. Als sie mich erblickte, tauchte sie ab, schwamm unter Wasser zum Beckenrand und kam direkt unter mir wieder hoch.

»Hola, chico«, sagte sie.

»Hola, chica.«

Ihre genialen Titten waren noch halb im Wasser und halb nicht mehr. Aber was ich zu sagen hatte, fiel mir nicht nur deshalb schwer.

»Wir müssen Schluss machen«, sagte ich.

»Warum, hast du eine bessere Frau?«

»Nein, natürlich nicht. Ich habe nur meinen Job verloren. Und kein Geld mehr.«

»Aber ich bin eine Prostituierte.«

»Darum sag ich es ja: Wir müssen Schluss machen.«

Angelina wandte den Blick von mir ab und schaute einen Moment gedankenverloren in das türkisblaue Wasser, dann sah sie mich wieder an.

»Okay«, sagte sie, »ab jetzt mache ich es *for free.*«

Noch bevor sie aus dem Swimmingpool heraus war, hatte ich mich in sie verliebt. Es waren also ehrliche Orgasmen gewesen, echte Gefühle, verbindliche Zärtlichkeiten. Es war *amor.* Und dass ich ab sofort überhaupt kein *dinero* mehr besaß, stimmte so ja nicht. Ich hatte Angelina ein bisschen verarscht. Ich wollte sie testen. Und sie hatte bestanden. Wir knutschten uns den Rest des Tages durch die Straßen von Havanna und machten damit in der Nacht im 1830 weiter. Und wieder schien über der romantischsten Disco der Stadt der Mond so hell, und das Meer plätscherte sanft. Hier hatte ich mal das Kokain überwunden, hier feierte ich jetzt das Comeback der wahren Liebe und den Abschied vom Boulevard. Ich hatte noch genug Geld, um endlich mein Buch zu schreiben, was auch immer für ein Buch das sein würde, und vorher ein bisschen Liebesurlaub mit meiner Braut zu machen, die sich seit Stunden wie eine Katze an mich schmiegte. Und plötzlich bat mich Angelina um einen Gefallen.

»Siehst du den blonden Touristen auf der anderen Seite der Tanzfläche, der zwischen den Touristen steht, die alle Chicas dabeihaben, nur er hat keine. Siehst du ihn?«

»Ich sehe ihn.«

»Bitte geh zu ihm und sag ihm, dass ich ihn kennenlernen möchte.«

Die Attacke kam so überraschend für mich, dass ich eher paralysiert als schockiert reagierte.

»Das ist nicht dein Ernst.«

»Doch, Helge. Ich meine das absolut ernst. Geh hin und hol ihn mir.«

»Nein, Angel, das kann ich nicht. Das geht auf keinen Fall.«

»Doch, du kannst das.«

»Ist das der Preis?«

»Ja.«

Ich weigerte mich noch eine Weile, aber Angelina war so bestimmend und ich schon so betrunken, verwirrt und willenlos, dass ich schließlich tatsächlich von unserem Tisch aufstand und zu dem Blonden rüberging. Mit Gummiknien, und jeder Schritt fühlte sich falsch an, und als ich endlich bei ihm war, zeigte ich auf Angelina und redete Blödsinn.

»Meine Schwester möchte dich kennenlernen«, sagte ich.

Angelina hatte einen sicheren Geschmack. Der Blonde erwies sich aus der Nähe als ein gut aussehender junger Mann mit azurblauen Augen, die gerade eiskalt wurden.

»Deine Schwester?«, fragte er.

Wie gesagt, ich war sehr betrunken und außer mir und hatte es zudem unzählige Male genau so gehört. Immer wenn mich ein Kubaner einer Frau vorstellen wollte, nannte er sie seine Schwester. Erst die eisige Verachtung dieser blauen Augen ernüchterte mich. Meine Schwester war nicht nur zwanzig Jahre jünger als ich, sondern auch erheblich dunkler pigmentiert. Ich gab es auf und ging zu meiner Mulattin zurück.

»Das war das erste und das letzte Mal«, sagte ich. »Das mach ich nie wieder. Ich bin kein Zuhälter.«

Angelina lachte.

»Doch, Helge, das machst du noch genau zwei Mal. Und weißt du, warum? Man gewöhnt sich dran nach dem dritten Mal.«

Vierzehntes Kapitel

# Tatiana

Wasser, Farbe, Zucker. Mehr bekam man für den Peso Cubano nicht, und für den Rest der uns bekannten Fruchtsaft-, Waren- und Dienstleistungswelt zählte er so viel wie eine Gratisbanane. Elektrogeräte, Qualitätslebensmittel, Qualitätsbekleidung, eigentlich jede Art von Qualität gab es auf Kuba nur für richtiges Geld. Selbst an den Türstehern der Klubs kam niemand mit einer *banana* vorbei, denn auch der Qualitätssalsa spielte selbstverständlich nur an den Ufern des breiten Dollar-River. Die Konzerte von Bamboleo, Paulito, Charanga Habanera und Los Van Van kosteten zwanzig Dollar Eintritt, und ich bezahlte ihn ja nicht nur für mich und meine Freundin, sondern auch für die Freundin meiner Freundin sowie für deren Freund oder Bruder, den sie angeschleppt hatte. Wer einen ausschließlich kubanischen Freundes- und Bekanntenkreis pflegte, war auf Kuba immer der Einzige mit Geld. Je höher sich mein Alkoholspiegel schraubte, desto grenzenloser wurde meine Generosität. 100 Dollar pro Nacht war harte Kante, 200 der Schnitt. Ich ging nicht jede Nacht auf die harte Tour aus, aber auch in der Bar Monserrate rangierten die Preise auf europäischem Topniveau, obwohl die hygienischen Zustände auf den Toiletten deutlich darunter waren.

Und was gab ich tagsüber aus? Ich bin Vegetarier, aber Kubanerinnen sind das nicht. Es verblüffte mich immer wieder, wie viel Hühnchen sie pro Mahlzeit verzehren konnten, und das galt natürlich auch für ihren Freundeskreis, wenn der mal wieder mit zu Tisch saß. Außerdem flog ich ziemlich viel. Oft nach Holguín, und alle drei Monate lief mein Touristenvisum aus und ich musste aus Kuba raus, nach Jamaika, Mexiko oder den Bahamas. Und ein paar Tage später, manchmal auch schon nur nach einem, flog ich nach Havanna zurück und reiste als Musiker und Tourist für weitere drei Monate in Kuba ein. Das Hotel Riviera berechnete mir 80 Dollar pro Nacht, das sind 2400 Dollar im Monat, zudem gab es neben meinem kubanischen Leben noch eine Wohnung in Hamburg zu finanzieren, Versicherungen, die Steuer, denn der ganze deutsche Apparat lief weiter wie geschmiert. Dass ich bei all diesen Unkosten zum Zeitpunkt meiner Kündigung noch 60000 Mark auf dem Konto hatte, zeugt doch eigentlich nur von einem gütigen Gott, der die Hände über seine schwarzen Schäfchen hält, damit sie nicht gänzlich bankrottieren. Letzteres würde, wenn ich so weitermachte und keine neuen Jobs rekrutierte, erst in sechs Monaten passieren. Ein halbes Jahr, reicht das für mein Buch? Egal welches. Ich hatte viele im Kopf. Und wenn es nicht reicht, schreibe ich halt Reportagen nebenbei und schaufel mir so mehr Zeit für den Roman zusammen. Das alles war ein guter Plan, und er hätte in Erfüllung gehen können, wenn ich bei Angelina geblieben wäre. Eine *relación musical* ist ideal für die Arbeit. Sie lässt dich in Ruhe. Aber jede »musikalische Beziehung« kommt an ihre natürlichen Grenzen, wenn einer der Beteiligten auf die Leidenschaft trifft.

Ich traf Tatiana auf der Treppe zur Toilette. Sie kam von unten, ich von oben. An ihrem Gang war leicht zu erkennen, dass sie genauso betrunken war wie ich. Und genauso wild entschlossen. Wir sahen uns zum ersten Mal, aber als wir auf gleicher Höhe waren, trafen sich schon unsere Zungen. Wir waren ab sofort ein Paar. Um uns herum tobte eine Disco namens El Johnny, und am meisten tobte darin Angelina, die normalerweise nie ins El Johnny ging, aber in dieser Nacht war sie plötzlich da und schüttete mir einen Gin Tonic über den Kopf. Den ich ihr ausgegeben hatte. Nennt man das *relación musical?* Ich flüchtete mit Tatiana in ein Taxi, aber Angelina kam hinterher, um so lange gegen die Autotür zu treten und gegen das Fenster zu schlagen, hinter dem ich saß, bis der Fahrer endlich Gas gab. Nein, das ist nicht das Ende einer *relación musical,* das ist das Ende einer Liebe. Aber so groß kann sie nicht gewesen sein, denn Angelina fing sich mithilfe einer Reihe von Italienern ziemlich schnell. Und was wurde aus mir?

Tatiana hatte einen hohen Pupillenstand, wie alle Menschen mit schnellen Gedanken. Hochintelligent und komplett ungebildet, hielt sie Beethoven für einen Hund, weil sie einen Bernhardiner gleichen Namens aus dem Fernsehen kannte. Was kann ich noch Gutes über Tatiana sagen? Sie war, wie alle Kubanerinnen, die ich vor ihr kennen- und lieben lernte, für europäische Verhältnisse erstaunlich emanzipiert. Was nicht heißt, dass mich nur die Emanzipierten interessierten. Doch es gab auf Kuba zu wenige Unemanzipierte, um sie sich als Zielgruppe zu erwählen. Weil hier Frauen und Männer denselben Einheitslohn bekommen, dieselbe Menge an Lebensmittelkarten und der Staat auch für die Kinder sorgt, brauchen die Frauen die Männer für ihren Lebensunterhalt nicht. Aber wofür brauchen sie die Männer dann? Nur für das eine. Und danach? Wenn er nett ist, ein Händchen für Komplimente besitzt und sie zum Lachen bringen kann, hat er ein gutes Blatt. Wenn nicht, wird er auf der Arschkarte sitzen bleiben. Die Kubanerinnen haben zu wenig andere Freiheiten, um ihre Unabhängigkeit von den Männern nicht bis zum Anschlag auszuleben. Castro hat ein paar Generationen von Amazonen geschaffen, aber dabei nicht bedacht, wie viele Männer er damit kastriert. Tatiana griff mir viel zu schnell zwischen die Beine. Was alle Kubanerinnen viel zu früh tun. Ich greife ihnen ja auch nicht gleich ins Höschen, um zu prüfen, wie feucht sie sind. Aber Tatiana griff noch früher zu als alle anderen. Außerdem konnte sie mit ihrem Blick dasselbe tun. Bringst du es, oder bringst du es nicht, stand darin, halb lachend, halb lächelnd. Zu diesem Selbstbewusstsein verhalfen ihr die schon erwähnte überdurchschnittliche Intelligenz und ihr pornografischer Körper. Nur ihre Nase war etwas zu groß, aber damit dockte sie an einem meiner Fetische an. Ich stehe auf Charakternasen. Ihr Teint entsprach der Traumhautfarbe aller Stars und Sternchen, ewig braun mit einem Schuss Ocker darin, darüber trug sie nachtschwarze Haare und innen drin das legendäre Latino-Temperament in allen Rotabstufungen. Tatiana war eine große Frau, und sie konnte auch stark sein, wenn sie wollte, aber das wirklich Plattmachende an ihr war ihre Hemmungslosigkeit. Glücklicherweise war sie grundsätzlich gutmütig. Unglücklicherweise trank sie auch hemmungslos. Und wenn man nicht mithielt, war man schnell ein *maricón,* ein Schwuler. Das war ihr Lieblingsschimpfwort.

Tatianas Denkgeschwindigkeit in Kombination mit ihrem Selbstbewusstsein und ihrem unbedingten Anspruch auf das letzte Wort hätte sich wahrscheinlich in Herrschsucht fokussiert, wäre sie nicht, wie alle starken Frauen, an einem Mann interessiert gewesen, der ihr widerstehen konnte, einem Partner, der diesen

Titel verdiente, weil er ihr zumindest ebenbürtig war. Ihre Provokationen waren Prüfungen und Härtetests in Dauerschleife, ständig wollte sie wissen, ob man auch wirklich der war, für den sie einen hielt. Die ständigen Machtspiele und mentalen Scharmützel mit ihr bereiteten mir großen Spaß, aber keinen Spaß machte es mir, sie ständig zu verlieren. Sie setzte sich IMMER durch. Sie gewann auch immer beim Brunnen-Stein-Papier-Schere-Spiel. Ich denke, das kennt jeder: Man zählt bis drei, dann formen beide Spieler mit ihren Händen zeitgleich eines der vier Symbole. Wenn ich mit einer Faust den Stein machte, formte Tatiana mit Daumen und Zeigefinger den Brunnen, dann fiel mein Stein da rein und ich hatte verloren. Wenn ich aber den Brunnen zeigte, machte sie mit der flachen Hand das Papier und deckte damit den Brunnen zu, und ich hatte schon wieder verloren. Wählte ich das Papier, ließ sie garantiert Zeige- und Mittelfinger wie eine Schere schnippen, und was dann? Dasselbe wie vorher. Verloren. Und schnippte ich bei drei mit der Schere, formte Tatiana garantiert den Stein, der die Schere stumpf macht. Egal, in welcher Kombination, Tatiana gewann jedes Mal. Wir spielten das in der Bar Monserrate, im El Johnny, im Bett, im Taxi und auf der Mauer des Malecón, und oft ging es um etwas, um ein paar Dollar, ein paar Schuhe, ein paar Mutproben, aber genauso oft ging es um nichts, oder anders gesagt, um alles. Wer ist stärker, wer ist schneller, wer sieht in den Augen des anderen, was er wählen wird, oder, auch das ist eine gute Frage, wer zwingt den anderen durch die Mächte der Telepathie, das Symbol zu nehmen, mit dem er verlieren wird.

Tatianas Siegeszüge durch die Tage und Nächte wurden mir langsam unheimlich, und ich besprach mich mit einigen Kubanern deswegen. Alle sagten dasselbe. Du brauchst einen *santero.* Sie hat mit Sicherheit auch einen. Nimm dir einen, der stärker ist als ihrer, und wenn du keinen kennst, versuch es mit meinem. Jeder Kubaner hat einen Verbindungsmann zu den magischen Kräften der Unterwelt – zumindest jeder Afrokubaner, denn die Santería-Religion wurzelt in Westafrika. Dort heißt sie *Vodun,* nur Hollywood und Deutschland nennen sie Voodoo. Ich schaute mir an, welcher meiner Ratgeber materiell, emotional und gesundheitlich am besten dastand und entschied mich für seinen Santero. Ich brauchte einfach den besten. Denn außer den bereits skizzierten Problemen hatte ich noch sexuelle. Tatiana war beim Sex immer ein bisschen bissig. Spürt man die Untertreibung? Sie biss zu, als wäre sie hungrig und gewöhnt an lebendes Fleisch. Nicht nur in dieser Nacht, das war ihr Ding in allen Nächten und auch am Tag. Sie biss in meinen Hals und meinen Nacken, in meine Schultern und in meine Oberarme, wo immer sie diese zu fassen bekam, sie biss auch in meine Brust, und immer sah es da, wo sie gebissen hatte, nachher fürchterlich aus. Blaue Flecken, schwarz-rote Blutergüsse. Das musste aufhören.

Ich sprach mit dem Santero zunächst im Rahmen einer Familienfeier des Kubaners, der ihn mir empfohlen hatte. Er war nicht wie ein Geisterbeschwörer gekleidet, eher wie ein Funktionär, auch seine schlichte Kurzhaarfrisur und sein bartloses Gesicht hätten mich nie vermuten lassen, dass er ein Geisterbeschwörer war. Ich fand, das sprach für ihn, aber Tatiana, die dabei war, mochte ihn nicht. Dabei wusste sie nichts von meinem Plan. Sie hatte keine Kenntnis davon, dass ich den Mann gegen sie anheuern wollte. Der Santero wechselte im Lauf des Abends dreimal seine Meinung zu Tatiana und mir. Erst meinte er, dass wir zusammengehörten, nachdem Tatiana ihn beleidigt hatte, meinte er, das mit ihr und mir könne nicht funktionieren, und am Ende meinte er, dass er das schon hinkriege. Er gab mir einen Termin für das kommende Wochenende bei sich zu Hause und trug mir auf, bis dahin in den Bergen einen Stein zu suchen, der mir gefalle, und ihn unter einem Wasserfall zu waschen. Den sollte ich zu der Sitzung mitbringen.

Meine grundsätzliche Haltung zu Magie und Zauberei ist zweigeteilt. Ein Teil glaubt daran, der andere nicht. Der nichtgläubige macht etwa 90, vielleicht sogar 93 Prozent von mir aus. Aber die restlichen sieben Prozent sind manchmal stärker. Ich ging deshalb in diese Erfahrung zu 93 Prozent als Journalist, für den »Liebeszauber auf Kuba« eine Geschichte ist, die man leicht verkaufen kann, und zu sieben Prozent glaubte ich daran. Ich fand meinen Stein in einem Flussbett in der Provinz Pinar del Río, und ich fand dort auch einen Wasserfall, unter dem ich ihn wusch, und das alles hatte ganz ohne Hokuspokus bereits eine therapeutische Wirkung auf mich. Ich konzentrierte mich auf das Problem. Warum war ich so schwach?

Eine Woche später betrat ich das Haus des Santero in einem Vorort von Havanna. Es sah genauso wenig zauberhaft aus wie der Mann selbst. Alles erschien ganz normal, zumindest im Erdgeschoss. Dort trank ich auch noch ganz normale Sachen und überreichte ihm meinen Stein. Dabei fiel mir ein weiteres Problem ein, um das er sich kümmern konnte. Meine Schwerhörigkeit. Er sagte, das habe er ohnehin vorgehabt, seitdem sie ihm auf der Familienfeier aufgefallen sei. Dann gingen wir in den Keller, und nichts mehr war normal. Sein gruseligstes Prunkstück war ein Albtraum von Altar. Auf einem Haufen schmutziger Erde lag jede Menge merkwürdiges bis supermerkwürdiges Zeugs um einen Totenschädel herum, und das Ganze wurde von beschrifteten Holzstäben, Hühnerfedern und Knochen eingezäunt. Da wohnt der Geist des Toten, sagte der Santero. Was hieß hier »wohnt«? Da halte er ihn gefangen, da lasse er ihn nicht los. Wie lange schon? Und wie lange noch? Bis zu des Geisterbeschwörers Tod? Auf alle Fälle wüssten die Geister der Toten alles. Dieser auch. Und auch alles über mich. Ich bräuchte ihn nur zu fragen, er würde antworten. Ich könne ihn nicht hören, der Santero schon. Er werde mir hörbar machen, was der Geist zu sagen habe. Aber vorher müsse ich unbedingt etwas trinken.

Er nannte es *bad medicine,* und es war das Scheußlichste, was ich je in einem Glas gesehen habe. Als Vegetarier ekle ich mich schon vor frischen und ordentlich zubereiteten Tierresten, aber was in diesem Glas in einer dunklen Brühe im letzten Verfallszustand schwamm und stank, hätte ich normalerweise niemals in die Nähe meiner Nase gebracht, geschweige denn auf den Weg zu meinem Mund. Doch wie mein großes journalistisches Vorbild Hunter S. Thompson immer sagte: »Am Ende sind wir Profis.« Wenn du die Geschichte willst, musst du diesen Scheiß jetzt trinken. Und ich trank ihn. Aber nur einen Schluck, danach hat mir der Santero sofort ein zweites Glas mit sauberem Rum der Marke Havana Club gereicht.

Zurück beim Geist, wurde zunächst die Ursache für meine Schwerhörigkeit geklärt. Der Geist sagte, es sei ein alter Fluch. Meine Familie habe sich vor langer Zeit an Zigeunern versündigt, und die ließen so etwas nicht auf sich ruhen. Was konnte man dagegen tun? Der Santero schüttete brennbares Pulver aus einer Flasche in Ellipsen vor mir aus und zündete es an. Die Flamme eilte auf mich zu, nahm direkt vor meinen Füßen eine Kurve und lief dahin zurück, woher sie gekommen war. Korken drauf, Flamme aus, nun ist der Zigeunerfluch nicht mehr in mir, sondern in der Flasche. Ich solle sie noch heute ins Meer werfen. Aber weit werfen und aufpassen, dass keine Klippen in der Nähe seien, an denen sie zerschellen könnte. Denn dann entkäme der Fluch und würde zu mir zurückwollen, und der Priester sagte, so ein Zigeunerfluch sei blitzschnell. Nach der Zirkusnummer wurden mit dem Geist der Toten meine Tatiana-Angelegenheiten besprochen. Ruchbar wurde, dass sie tatsächlich mit einem anderen starken Santero verbündet sei, aber ich sei in guten Händen, mein Santero sei stärker. Er bastelte mir aus Glasperlen und durchstochenen Holzkügelchen eine Kampfkette. Sie sah gut aus. Er sagte, damit würde ich Tatiana in den Griff kriegen. Aber ich müsse sie ständig um den Hals tragen.

»Nur nicht beim Sex. Auf keinen Fall beim Sex. Denn hast du Sex mit Tatiana und trägst die Kette, verliert sie ihre Kampfkraft auf der Stelle. Das ist sehr wichtig.«

Dann konnte ich gehen. Nein, ich vergaß, er gab mir noch eine kleine, mit Erde gefüllte Schale. In der Mitte hatte er den Stein eingepflanzt, den ich in einem ausgetrockneten Flussbett gefunden hatte. Und drumherum drapierte er einen Zaun aus beschrifteten Holzstäbchen, Hühnerfedern und Knöchelchen aus dem Gruselgärtchen seines Kellers.

»Diese Schale ist eine Art Tochter des Mutteraltars. Gib ihr einen Platz in deinem Hotelzimmer. Wenn du Probleme oder Fragen hast, frag die Schale. Sie hat den Direktkontakt zu ihm«, sagte der Santero und zeigte auf den Totenkopf.

Was meine Schwerhörigkeit angeht, hatten entweder der Santería-Zauber oder das Winterwetter nicht mitgespielt. Die Zeit der Stürme war über Havanna hereingebrochen, und immer kamen sie vom Meer. Ich warf die Flasche in den Sturm und jagte mit einem Mietwagen davon, aber es war kein Ferrari, Porsche oder was sonst noch schneller als blitzschnelle Zigeunerflüche ist, sondern irgendein Kleinwagen spanischer Produktion. Sollte die Flasche an den Klippen zerschellt sein, ist die Ehre des Santería-Mannes aus dem Schneider, wenn nicht, dann sind halt Zigeunerflüche stärker als die der Santeros. Aber mit Tatiana klappte der Zauber tadellos. Die Kampfkette drehte alles um. Ich war nun derjenige, der jedes Brunnen-Stein-Schere-Papier-Spiel gewann, jede Diskussion, jeden Streit um die Richtung unserer Wege nach Sonnenuntergang. Auch wenn sie das offiziell nicht guthieß, schien es ihr zu gefallen, denn sie blieb bei mir. Nur einmal vergaß ich nach dem Duschen, mir den Halsschmuck aus dem Santero-Keller wieder umzuhängen, und ging ohne Kampfkette mit Tatiana in die Nacht. Es dauerte zwanzig Minuten, da hatte ich die Frau auch schon verloren. Aus dem Taxi raus. Und aus. Ich kehrte zurück ins Riviera, hängte die Kette um, und sofort lag sie wieder kalt um meinem Herzen. Ich kannte das vom Kokain. Es war mir auf der Stelle egal, mit wem sich Tatiana heute Nacht für ihre Freiheit erniedrigte. Hauptsache, sie weckte mich nicht, wenn sie nach Hause kam.

Tatiana bemühte sich natürlich immer wieder, mir die Kampfkette abzunehmen, aber sie schaffte es nie, weil ich mit der Kette um den Hals in allem einfach schneller war als sie. Sie versuchte es auch mit spontanem, um nicht zu sagen überfallartigem Sex an ungewöhnlichen Orten, wie in einem Bühnenvorhang, auf einer Hintertreppe oder irgendwo draußen, in der Hoffnung, ich könnte dabei die Kette abzunehmen vergessen, doch ich vergaß es nie. So viel Sex in einer Nacht war natürlich einerseits eine feine Sache, andererseits tat es noch immer weh. *Mit* Kampfkette hätte ich auch Tatianas Bissigkeit besiegt, aber das ging ja nicht, denn das hätte die Kette entweiht. So wurde Sex das einzige

Machtspiel unserer Beziehung, das Tatiana regelmäßig gewann.

Wie jede emanzipierte Frau bestand Tatiana darauf, weiter ihrer Arbeit nachzugehen, um ihre Unabhängigkeit zu bewahren. Dass, egal, wo wir waren, ich die Rechnung übernahm, ließ sie zu, aber da hatte sie eigentlich keine andere Wahl. Auch Geschenke für sich und ihre Lieben gingen problemlos durch. Sie hatte eine reizende Familie. Eine zwölfjährige Tochter und eine Mutter aus meiner Generation. Die dazugehörigen Männer waren in die Wüste geschickt worden oder dahin, wo der Pfeffer wächst, was möglicherweise eine noch beschissenere Gegend ist. Die drei Frauen wohnten am Ende einer Sackgasse in einem kleinen einstöckigen Haus mit Garten. Groß und nicht zu gepflegt, bot er Platz für ein paar Bäume, Hängematten, den Familientisch und eine Feuerstelle zum Grillen. Da hing ich ziemlich oft rum. Tatiana gefiel mir ungeschminkt und in ihrem Alltagsgewand nicht weniger als hochgebockt, und mit ihrer Tochter und ihrer Mutter verstand ich mich ebenfalls prächtig. Ich spielte für sie Gitarre, sie bekochten mich. Sonntags gingen wir mit der Kleinen entweder zum Malecón, fuhren Karussell und aßen Eis in großen Mengen, oder wir nahmen ein Taxi raus zum Strand. *A la playa à la familia.* Tatianas Mutter, sie hieß Maria, meinte, ich hätte einen guten Einfluss auf ihre Tochter. Sie sei nur noch halb so *loco* wie vorher. »Loco« heißt verrückt, aber auch nur halb verrückt stach Tatiana der Hafer schwer, wenn die Zeit auf Mitternacht vorrückte und die Jagdsaison begann. Ihr Arbeitsplatz war die Disco, in der ich sie kennengelernt hatte. Ich wusste, was sie im El Johnny machte. Mit dem Arsch wackeln, sich Getränke ausgeben lassen und zehn Dollar fürs Taxi kassieren, weil sie jetzt leider nach Hause müsse. Am nächsten Tag könne man sich gern wiedersehen, dann habe sie auch mehr Zeit. Darauf fielen fast alle rein. Natürlich kam es zu Irritationen, wenn der Tourist, der ihr gerade die Rückfahrt spendiert hatte, sie zehn Minuten später in einer anderen Ecke der Disco mit einem anderen Touristen sah, aber das irritierte immer nur einen. Und Tatiana nie. So kam sie im Schnitt auf einen Stundenlohn von zehn Dollar und einen ziemlich hohen Alkoholspiegel. Was betrunkenes Blut mit dem Gehirn macht, ist allgemein bekannt.

Das El Johnny schloss um vier Uhr nachts, und die einzige andere Disco, die um diese Zeit in Havanna noch geöffnet hatte, war ein schlecht beleumundeter Klub namens Las Vegas. Obwohl das Las Vegas öffentlich und jedem zugänglich war, wirkte es wie ein privater After-Work-Klub des kubanischen Untergrunds. Hier trafen wir uns jede Nacht um kurz nach vier zwischen Mafiosi, Transvestiten, Musikern und Zuhältern. Ich betone: jede Nacht. Als verantwortungsvoller Novio musste ich Tatiana um diese Zeit im Allgemeinen und an diesem Ort im Besonderen vor sich selbst schützen.

Das Las Vegas war kokainverseucht. Und was Kokain aus prinzipiell gutmütigen Frauen macht, konnte ich an Tatiana ganz gut studieren. Dann konnte ich getrost die Kampfkette ablegen, denn hätte ich sie umbehalten, wäre es zu Mord und Totschlag gekommen. Außerdem brauchte ich die Kette dann nicht mehr. Ich wollte nicht mehr kämpfen. Um wen? Auf Kokain kam Tatiana nur scheiße drauf, und wer kämpft um Scheiße? Egal, wie sie aussieht. Auch wahre Hässlichkeit kommt von innen. Koks sei Dank blieb sie damit nicht lange allein, denn Tatiana war sehr viel klüger als Marlene. Sie verließ mich nicht, weil ich die Droge nicht wollte, sondern legte Kokain auf ihre Zunge, bevor sie mich küsste. Beim ersten Mal wirkte das nur homöopathisch, aber nach dem dritten ihrer bitteren Küsse war es wieder so weit, und ich zog mir auf irgendeiner Toilette das Koks durch die Nase und an den Schleimhäuten vorbei direkt ins Hirn hinein. Und bingo, da war Ringo, der Vampir meldete sich zurück. Die Gier in meinen Augen, alles auszusaugen, was nicht schnell genug auf die Palmen kam. Das Abschalten der Herzenswärme. Der Totschlag der Empathie. Kokain befreit die Intelligenz von den Gefühlen. Sie werden als Überbleibsel aus der Tierwelt klassifiziert. Unnötig wie ein Blinddarm. Aber viel störender. Hemmender, kontraproduktiv. Ständig funken sie der reinen Gier dazwischen. Mit Skrupeln und der Angst vor dem schlechten Gewissen. Auf Koks denkt kein Mensch an sein Karma. An die Umwelt. An das Gemeinwohl. Nicht mal an seine Familie. Auf Koks bist du sogar kalt zu deinen Kindern.

Kalte Nächte auf Kuba, egal, wie heiß sie waren, und die Farben der Karibik verblassten ebenfalls. Alle Erinnerungen an meine Kokstouren mit Tatiana habe ich in Schwarz-Weiß, aber glücklicherweise blieb Alkohol ihre Lieblingsdroge, und vom Koks therapierte ich sie und mich mit Marihuana. Tatiana hatte zwar auch vor mir hin und wieder gekifft, aber die Wirkung nicht verstanden. Mit mir schlug sie prächtig an. Ich zeigte ihr ein paar Tricks. Damit einem von der Kombination aus besoffen und breit nicht schlecht wird, muss man a) tanzen und b) in seinem Atem bleiben. Wer da bleibt, kann fast alles machen, denn er bleibt nicht nur in seiner Mitte, sondern auch im richtigen Rhythmus. Das funktionierte immer, und es reichte sogar, wenn nur ich richtig atmete, denn Tatiana dockte tanzend daran an. Und mein Atem war lang, denn ich hatte in der Regel ein paar Stunden vorgeschlafen, bevor ich ins Las Vegas ging. Ich kam da fit und nüchtern rein, anders ging es nicht, denn sobald ich bei ihr war, integrierte ich mich nahtlos in ihr Konsumverhalten. So viel wie mit Tatiana hatte ich noch nie zuvor getrunken, und nach ihr auch nicht mehr, denn nie vorher und nie danach hat es mir so viel Spaß gemacht, mit einer Frau trinkend, tanzend und kiffend Nacht für Nacht auf Ekstase zu schalten. Sie hasste Salsa und liebte Rock 'n' Roll und, durch mich, bald auch Reggae. Außerdem entwickelten wir einen eigenen Paartanzstil. Stirn an Stirn. Nicht nur bei den Engtanznummern, auch wenn zwanzig, manchmal gar dreißig Zentimeter Luft zwischen uns waren und wir Vollgas gaben, klebten wir an der Stirn zusammen, wie vom Herrgott geschweißt, und wenn dann in der Früh um sechs das Las Vegas als letzter Sündenpfuhl von Havanna seine Pforten dichtmachte und sich Tatiana lachend auf die Rückbank eines Taxis fallen ließ, schwang sie ihre langen Beine über den Vordersitz und rahmte den Kopf des Fahrers mit ihren High Heels ein.

Mit meiner Arbeit ging es weniger flott voran. Es kamen zwar, wie erwartet, auch ohne *Bunte* und *Tempo* gute Jobs herein, aber der durch das Leben mit Tatiana zu beklagende Disziplinabfluss ließ deren professionelle Erledigung nicht mehr zu. Ich lieferte entweder nichts oder nur noch Grenzüberschreitendes ab. Jeder Kreative kennt das, manchmal gehen die Pferde mit einem durch, und dann muss man sie wieder einfangen. Aber ich war nicht mehr geneigt, die Pferdchen einzubremsen, ich fand das ungenial. Ein Frauenmagazin wollte von mir einen Erfahrungsbericht zum Thema »Warum Männer trinken«, also setzte ich mich an meine rote Olivetti und schrieb dies:

*Warum Männer trinken*

*Männer trinken, weil sie keine Männer sind. Männer trinken, um Männer zu sein. Männer trinken, um Männer zu werden. Männer saugen Alkohol wie Muttermilch rein. Männer trinken, weil sie ihre Hormone fürchten. Männer trinken, weil sie gern besoffen sind. Männer trinken, weil es gut zum Koksen passt. Männer trinken, um anzugeben. Männer trinken wegen Müh und Last.*

*Männer trinken, weil sie leben. Männer trinken, weil sie durstig sind. Männer trinken, um zu vergeben. Männer trinken, wenn sie mit der Arbeit fertig sind. Männer trinken, um unverkrampft zu ficken. Männer trinken, um Frauen wegzuschicken. Männer trinken, wenn sie das nicht schaffen. Männer trinken, um Gott auszulachen. Männer trinken aus Lust am Verlieren. Männer trinken, um der Zeit zuzusehen. Männer trinken, weil sie trinken müssen. Männer trinken, weil sie Alkoholiker sind.*

*Männer trinken, um das Zahnfleisch zu desinfizieren. Männer trinken, um den Geist zu inspirieren. Männer trinken, weil sie weiße Mäuse lieben. Männer trinken, weil Alkohol gut schmeckt. Männer trinken, um ihre Leber zu besiegen. Männer trinken, weil trinken männlich ist. Männer trinken, um Geld zu verdienen. Männer trinken, weil es Schreiben flüssig macht. Männer trinken, wenn sie große Fische fangen. Männer trinken, wenn es blitzt und kracht. Männer trinken, wenn Schiffe sinken. Männer trinken mit Bedacht.*

*Männer trinken, wenn sie nicht mehr scheißen können. Männer trinken, wenn sie impotent sind. Männer trinken, weil sie Giraffenhälse haben. Männer trinken, weil ihre Frauen zu fett sind. Männer trinken, weil sie dann lieber gar nichts sehen. Männer trinken, denn trinken macht blind. Männer trinken, weil sie sensibel sind.*

Das Frauenmagazin reagierte verwirrt. Was ist das? Ein Rap? Super, aber wir wollten eine Reportage. Normalerweise wäre das für mich kein Problem gewesen. Normalerweise hätte ich eingesehen, dass es für alles Formate gibt. Romane gehören nicht in Gebrauchsanweisungen, Meinungen nicht in Nachrichten, und Gedichte nicht in den Magazinjournalismus. Aber synchron zum Disziplinabfluss hatte sich ein gewisser Größenwahn in meinem Hirn einquartiert. Der Erfolg der letzten Jahre, das Geld, das Koks, der Ruhm verführten mich zu einer Fehleinschätzung der Lage und unkluger Kommunikation. »Leckt mich doch am Arsch«, faxte ich vom Riviera in die Frauenmagazin-Redaktion.

So stemmt man sich nicht dem drohenden Bankrott entgegen. Aber vielleicht schreibt man so ein Buch. Ich hatte drei im Kopf, also keines. Ich ging auf meinen Balkon und trank Rum. Es stürmte noch immer, das Meer war aufgewühlt, Tatiana lackierte sich die Fußnägel.

Fünfzehntes Kapitel

# Absturz

Gewinnen oder verlieren ist eine Glaubensfrage. Wenn du nicht an dich selbst glaubst, kannst du nicht von anderen verlangen, dass sie es für dich tun. Und wie entsteht dieser Glaube? Die bessere Frage wäre: Wie verliert man ihn? Denn man wird mit ihm geboren. Davon bin ich überzeugt. Und dann kommen Legionen von Hasenfüßen, die dir dein Selbstvertrauen kaputtreden. Angstmacher. Bedenkenträger. Sorgenverkäufer. Die einflussreichsten unter ihnen heißen Mama und Papa. Weil ich ein Schlüsselkind war, blieb mir das erspart. Niemand hatte mir gesagt: Dein Vorgesetzter hat immer recht. Niemand hatte mich für Kompromisse trainiert. Niemand konnte mir ausreden, dass ich in eine Welt der unbegrenzten Möglichkeiten hineinwuchs. Und das war schon mal ein ganz guter Start.

Der Schwung hielt fast dreißig Jahre lang. Ich surfte auf den Wellen, statt von ihnen überrollt zu werden, und in Havanna ritt ich die größte. In allen Aspekten waren meine kubanischen Jahre der Höhepunkt meiner journalistischen Karriere. Mehr Geld, mehr kreative Freiheit und mehr Spaß rechts und links vom Schreibtisch gingen nicht. Oder waren nur schwer vorstellbar. War das der Grund für meinen Absturz? What goes up, must come down? Nach dem Kamm folgt das Tal. Oder war es doch das Kokain? Und der Rum? Und die Frauen? Und der Kulturschock, als ich zurück nach Hamburg kam? Für einen, der nur Bielefeld kennt, ist Hamburg eine super Stadt. Nach Havanna schien sie mir eine Ansammlung von bewohnten Steinen zu sein, um die der Wind pfeift. Ein kalter Wind, auch der Regen in Hamburg fühlte sich anders als der kubanische an.

Ich saß in einem Kaffeehaus am Winterhuder Marktplatz und dachte, wie kann man nur so vergesslich sein. Hier gibt es keinen Himmel, Wolken haben ihn zubetoniert. Und keine Sonne. Nur graues Licht. Und anscheinend gibt es hier auch niemanden, der sexuell befriedigt ist. Oder Grund zum Lachen hat. Ist das cool? Meine gute Laune verließ mich, als hätte man sie mit einem Stecker rausgezogen. Der Fluch der Karibik. Niemand vergisst ihre Farben, Frauen und Partys. Hamburg hat ein großartiges Nachtleben, eine legendäre Klubszene und die beste Kneipen-Tischfußballliga der Welt, trotzdem sah ich, egal, wo ich zu feiern versuchte, nur in ein großes schwarzes Loch. Ich reagierte wie ein Exilkubaner auf Deutschland. Und hatte damit gleich zwei Heimaten verloren. Es wird viel über die Gründe spekuliert, die Hemingway dazu bewogen haben, sich mit einer Doppelflinte das Gehirn wegzublasen. »Ich weiß nicht mehr, wie es geht«, soll er über seine Schreibblockaden gesagt haben. Andere vermuten, die Altersimpotenz habe dem Macho die Freude am Leben genommen. Oder hatte er Krebs? Hochverehrtes Publikum, ich biete ohne jegliche Erhöhung des Einkaufspreises eine weitere Spekulation zur Diskussion. Hemingway lebte zwanzig Jahre auf Kuba. Nachdem er die Insel verlassen hatte, wurde er schwer depressiv. Zwei Jahre später erschoss er sich. Wie man sieht, gab es viele mögliche Gründe für meinen Transfer von *positive drinking* zu *negative thinking:* das Geld, das Koks, der Größenwahn, die Vertreibung aus dem Paradies – aber keiner wog so schwer wie das Extasy.

Extasy wurde als erste Droge ohne Nebenwirkungen bekannt. So eine Art Kinder-LSD. Barbies Partypille. Leider erwies sich das als eine bizarre Fehleinschätzung. Der soziale Abstieg war die Nebenwirkung. Extasy hat die Spitzen gekappt, das Talent abgeflacht und schwach gemacht. Es fraß Gehirnzellen. Auch Wörter. Ich erschrak immer sehr, wenn ich wieder mal eins nicht fand, das eigentlich zu meinem Repertoire gehörte, nichts Kniffliges, nichts Exotisches, ganz einfache Alltagswörter entwanden sich meinem Zugriff. Nicht nur während der Drogenwirkung, sondern vor allem nachher. Für einen Autor ist das eine nicht ganz unbedenkliche Entwicklung. Andererseits hatte nur das Extasy die Kraft und die Macht, mich Havanna vergessen zu lassen. Ich begann, auf Raves zu gehen. Ich wurde zu einem Maschinentänzer in den Technotempeln auf dem Hamburger Kiez. Und wenn ich nicht auf die Hippiehasen hörte, sondern auf meine Kumpels, trank ich dabei zu viel Red Bull mit Wodka. Das soll man unter dem Einfluss von Extasy auf keinen Fall tun. Das reißt nicht nur Wörter aus dem Gehirn, sondern ganze Nächte. Man wacht auf und weiß nichts mehr von ihnen, bis auf ein paar zusammenhangslose Erinnerungsblitze, die den Blackout aber nicht erhellen, sondern noch unheimlicher machen: Ein Barmann schnipst seine Finger vor meinen Augen, wie es Leute tun, die jemanden aus einem Traum, einer Trance, einem Wahnsinn zurückholen wollen, ein Fremder geht mit mir durch die Straßen von nirgendwo nach nirgendwo und schwärmt von den Vitaminen im Extasy, eine nackte Frau sitzt vor mir und flicht mir einen Zopf – und tatsächlich, da ist ein Zopf in meinen Haaren. Und das war's. Dazwischen fehlten Stunden. Glücklicherweise fand ich niemals Blut an meiner Kleidung. Unglücklicherweise fand ich aber auch manchmal meine Kleidung nicht mehr. Nicht in der Wohnung, nicht im Treppenflur, erst vor der Haustür lagen Hemd und Hose sowie meine Jacke und die Unterwäsche. Außerdem flackerten noch zwei Tage nach den Extasy-Nächten meine Nerven und die dazugehörigen Teetassen wie überladene Elektrodrähte. Und ich stotterte leicht.

Ich hatte zwar auch vor dem Extasy jede Menge Scheiß gebaut, aber doch nur aus Unwissenheit, Leichtsinn und Überschätzung meiner Kräfte. Mich bewusst selbst zu zerstören war bei mir bis dahin ein eher unterentwickelter Trieb gewesen. Die erste Droge ohne Nebenwirkungen kümmerte sich darum. Nach der anfänglichen Überkommunikation führte sie mich in einen abgründigen Autismus. »So down and down and down we go«, hatte Jimi Hendrix mal gesungen, und endlich verstand ich ihn. Man geht auf Straßen, die nur abwärtsführen, und bleibt trotzdem nicht stehen. Nicht, weil man dazu unfähig wäre, sondern weil man neugierig auf die Unterwelten der Seele ist. Spiel nicht mit den Schmuddeldämonen. Lass dich nicht vom Tod verführen. Er hält nicht, was er verspricht. Du wachst auf und weißt wieder nicht, was du getan hast. Und wieder flattern die Nerven, und wieder stotterst du die nächsten zwei Tage lang. Und dann ruft der *Spiegel* an und will drei Geschichten von dir.

Wie sollte ich in diesem Zustand etwas zu Papier bringen, das irgendwer lesen wollte? Beim Koks gibt man nur sein Herz ab, schreiben geht noch. Mit Extasy kommt der Kopf dran. Wenn du einen kopflosen Satz nach dem anderen produzierst, sieht der Raum, in dem dein Schreibtisch steht, schnell wie eine Müllhalde für zerknülltes Papier aus. Das war nicht unbedingt neu für mich. Man schmeißt immer mehr weg, als man stehen lässt. Neu für mich in dieser Phase war, dass mir bei all der Wegwerferei der Glaube an das gute Ende fehlte. Dieser Glaube entsteht durch Erfolge. Ich hatte es ja immer geschafft. Nachdem ich aber die drei *Spiegel*-Geschichten in den Sand gesetzt hatte, bekam ich es mit der Angst zu tun. Die Angst wuchs, die Geldreserven nahmen ab. Und dann war der Überziehungskredit dran. Ich hatte einen ziemlich großzügigen. Ich holte mir jeden Tag 1000 Mark aus dem Geldautomaten, weil ich nicht wusste, wann meine Bank aufwachte. Sie flippte erst aus, als ich mit 20000 Mark im Minus war. Ich versteckte das Geld zwischen den Belegexemplaren der *Bunten*. Die Illustrierten waren so hoch gestapelt, dass man zur Not darauf sitzen konnte. Viele meiner Freunde saßen auf meinen letzten 20000 Mark, ohne es zu wissen. Das war gut für sie, für mich nicht. Mich konnte nur noch die Pleite retten. Je schneller sie eintrat, desto eher übernähmen meine Überlebensinstinkte.

Solange ich noch aus den alten Magazinen große Scheine fischen konnte, baute ich weiter große Scheiße und gab das Geld in der Nacht für Ratten aus, an deren Gesellschaft ich mich am Morgen nicht mehr erinnern konnte. Wahrscheinlich war das eine Selbstschutzamnesie, denn wenn ich mich doch mal entsinnen konnte, wünschte ich mir den Blackout wie eine erlösende Pistolenkugel. Ich spreche hier über einen Zeitraum von etwa sechs Monaten, dann gab ich endlich das Extasy auf. Aber es war zu spät. Mein Gehirn sah wie ein Schweizer Käse aus. Die gute Nachricht: Haschisch lässt als einzige Droge die Gehirnzellen nachwachsen. Das wusste ich zu diesem Zeitpunkt zwar noch nicht definitiv, denn die Universität Toronto stellte das erst zehn Jahre später fest, aber instinktiv tat ich das Richtige. Ich kiffte noch mehr als sonst. Die Löcher in der Hardware schlossen sich, die

Wörter kamen zurück. Schlechte Nachricht: Die Löcher in meinem Selbstbewusstsein schlossen sich nicht.

Mit dem Koks hatte ich eine Persönlichkeitsveränderung vom Hippie zum Arschloch durchgemacht, mit dem Extasy eine vom Arschloch zum armen Schwein. Denn es war ja nicht nur mein *Bunte*-Safe ratzeputz leer, sondern auch mein Serotoninspeicher. Serotonin ist, salopp formuliert, ein Glückshormon und wird im Gehirn bei normalem Betrieb nur in kleinen Dosen freigegeben. Extasy aber macht die Tore des Serotoninspeichers sperrangelweit auf. So verbraucht man in einer Nacht schnell mal das Glück für eine Woche oder einen Monat gar, und wenn man es zu oft genommen hat und die Dinge richtig schiefgelaufen sind, werden ein paar glücklose Jahre daraus, das nennt man dann wohl Depression. Und was hat Glück oder dessen Abwesenheit mit Selbstbewusstsein zu tun? So viel wie Federvieh mit Geflügel. Es ist dasselbe. Oder habe ich schon mal einen selbstbewussten, aber tieftraurigen Menschen gesehen? Das geht nicht. Er ist traurig, weil er sich selbst vermisst.

Vor gefühlten hundert Zeilen stellte ich die Frage, was der grundsätzliche Unterschied zwischen gewinnen und verlieren ist. Wie soll man an sich selbst glauben, wenn man sich verloren hat? Ich ging als Profi in das Extasy hinein und kam als Penner wieder raus. Ich begann, Redakteure anzurufen, bevor sie sich meldeten. Schlecht. Statt Jobs abzulehnen, bettelte ich um sie. Ganz schlecht. Ich pokerte nicht mehr und akzeptierte jedes Honorar. Schlechter geht es nicht. Die Meute reagierte wie immer, wenn ein Wolf schlappmacht. Sie bissen mich weg. Noch schlimmer waren die Mitleidigen mit ihren Almosenhonoraren. Beiden Fraktionen tat es gut, mich endlich mal hinten in der Reihe anstehen zu sehen. Unterm Strich war ich out. Draußen, vor der Tür, schlich ich im Regen mit nassen Turnschuhen umher.

Es stimmt übrigens nicht, dass ich in den Extasy-Missbrauch als Profi reingegangen und als Penner rausgekommen bin. Das war nur ein guter Satz. Gute Sätze lass ich immer stehen, selbst wenn es auf meine Kosten geht. Was an dem Satz nicht stimmt, ist Folgendes: Penner haben sich aufgegeben. Das tat ich nicht. Ich hatte zu viele Samuraifilme gesehen. Ich wollte nicht kampflos untergehen. Und dann musste ich das Auto einer Freundin anschieben, es machte knack, und ich hatte meinen ersten Bandscheibenvorfall. Ein paar Wochen konnte ich nur liegen, ein paar Monate ging ich wie auf Eiern, in Autos ein- oder auszusteigen war jedes Mal eine Qual, sitzen ging überhaupt nicht, ich schrieb im Stehen. Kaputte Karriere, kaputter Rücken und fast fünfzig, langsam bekam ich es richtig mit der Angst zu tun. »So down and down and down we go…«, und wenn ich den Gipfel meines Lebens sehen wollte, brauchte ich mich nur umzudrehen.

Doch manchmal klingelt das Telefon und Gott ist dran. *Geo* brauchte eine Idee für Indien und erinnerte sich meiner. Wohlgemerkt nur für die Idee. Ein Auftrag war das noch nicht. Trotzdem reagierte ich wie elektrisiert. Ich hatte eine Idee. Sie schlummerte seit meinem siebzehnten Lebensjahr in mir. Schon als ich zum ersten Mal in Indien war, wollte ich es tun, aber mein Entschluss, Journalist zu werden, hinderte mich daran. Dreißig Jahre später musste ich es tun, um Journalist zu bleiben. Ich schlug *Geo* vor, dass ich für sie ein paar Wochen lang mit einem Yogi durch den Himalaja wanderte, und sie gaben mir einen Vorschuss dafür. Und ein Ticket. Aber als ich endlich wieder die Wolken von oben sah, flog die Angst mit. Das ist die Chance auf dein Comeback, sagte sie. Wenn du das wieder in den Sand setzt, bist du erledigt. Vor der Welt und vor dir. Ich ahnte, dass es ein großer Bogen werden würde. Anfang und Ende lagen auf dem Dach der Welt.

Sechzehntes Kapitel

# Die Suche nach der Kuh, die kein Gras frisst

Das United Coffee House am Connaught Place ist der beste Platz in Neu-Delhi, um auf einen Fotografen zu warten. Es ist auch der beste Platz, um nicht auf einen Fotografen zu warten. Die Stadt ist einfach eine Nervensäge, aber hier hält man es aus. Die über zehn Meter hohen Wände sind in Rajasthan-Ocker gestrichen, und statt Bildern kleben Mogultapeten im Palastfensterformat an ihnen. Plüschige Sitzmöbel, turboschnelle Turbankellner und ein kosmopolitisches Stimmengeraune an den Nachbartischen vervollständigen die Aufzählungen der Wohltaten für Geist und Seele. Hier trifft sich Ost und West, Nord und Süd, aber auch Südost und Nordwest, also Indien und der Rest. Die Inder sind Künstler, Politiker, Journalisten, Juristen sowie sonst wie Intellektuelle und Geschäftsleute, und fast dasselbe gilt für die ausländischen Gäste, die in der Mehrzahl aus beruflichen Gründen auf dem Subkontinent weilen, nur eine Minderheit nennt sich Touristen. Für die ist das United Coffee House entweder zu teuer oder zu billig, auch zu unindisch, weil es neben dem üblichen Samosa-, Basmatireis- und Dal-Makhani-

Getümmel auch Pizzas, Pommes und Burger anbietet sowie eine chinesische Speisekarte mit thailändischer Unterabteilung und, Schreck lass nach, Alkohol. Das hält die Stranggläubigen fern, die Rechtgläubigen und Beknacktgläubigen, was natürlich für die Atmosphäre eines Lokals immer das Beste ist. Und auch von dem Wahnsinn am Connaught Place sieht man nur das Licht, das sanft durch die Milchglasscheiben fällt. Hier wartete ich auf den *Geo*-Fotografen und plante die nächsten Schritte.

Das Wichtigste an diesem Plan war die Langsamkeit. Ich hatte einen deutschen Vorschuss für indische Spesen, das heißt, ich hatte Zeit, genug Zeit, um mit einem Yogi meiner Wahl aus der Welt hinauszugehen. Ich hatte auch genug Zeit, diesen Yogi zu suchen. Ich musste nicht mit dem erstbesten Asketen losmarschieren. Musste ich ihn überhaupt suchen? Oder würde er mich finden? Die Zeit hätte ich dafür. Und mit der Zeit käme die Ruhe, mit der Ruhe die Tiefe, und mit der Tiefe das Glück zurück. Ich war überreif für diese Rückkehr. Außerdem gehe ich gern, und aus dem Gehen wird Wandern, aus dem Wandern wird Pilgern, und aus dem Pilgern wird ein Spaziergang im Hier und Jetzt. So in etwa stellte ich mir das vor. Und dann kam der Fotograf.

Er hielt, wie verabredet, ein Produkt unseres Auftraggebers in der Hand, und auch ich hatte ein *Geo*-Heft vor mir auf dem Tisch. Was ich bis zu diesem Zeitpunkt von ihm wusste, war dies: Nationalität: Engländer. Wohnsitz: Hongkong. Status: Ausnahmetalent. Als er dann bei mir saß, erfuhr ich den bitteren Rest. Jack war rund fünfzehn Jahre jünger als ich, hatte eine Punkvergangenheit und hasste Althippies. Außerdem wusste er alles besser. Es gibt zwei Arten von Besserwissern. Die einen sind nur immer anderer Meinung als du, aber lassen dich ansonsten in Ruhe, die anderen drängen dir ihre Meinung auf. Zu Letzteren gehörte Jack.

Und, ach ja, er hatte im Gegensatz zu mir nur zwei Wochen Zeit im Gepäck und wollte in diesen vierzehn Tagen so wenig wie möglich zu Fuß gehen, weil er Wandern hasste. Unterm Strich machte ihn all das natürlich zu einem idealen Partner für eine Reportage über indische Wandermönche. Ich winkte deshalb einen der Turbankellner an unseren Tisch und bestellte zwei doppelte Old Monk.

»Was ist das?«, fragte Jack.

»Indischer Rum mit Kopfschmerzgarantie.«

Nun wurde die Zukunft wieder rosiger. Jack war zwar anstrengend, aber nicht doof. Seine permanent andere Meinung kam auch permanent brillant daher. Er redete keinen Scheiß. Er war über eigentlich alles gut bis überinformiert, und die indischen Yogis schienen sein Fachgebiet zu sein, da sprach aus ihm ehrliches Expertentum. Er kannte die wichtigsten der zweihundert Orden und wusste, wo man sie findet. Ich wusste die Orte auch, aber sagte nie ihre Namen, bevor er sie ausgesprochen hatte, denn ich fürchtete, dann hätte er mir widersprechen und einen anderen Ort nennen müssen. Und das wäre mir zu mühsam gewesen.

»Wir fahren erst mal nach Haridwar«, sagte Jack.

»Das sehe ich auch so.«

»Aber nicht nach Rishikesh.«

»Natürlich nicht.«

Beide Städte waren heilig, beide lagen am Ganges, beide waren zu jeder Jahreszeit knallvoll mit heiligen Männern und heiligen Kühen, aber nur eine von ihnen war zudem knallvoll mit heiligen Touristen, weil dort anno 1968 die Beatles zu Füßen des Maharishi Mahesh Yogi meditiert hatten. Seitdem ist Rishikesh die Welthauptstadt des Yogas. Aber wir wollten nicht die Welt, wir wollten Indien pur, also Haridwar. Jack, weil er die Stadt kannte, und ich, weil ich sie sehr gut kannte, meine Schicksalsstadt, in der ich vor mittlerweile dreißig Jahren eine Berufswahl getroffen hatte.

»Wie viel Cash hast du dabei?«, fragte Jack.

»2000 Euro.«

»Okay, dann lass uns die jetzt wechseln gehen.«

»Hey, Jack, es ist fast fünf Uhr. Da hat keine Bank mehr auf.«

»Doch, ich kenne eine. Aber wir müssen sofort los.«

»Das geht doch auch morgen früh, ganz entspannt.«

Jack sah mich an, als hätte er gerade einen Penner entlarvt.

»Morgen früh sitzen wir schon im Taxi zum Himalaja.«

Im Prinzip konnte ich Jack dankbar sein. So schnell war ich noch nie aus Neu-Delhi raus- und im richtigen Indien angekommen, im alten Indien, im ewigen Indien der Sari-Frauen und Hüfttuch-Brahmanen, der Esel-, Ochsen- und Menschenkarren, der Primärfarben und der Vollgerüche, der Miniaturbergketten aus Gewürzen neben Überresten frischer Blutstürze, der Räucherstäbchennebelwände und Gaslichtgassen, der Petroleumlampen und offenen Feuer, der uralten Tempel mit ihren heiligen Ratten, der Ganges-Badeanstalten zum Sündenabwaschen, und so könnte das hier endlos weitergehen, wenn ich nicht ebenfalls so schnell wie nie zuvor aus dem richtigen, alten, ewigen Indien wieder herausgekommen wäre, weil Jack einfach keinen passenden Sadhu fand, mit dem er gehen wollte.

Eigentlich waren ja genügend da, wir sahen Hunderte in und um Haridwar, an jeder Ecke, auf jeder Geraden und in allen Kurven lungerten sie herum mit ihren Shiva-Dreispitzen, Sandelholzketten und dem heiligen Make-up aus Asche und Kreidestrichen, und eigentlich brauchten wir mit geschlossenen Augen einfach nur um uns zu greifen, und in zwei von drei Fällen hätte jeder von uns einen Asketen am Wickel gehabt, denn Haridwar am Fuß des Himalaja war, genauso wie das nur vierzig Kilometer entfernte Rishikesh, ihr Mekka, Rom und Jerusalem. Aber Jack hasste nicht nur Althippies, sondern hatte auch eine tief sitzende Aversion gegen Haschisch. Er konnte Kiffer einfach nicht ertragen, und das war für unsere Reportage natürlich schon ein Problem. Kiffen gehört seit mindestens 6000 Jahren zu den Standardriten der indischen Wander- und Bettelmönche, selbst ihr oberster Gott Shiva trägt auf allen Abbildungen ein Chillum mit sich herum. So, wie andere »Amen« oder »Allahu Akbar« rufen, brummen die Sadhus »Boom Shankar« bei jedem Zug.

»Ein Sadhu, der nicht kifft, ist wie eine Kuh, die kein Gras frisst«, sagte ich zu Jack, und zu meiner Überraschung widersprach er mir nicht.

»Darum will ich keinen Sadhu, sondern einen Yogi«, sagte er.

»Wo ist der Unterschied?«

»Sadhus nehmen Drogen. Yogis meditieren.«

Jack ging mir auf die Nerven, aber er hatte recht. Das eine macht süchtig, das andere befreit. Das eine macht stoned, das andere leicht. Das eine macht die Tür zu, das andere öffnet sie. So ungefähr. Na und? Es war weder mein Plan noch meine Geschichte, mit einem Gott spazieren zu gehen, ein netter Kiffer hätte mir gereicht. Aber mit Jack darüber bis zum Sankt-Nimmerleins-Tag zu diskutieren wäre genauso unprofessionell gewesen wie der Versuch, seinen Willen zu brechen. Die Kraft hatte ich nicht mehr. Ich war hier, um sie wieder zu sammeln, und nicht, um die letzten Reserven in einen sinnlosen Streit zu fehlinvestieren. Das hört sich weise an, aber es hatte mit Weisheit nicht viel zu tun.

Ich war einfach nur zu schwach, um mich gegen den *Geo*-Fotografen durchzusetzen.

Wir suchten also einen nicht kiffenden Sadhu zu Füßen des Himalaja und fanden ihn nicht. Wir folgten dem Ganges stromaufwärts und suchten ihn in den mittleren Bergregionen und fanden ihn nicht, und wir fanden ihn auch nicht weit oben, wo der heilige Fluss einem Gletscher entspringt. Deshalb schlug Jack vor, so schnell wie möglich Indien zu verlassen und nach Kathmandu zu fliegen, weil er dort einen nicht kiffenden Sadhu kannte. Das war nicht korrekt. Er kannte ihn nicht, er hatte nur von ihm gehört. Von einem Freund, der ihn kannte. Und mir war es recht, weil einem ja immer alles recht ist, sobald man seinen Willen in den Staub der Straße geworfen hat. Außerdem war ich noch nie in Nepal gewesen.

Wieder in Neu-Delhi und wieder im United Coffee House, ließ ich bei ein paar Old Monks die Sau raus. Der Rum machte mir Mut. Eine Expedition war gescheitert. Die Reise noch nicht. Außerdem hatte sie auf einer Nebenschiene durchaus so etwas wie Klarheit gebracht. Natürlich hatte ich in Haridwar den Ashram besucht, an dessen Lotusbrunnen vor dreißig Jahren eine Stimme zu mir gesagt hatte: »Geh nach Hause und werde Journalist.« Natürlich hatte ich das getan, aber ohne Jack. Der Brunnen ist in der Mitte wie eine Blüte gebaut, auf dem Shiva in Lotushaltung sitzt und mit seinen vier Gesichtern in alle Himmelsrichtungen schaut. Etwa eine Stunde hatte ich an meinem Schicksalsbrunnen gesessen und aufmerksam der Stille zugehört, aber außer ihr hatte da nichts mehr mit mir gesprochen. Absolut nichts. An diesem Brunnen war die Stimme nicht mehr, und darauf trank ich den nächsten Old Monk im United Coffee House. Ich musste nach neuen Brunnen suchen, und das Ticket dafür trug ich bereits bei mir.

Es gibt Städte, deren Namen einen magischen Klang in Hippieohren erzeugen, weil sie Wallfahrtsstätten für unsereins gewesen sind. Städte mit einem Heilsversprechen. Cat Stevens hatte sie besungen. »Kathmandu I'll soon be touching you.« Mich hatte es seltsamerweise nie dort hingezogen. Ich gehörte zu der Goa-Fraktion. Auch jetzt, nach so vielen Jahren, zog mich nichts dort hin, außer Jack. Er war bereits im Hotel, ich ließ mich allein volllaufen, um mir Kathmandu schönzusaufen. Und das klappt bekanntlich mit Old Monk ganz gut.

Der Kater tags darauf hinterließ selbstverständlich Spuren in meiner Zuversicht. Im Taxi zum Flughafen, in den Gates und über den Wolken beschäftigte mich, gelinde gesagt, Panik. Ich hatte durch die erfolglose Exkursion nach Haridwar zehn Tage und die Hälfte meines Budgets verloren. Ich reiste einfach nicht yogimäßig genug. Nicht mit dem Zug, sondern mit dem Taxi mal schnell die 600 Kilometer von Delhi nach Haridwar zu fahren und dann die 600 Kilometer wieder zurück ist auch in Indien nicht ganz billig, der Old Monk im United Coffee House kostete ebenfalls deutlich mehr als ein Chai am Straßenrand, und nun flogen wir für einige Hundert Dollar mal eben von Neu-Delhi nach Kathmandu, und wenn das so weitergehen sollte, wäre ich in zwei Wochen am Ende meiner Spesen angelangt und möglicherweise auch am Ende meines Lateins. Und so war das, ich sage es gern noch einmal, nicht geplant. Und was, wenn der nicht kiffende Yogi, den ein Freund von Jack kannte, nicht da war? Jack hatte nur seine Adresse. Ein Affentempel.

Siebzehntes Kapitel

# »I'm ready for everything«

Im Pashupatinath-Tempel sowie drumherum ernährt sich seit Menschengedenken ein großes Volk wilder Affen durch Mundraub. Darum sollte man nichts Essbares offen bei sich tragen, wenn man das wichtigste hinduistische Heiligtum Nepals besucht. Unter Primaten gilt die Stätte als erste Adresse für den frechen Zugriff. Sie greifen in Taschen, Hosen und Blusen, wenn sie dort Nahrungsmittel vermuten. Eier zum Beispiel oder Melonen. Wir waren mittlerweile zu dritt unterwegs, denn wir hatten einen Übersetzer angeheuert. Er hieß Rama und kostete pro Tag fünfzig Dollar. Ein guter Übersetzer ist natürlich mehr als ein guter Übersetzer. Er ist auch Führer, Allroundassistent und Vorkoster. Rama wusste, wo sich der kleine Ashram Gorakhnaths innerhalb der Tempelanlage befand. Und Rama hatte auch von dem Yogi gehört, den der Freund von Jack kannte. Es schien, als gehörte der zu den prominenten Yogis von Kathmandu.

»Ich denke, Sie werden Glück haben«, sagte Rama. »Er ist eigentlich immer da. Und sehen Sie den Affen bitte nicht in die Augen. Das macht sie aggressiv.«

Ich mag keine Affen, und sie mögen mich nicht. Selbst die mittelgroßen sind stärker als ich, schneller sowieso und komplett empathielos. Sie können uns im Vorüberhüpfen ein Auge aus dem Gesicht pflücken und machen das manchmal auch. Aber wenn ich die Affen nicht anschauen darf, was dann? Leichen? Sie werden an den Ufern des heiligen Flusses verbrannt, an dem der Tempel steht, und damit das schneller geht, zertrümmert man vorher mit großen Hämmern die Schädel der Toten. Und den Kater hatte ich auch noch dabei. Es war ja noch immer derselbe Tag. Nach der Landung auf dem internationalen Flughafen von Kathmandu hatten wir uns innerhalb von drei Stunden in der Innenstadt ein Hotel und im *tourist office* den Übersetzer besorgt und waren deshalb jetzt noch vor Sonnenuntergang vor Ort. Wieder was dazugelernt. Der Kater von Old Monk hält lange an. Und was war mit dem heiligen Mann, der eigentlich immer da ist? Er war nicht da.

Das war keine gute Nachricht. Er würde auch so bald nicht wiederkommen. Das war die noch schlechtere. Er habe sich auf eine lange Pilgerreise begeben, und wahrscheinlich sei es seine letzte.

»Und was machen wir jetzt?«, fragte mich Jack.

»Jetzt nehmen wir endlich einen Kiffer.«

Davon waren an Gorakhnaths Ashram genügend zugegen. Das windschiefe, einstöckige Häuschen diente den herumwandernden Mitgliedern des Ordens als Schlafplatz und Treffpunkt, wenn sie ein paar Tage in der Gegend waren. Fünf an der Zahl hingen derzeit auf der Holzterrasse des Ashrams herum und erfreuten sich der guten Luft.

Vier von ihnen hatten rote Augen, einer nicht. Den sprach Jack an.

»You speak English?«

Der Yogi schüttelte den Kopf. Rama musste ran. Und

ein paar Minuten später waren wir uns sicher. Das ist unser Mann. Name: Kashinath. Alter: 33. Körper: makellos. Erscheinung: gepflegte Besitzlosigkeit. Hüfttuch und Turban: schneeweiß. Blick: überaus bescheiden. Auffälligkeiten: (Achtung! Jetzt kommt's!) kein Kiffer.

Nein, er rauche kein Haschisch, sagte der Yogi, als wir ihn danach fragten. Er habe es ein Mal probiert und dann für immer sein lassen. Er möge es einfach nicht. Ja, er sei sich bewusst, dass das für einen Sadhu ungewöhnlich sei. Die anderen würden ihn deshalb manchmal missbilligend ansehen. Warum er keine Chillums rauche, fragten sie ihn, ihr Gott tue es doch auch. »Ja, das stimmt«, antworte er darauf immer, »Shiva kifft.« Aber Shiva habe den Haschischkonsum niemals be- oder empfohlen. Darüber habe er sich ausreichend informiert. Nirgendwo in den Veden habe er den Befehl zum Kiffen gefunden. Und darum kiffe er nicht. Aber er habe überhaupt kein Problem damit, wenn wir kiffen wollten. Er habe nur nichts dabei.

»Nein, nein!«, rief Jack fast schockiert. »Wir kiffen auch nicht.«

Das stimmte nicht ganz und wurde sofort von mir korrigiert: »Ich schon.«

Kashinath sah mich an, und in seinem Blick gesellte sich zu der überaus großen Bescheidenheit nun auch noch großes Mitgefühl.

Im Übrigen plante der Yogi Kashinath, am nächsten Tag zu einer Wanderschaft in die Berge aufzubrechen. Als wir fragten, ob wir ihn dabei begleiten, fotografieren und interviewen dürften, sagte er sofort Ja. Warum so schnell und ohne zu überlegen? Auch die Antwort darauf kam wie aus der Pistole geschossen.

»I'm ready for everything«, übersetzte Rama des Yogis Worte, und ich sollte diesen Satz von nun an immer und immer wieder hören.

Kashinaths Ziel war ein winziger Tempel auf 3800 Metern Höhe im Annapurna-Massiv. Der Aufstieg begann etwa 200 Kilometer von Kathmandu entfernt in Pokhara. Wie komme er nach Pokhara? Zu Fuß oder mit dem Bus? Normalerweise würde er den Bus nehmen, antwortete Kashinath, denn die seien für Yogis in Nepal umsonst. Aber wenn wir es wünschten, ginge er zu Fuß.

»Und wie wäre es mit einem Taxi?«, fragte Jack.

»I'm ready for everything.«

So ist das Leben nun einmal. Sobald Reporter es dokumentieren, verläuft es nicht original. Weil nur wenige Autoren auch professionell fotografieren können, sind wir immer zu zweit. Mit Übersetzer macht das drei. Der Yogi geht mit einem Team statt allein. Was sein muss, muss sein, aber dass wir ihn bis Pokhara aus Bequemlichkeit nicht so reisen ließen, wie er es gewohnt war, sondern ihn in ein von uns bezahltes Taxi setzen wollten, verfälschte seine Pilgerschaft geradezu bizarr und war außerdem völlig unnötig. Trotzdem sagte ich, als der Plan am Affentempel aufs Tapet kam, nicht Nein, weil ich mit Jack keinen Streit vom Zaun brechen wollte, nachdem er gerade so einen super Sadhu gefunden hatte, aber am nächsten Tag versauten mir diese Gedanken ein bisschen die Fahrt nach Pokhara, obwohl sie über eine der weltweit landschaftlich schönsten Straßen führte und auch Kashinath gut aussah. Seine Reisegarderobe bestand aus einem gelben Hüfttuch, das bis zu den Knöcheln herabfiel, einem langen, dünnen orangen Hemd, einem mit roten Schriftzeichen bedruckten leichten Schal und einem weißen Turban, dessen Mitte sein zu einem Dutt geflochtenes schwarzes Haar krönte. Das war alles. Mehr Klamotten hatte er nicht dabei. Und so wollte er auf 3800 Meter Höhe. Ich fragte Kashinath, ob er mit der zu erwartenden Saukälte da oben keine Probleme habe, und er antwortete, doch, er habe damit eine Menge Probleme, aber er liebe Probleme, denn das sei nun mal der Weg der Askese. Wäre ich frei gewesen, frei von journalistischen Konzepten und ursprünglichen Plänen, hätte ich mich ob solcher Antworten inspiriert und entspannt in meinem Sitz zurückgelehnt, aber ich konnte mich von meiner schlechten »So reist kein Asket«-Laune bis Pokhara einfach nicht losreißen.

Pokhara war mal eine noch größere Hippielegende als die Stadt, aus der wir kamen. Das Backstage-Kathmandu sozusagen. Wo die Insider waren. Dass ich hier außer über den Affentempel kein Wort über Nepals Hauptstadt verliere, liegt an den mangelnden Eindrücken, die sie bei mir hinterließ. Außer ein mythischer Name war das Kathmandu Ende der Neunzigerjahre für mich nur eine etwas gepflegtere, aber auch etwas langweiligere Stadt als vergleichbare indische Städte. Über Pokhara kann ich schwer dasselbe sagen, denn ich sah eigentlich nichts von der Stadt, außer unserem sauberen, schmucklosen Trekkinghotel und einem See. Aber mehr musste ich von Pokhara auch nicht sehen. Das Wasser des Sees war so kristallklar, dass sich der Himmel darin spiegelte sowie die Skyline vom Dach der Welt. Die vergletscherten Gipfel des Annapurna-Massivs lagen kopfüber in diesem See und wurden von ihm leicht gewellt. In seiner Mitte ragte eine winzige, fast kreisrunde Insel aus dem Wasser, die nur Platz für einen Baum hatte, aber der war sehr groß und trug große weiße Blüten, und als plötzlich, auf irgendein geheimes Signal hin, all diese Blüten Flügel bekamen und große weiße Vögel wurden, gab es natürlich auch ihren Abflug zweimal zu sehen: in der Luft und im Wasser. Doppelt wunderschön wird schnell unvergesslich. Meine schlechte Laune besserte sich.

Wir verfolgten das Schauspiel von der Terrasse eines Restaurants aus, in dem wir die einzigen Gäste waren. Das war natürlich ideal für die Tischwahl sowie für das erste ernsthafte Interview mit meinem Yogi. Im Schatten eines Bodhi-Baums fragte ich Kashinath, ob er bereit wäre, mir sein Leben zu erzählen. Die Antwort dürfte bekannt sein. Er war ready for everything.

Kashinath wurde als erster Sohn eines wohlhabenden Bauern im Süden Nepals geboren. Seine Mutter starb früh, und die zweite Frau seines Vaters ließ ihn nicht zur Schule gehen, sondern schickte ihn zum Arbeiten auf die Felder. Sie gab ihm nur wenig zu essen und war nie zufrieden mit ihm. Ihre eigenen Söhne liebte sie, aber ihn behandelte sie wie einen Knecht. Kashinath redete einige Male mit seinem Vater darüber, und jedes Mal versprach der ihm, dass es besser würde, aber das wurde es nie.

Als Kashinath dreizehn Jahre alt wurde, lief er von zu Hause weg. Er lief quasi bis Varanasi. Und war damit in Indien. Auf seinem Weg hatte Kashinath viele Wandermönche kennengelernt, und sie gefielen ihm. Auch ihr Lebensstil. Deshalb sah sich der Junge aus Nepal in Varanasi nach einem Guru um, der ihn als Schüler akzeptieren würde. Von denen gab es in der Stadt fast zu viele, trotzdem fand er einen nach seinem Geschmack. Einen Nepalesen wie er selbst, der sechs Schüler hatte. Kashinath wurde sein siebter. Aber bevor er das wurde, musste Kashinath zwei Jahre lang des Gurus Wäsche waschen, sein Essen machen, Besorgungen für ihn erledigen, den Boden um ihn herum fegen und all das von früh bis spät, ohne jemals ein Danke dafür zu hören, und als Kashinath nach diesen zwei Jahren den Guru noch immer nicht verlassen wollte, stach man in seine Ohrläppchen jeweils ein Loch, das groß genug war, um einen Finger durchzustecken. Manche verbluten dabei, aber wer es überlebt, ist ab sofort ein Gorakhnath-Novize und kann mit den Übungen beginnen. Gorakhnath-Mönche sind reine Hatha-Yogis. Sie dehnen, strecken und beugen ihren Körper in zahllose unbequeme Positionen und meditieren auf Zauberwörter, Mantras genannt, deren Lautschwingungen durch penetrante Wiederholungen wie eine Droge wirken und in Trance und andere Bewusstseinsveränderungen führen. Alle paar Jahre gab ihm der Guru ein paar neue Zauberwörter, und so ging das zwölf Jahre lang. Dann war Kashinath reif für die Abschlussprüfung.

Wer sie bestehen will, muss eine Zeit lang allein in einer der Höhlen leben, in denen Gorakhnath meditierte. Sie liegt im Süden Nepals und ist von einem Dschungel umgeben, der für seine Dichte an Großkatzen gefürchtet ist. Dort muss der Yogi so lange bleiben, bis er einem wilden Tiger in die Augen gesehen und auch das überlebt hat. Bei Kashinath war es nach zwölf Tagen so weit. Er wusch sich in einem Bach, als der Tiger aus dem Gebüsch kam. Auf seinem Fell spielten ein paar Sonnenflecken, während seine gelben Augen den Yogi fixierten. Sein Maul war dabei leicht geöffnet und präsentierte zwei hübsche Fangzähne in Habachtstellung.

»Und was hast du dann gemacht, Kashinath?«

»Ich habe den Tiger mit einem Mantra beruhigt.«

»Ihr habt ein Tiger-Beruhigungs-Mantra?«

»Ja, aber es wirkt bei allen Katzen.«

Die Abschlussprüfung war bestanden, der Schüler konnte seinen Lehrer verlassen. Er war nun selbst ein Guru und durfte Schüler aufnehmen, aber das wollte Kashinath auf keinen Fall. Er wollte seine Ruhe haben und den Rest seines Lebens allein gehen. Und jetzt gehe er mit uns. End of the story.

Der Sonnenuntergang, der zu den spektakulärsten

meines Lebens zählte, lag mittlerweile hinter uns, und auf dem See spiegelten sich nun Mond und Sterne. Es war Zeit, in die Heia zu gehen, aber eine Frage wollte ich noch loswerden. Ich fragte den Yogi, wie sein Guru das Gorakhnath-Examen geprüft habe. Er war ja nicht dabei gewesen, als Kashinath der Bestie in die gelben Augen blickte.

»Der Guru sieht es sofort, wenn du keine Angst mehr vor dem Tiger hast«, sagte Kashinath.

»Hast du noch Angst vor dem Tod?«

Nein, sagte Kashinath, Angst vor dem Tod habe er schon lange nicht mehr. Nur die Angst vor der Hölle sei eine Zeit lang noch ein Problem gewesen. Sie sei seine letzte Angst gewesen. Seit der Nacht, in der er auch sie überwunden habe, sei er frei. Und ready for everything. Aber nicht ready für ein Bier, im Gegensatz zu mir. Ich bestellte mir eine letzte Flasche und für ihn eine heiße Honigmilch. Dazu rauchte ich eine Zigarette und konnte es nicht lassen.

»Die Angst vor der Hölle. Das ist interessant. Was ist in der Nacht passiert, als du sie verloren hast? Und was passierte davor? Wie hast du sie bekommen?«

Kashinath erzählte daraufhin von seiner Pilgerreise vor zwei Jahren auf den Kailash, einen der heiligsten Berge des Himalaja. Am fünften Abend seiner Wanderschaft erreichte er eine Hochgebirgssenke, in der die Bewohner dieser Höhen ihre tiefgekühlten Toten ablegen, und er beschloss, dort die Nacht zu verbringen.

»Warum denn das? Warum wolltest du ausgerechnet bei den Leichen übernachten?«

»Ich sehe gern Leichen. Sie erinnern mich daran, dass ich nicht mein Körper bin. Der Mensch ist was anderes.«

Kashinath fand in dieser Nacht keinen Schlaf, denn tibetische Lamas betraten die mondbeschienene Szene.

Sie gingen zwischen den Toten hin und her und begannen, sie nach Himmel und Hölle zu sortierten. Himmel war rechts, Hölle links.

»Und woran erkennen sie, wer gut und wer schlecht gewesen ist?«

»Lamas können das ganze Leben eines Menschen von seiner Stirn ablesen.«

Der Yogi bekam es nun mit der Angst vor der Hölle zu tun. Er kreuzte die Beine zum Lotussitz und beschloss, so lange zu meditieren, bis ihn die Angst verlassen würde. Als der Morgen graute, war es so weit. Shiva erschien ihm und sagte: »Die Hölle ist endlich, aber die Seele nicht.«

Ich glaube nicht an Himmel oder Hölle nach dem Tod. Ich glaube, das sind Märchen. Aber ich glaube an Himmel und Hölle vor dem Tod. Mehr noch, von denen weiß ich. Der Entzug nach besonders drastischen Koksnächten ist immer ein grausamer Seelenritt gewesen. Aus jeder Parzelle meines Kurzzeitgedächtnisses schrien mich meine Sünden an. Und was ist das anderes als Hölle? Oder der dreifache Bandscheibenvorfall. Der Arzt sagte, meine Wirbelsäule sehe aus wie dreimal vom Pferd getreten. Das tat höllisch weh. Lange. Und wo war ich all die Monate, bevor ich Kashinath traf? In der Extasyhölle. In der Verliererhölle. In der Pennerhölle. »Die Hölle ist endlich, aber die Seele nicht«, hatte Shiva zu Kashinath gesagt. Und auch ich konnte damit durchaus was anfangen.

Darüber hinaus freute ich mich auf den nächsten Morgen. Endlich würde die Wanderschaft mit einem Yogi anfangen. Als ich im Bett lag, malte ich mir das ein bisschen aus. Der Weg begann direkt hinter Pokhara auf etwa 800 Metern Höhe, den ersten Tag werden wir also noch durch wilde Wälder und blühende Wiesen den Berg hinaufgehen, Schritt für Schritt wird sich die Welt verändern, die Vegetation, die Klimazonen, die Bilder. Und die Seele wird mitgehen und sich mitverändern. An dramatischen Schluchten und Wasserfällen vorbei werden wir uns so über immer schmalere Wege und Hängebrücken höher und höher schrauben, Tag für Tag, eine volle unvergessliche Woche lang.

In der Nacht schlug das Wetter um. Es regnete, als wir erwachten. Rama sagte, das werde etwa drei, vier Tage so bleiben. Er habe es im Radio gehört. Außer dem Asketen hatte jetzt natürlich niemand von uns Lust, sich, bis auf die Haut durchnässt, über schlammige Pfade zu quälen, und selbst Kashinath hätte wahrscheinlich lieber in Pokhara die Sonne abgewartet. Er hatte ja Zeit. Aber Jack hatte keine. Und der Übersetzer hatte sie auch nicht ewig. Beide wollten unbedingt sofort los, doch sie wollten nicht gehen, sie wollten durch das Scheißwetter hindurchfliegen. Auf 2200 Metern Höhe gibt es einen kleinen Ort namens Jomsom mit einem kleinen Flughafen, der von Pokhara aus mit Propellermaschinen dreimal täglich angeflogen wurde. Zwei Gesellschaften bedienten die Strecke: Buddha Air und Shangri-La Air. Jack pries diese radikale Manipulation einer Yogiwanderschaft als Königsweg an.

»Wir werden nicht nass. Wir müssen nicht warten. Und wir ersparen uns drei Tagesetappen.«

Der Flug dauerte 45 Minuten. Und es gab wegen der Wolken nicht viel zu sehen. Selbst als wir aus dem Flughafengebäude von Jomsom traten, das im Grunde nicht mehr als eine bessere Berghütte mit Landebahn war, selbst da standen wir noch in einer weißen Wolke. Der letzten allerdings. Als wir endlich losmarschierten, dünnte sie langsam aus. Wie in einem Film, der immer schärfer wird, nahm der Himmel auf Erden Gestalt an. Oder andersherum: das Dach der Welt. Wenn da mal der Mond drauffällt, wird es am Landschaftsbild grundsätzlich nichts ändern. Da wollten wir hin, und da, wo wir waren, gab es noch vereinzelte Felder und Wiesen und hier und da sogar Bäume, aber nicht in satten, sondern in blassen, fast schüchternen Farben, wie von einem Künstler hingetupft, der die emotionale Reduzierung liebt. Ich meine das nicht negativ. Die letzten Außenposten des pflanzlichen Lebens in dieser Welt aus bizarrem Gestein waren zauberhaft. Der Weg war gar nicht so steil, weil er sich in lang gezogenen Serpentinen nach oben wand, und manchmal gingen wir auch am Rand eines tief eingeschnittenen Tals entlang, und irgendwo dahinten war Tibet.

Besser ging es nicht. Wenn jetzt noch der Yogi an meiner Seite gewesen wäre, hätte ich es »perfekt« genannt. Aber ich arbeitete in einem Team, und wenn der Kollege sagte, dass er Kashinath allein im Bild haben wolle und ich deshalb fünfzig Meter hinter ihm bleiben müsse, dann war das nur professionell. Jack fotografierte allerdings sehr fleißig, um nicht zu sagen durchgehend, und wieder einmal begann ich mich über die Diskrepanz zwischen meinen ursprünglichen Plänen und den Plänen des Lebens zu ärgern. Statt mit einem heiligen Mann wanderte ich mit seinem Übersetzer.

Wie heilig ist er eigentlich? Ist er wirklich ready for everything? Ist ihm wirklich alles im positiven Sinn egal? Oder ist das nur eine Floskel, eine Willensbekundung? Ein Ideal? Kurz: sein Glaube. Und damit nur bedingt real? Und was ist mit seinen Yogakräften? Kashinath ist stets bescheiden, hilfsbereit und zufrieden. Aber ist das wirklich schon alles, was zwanzig Jahre Askese und Chanten bringen? Oder stellt er sein Licht unter den Scheffel? Hält er seine Kraft zurück? Macht er sich kleiner, als er ist? Zumindest auf diese letzte Frage bekam ich am zweiten Abend unserer Wanderschaft eine Antwort.

Unser Weg war eine Trekkingroute mit funktionierender Lehmhüttengastronomie und einfachen Unterkünften. In der ersten Nacht mussten wir alle vier zusammen in einem größeren Raum übernachten, aber in der nächsten bekam jeder ein Einzellehmabteil, allerdings mit nicht abschließbaren Türen. So stolperte ich nach einem Pinkelausflug versehentlich in Kashinaths Raum. Und erschrak mich fast. Der Yogi meditierte im perfekten Lotussitz, doch nicht die Perfektion dieser Position überraschte mich, sondern der Umstand, dass Kashinath mir doppelt so groß wie sonst vorkam, zehnmal so kräftig und tausendmal so mächtig. Aus dem kleinen, schmächtigen, schüchternen Mann war ein Yogiathlet geworden, dessen Brustkorb es dem Universum gleichtat und sich unendlich auszudehnen schien. So sah Kashinath wirklich wie Shiva aus und verströmte über das rein Optische hinaus eine Kraft, der alles zuzutrauen war. Auch die übernatürlichen Fähigkeiten eines Yogi, die man Siddhis nennt. Also schweben, übers Wasser gehen, in die Zukunft sehen. Es war mir nur wenige, um nicht zu sagen nur einen einzigen Augenblick lang vergönnt, Kashinath so zu erblicken. Sobald er mich vergegenwärtigte, reduzierte sich dieser spirituelle Herkules sofort wieder auf den kleinen, bescheidenen, hilfsbereiten Kuschelasketen.

Mich beeindruckte seine Zurückhaltung fast noch mehr als das, was er zurückhielt. Ich hatte bisher eigentlich nur das Gegenteil erlebt. Gurus, die ihre Erleuchtungen in die Welt hinausposaunen, aber ausflippen, wenn sie den Rolls-Royce nicht kriegen. Kashinath flippte nicht mal aus, wenn es nichts zu essen gab. Er aß ohnehin nichts. Er nahm morgens, mittags und abends ein Glas mit heißer Milch zu sich, und das war's. Und er hatte auch kein Problem damit, dass ich in seiner Anwesenheit Bier trank und rauchte. Jack rügte mich einige Male deswegen. Wie könne man in Anwesenheit eines Yogis zu Alkohol und Nikotin greifen. Das beleidige ihn oder, mehr noch, es beschmutze ihn. Kashinath sah das anders. Er war ready for everything.

Schon vor Mittag des dritten Tages erreichten wir sein Pilgerziel. Ein Tempelchen, das wie ein kleiner verwitterter Felsen aussah, dem der Wind, die Kälte und der Regen von Jahrhunderten zufällig das Aussehen eines hinduistischen Heiligtums verpasst hatten. Das Heiligste an ihm war Eiswasser. Es sprudelte aus zwölf Rohren in Standardduschkopfhöhe aus dem Berg, und Kashinath nahm unter jedem Strahl, Mantras murmelnd, ein ausgiebiges Bad. Wir waren in 3800 Metern Höhe. Rama, Jack und ich trugen über unseren Pullovern dicke Jacken und unter den Jeans lange Unterhosen, und trotzdem froren wir uns den Arsch ab. Nur mit einem Lendentuch bekleidet, wie Kashinath, wäre ich, auch ohne eiskalt zu duschen, ziemlich schnell tot umgefallen. Des Asketen heilige Waschungen dauerten etwa eine halbe Stunde, dann waren seine Lippen blau, aber er bibberte kein bisschen. Er zog sich wieder an. Sein dünnes Hüfttuch, sein dünnes langes Hemd, keine Schuhe. Das hatte ich bisher zu erwähnen vergessen: Kashinath ging barfuß durch die Berge.

»Sag mal, Kashinath, frierst du nicht?«

»O doch«, antwortete er. »Sogar sehr.«

»Willst du ein warmes T-Shirt von mir?«

»Ja, gern.«

Ich hatte ein sauberes T-Shirt im Rucksack. Mit einer Singha-Reklame drauf. Singha ist ein thailändisches Bier. Jack fand das fast skandalös unpassend für einen Yogi, aber Kashinath gefiel die Farbe der Textilie. Das T-Shirt war so gelb wie sein Schal, und das Emblem der Brauerei ist ein goldener Tiger, und der Gorakhnath-Mönch konnte mit Tigern, wie wir wissen.

Zwischen Jack und mir gab es eine Abmachung. Auf dem Rückweg gehe ich mit Kashinath voran, und er bleibt mit Rama zurück. Ich wollte das unbedingt, und Jack hielt sich dran. Wenigstens eine kurze Zeit so allein mit einem Yogi unterwegs zu sein, wie ich es ursprünglich für Monate geplant hatte, war in den vergangenen Tagen fast zu einer fixen Idee geworden. Für den Berg hoch hatten wir rund zwei Tage gebraucht, und weil ich manchmal so bescheuert bin wie das liebe Brot, errechnete ich mir dieselbe Zeit für den Weg bergab. Es wurde wunderbar. Kashinath ging schnell, aber entspannt. Wir klebten nicht aneinander, es war immer genügend Raum zwischen uns, um allein mit Gott zu sein. Nichts anderes war die Gegend hier in dieser Höhe. Zu Stein gewordene Ewigkeit. Reden mussten wir nicht. Ich wusste bereits mehr von ihm, als ich mir erhofft hatte. Wenn er voranging, achtete ich auf seine Füße, um zu verstehen, wie er barfuß über ein Universum aus harten und manchmal spitzen Steinen gehen konnte. Nach einer Zeit kam ich drauf. Da gab es nichts zu verstehen. Er ging einfach. Und irgendwann vergaß ich ihn. Und wurde ganz privat.

Ich ging über das Dach der Welt, und unter mir lag mein Leben. 49 Jahre, also sieben mal sieben. Ich sah meine Kindheit, meine Schulzeit, meine Jugend, ich sah mich als jungen Mann, als erwachsenen Mann, als richtigen Mann und als den Mann der letzten sieben Jahre. Ich sah meine Schwächen und meine Stärken, die Sünden und die Tugenden, die guten und die bösen Taten. Ich sah die Drachenrücken des Himalaja unter einem ungewöhnlich nahen Himmel, und synchron dazu sah ich auf den Weg meiner Seele. Und die Frage war: Was ist aus ihr geworden, was ist aus mir geworden in diesen 49 Jahren?

Schneller als gedacht, erreichten wir wieder Höhenlagen, die zaghafte Vegetation zuließen, und wieder berührten mich deren fast transzendente Farben. Sie entsprachen der momentanen Zurückgenommenheit meiner Gefühle. Die ersten Wiesen, die ersten Ziegen, die ersten Lehmhüttenminidörfer, deren Bewohner ohne Ausnahme Kashinath mit herzlicher Ehrerbietung oder fast schon freundlicher Verehrung begegneten. Es war eine Lust, mit Kashinath zu gehen und in Täler zu sehen, in die sich der Weg in großen Schleifen hineinwand. Und der Wunsch begann in mir zu wachsen, dass diese Lust kein Ende fände. Ich hätte ewig so mit ihm gehen können. Oder zumindest noch ein paar Wochen lang. Hin und wieder machten wir in einer der Lehmhütten mit angeschlossener Basisgastronomie am Wegesrand eine kurze Rast, dann bekam Kashinath seine heiße Milch, und ich auch irgendwas. Und in einer dieser Hütten überkam mich ein Schreck. Ich kannte sie. In ihr hatten wir schon mal geschlafen. Und zwar in der ersten Nacht. Sind wir geflogen oder geschwebt, oder was? Und wie schnell werden wir in Jomsom sein? Während des Aufstiegs hatten wir vom Flughafen bis hierher vier Stunden gebraucht, runter wird es deutlich schneller gehen, das heißt, meine Wanderschaft mit Kashinath ist gleich zu Ende, wenn ich mich weiterhin der Reiseplanung von Jack unterwerfe. Er wollte ab Jomsom wieder fliegen. Rama auch. Beide hatten Termine. Und für Jack stand es außer Frage, dass wir alle flögen. Im Grunde war das seit Pokhara so abgemacht, aber in meinem Hinterstübchen hatte es sich von Anfang an Plan B gemütlich gemacht. Und jetzt kam er heraus.

»Sag mal, Kashinath, was hältst du davon, wenn wir Jack und Rama allein fliegen lassen und zu Fuß nach Pokhara gehen?«

Ich gebe zu, das war eine gemeine Frage, denn die Antwort lag auf der Hand.

»I'm ready for everything«, antwortete Kashinath, denn er hatte seinen Lieblingssatz mit Ramas Hilfe inzwischen auf Englisch einstudiert.

Wir brauchten nur noch knappe vierzig Minuten bis Jomsom. Aber der Yogi trat sich auf diesem kurzen Stück einen Dorn in den rechten Fuß und humpelte nun ein wenig.

»No problem«, sagte er. Anscheinend hatte er noch mehr Englisch gelernt.

Jack und Rama, die eine halbe Stunde später zu uns stießen, sahen das anders. Unser Übersetzer, der nicht nur Englisch studierte, sondern auch Medizin, untersuchte Kashinaths Fuß. Er sagte, es sei zwar nicht so schlimm, aber er selbst würde damit nicht bis nach Pokhara gehen. Und Jack sagte, auch Kashinath werde damit nicht weitermarschieren. Auf keinen Fall. Und Kashinath sagte: »Let's go.« So ging das eine Zeit lang hin und her, dann gingen Kashinath und ich einfach los. Aber wir kamen nicht weit. Jack lief hinter uns her, hielt mich fest und wurde laut.

»Das kannst du nicht verantworten!«

»Aber schau mal, er humpelt gar nicht mehr«, hielt ich dagegen. Was tatsächlich stimmte.

»Er überwindet nur den Schmerz. Er ist ein Asket, hast du das vergessen? Er wird sich den Fuß versauen, ich schwör es dir.«

»Kashinath ist kein Kind mehr. Er ist ein erfahrener Wandermönch. Der weiß selbst, was geht und was nicht.«

Jack sah das nicht ein, und ich bekam es langsam mit der Wut zu tun. Vorher war es nur Ärger. Ich glaubte ihm nicht, dass es ihm nur um den Fuß des Yogis ging. Ich glaubte eher an professionelle Gründe. Vielleicht fürchtete er, ich könnte, wenn ich mit Kashinath allein weiterginge, später über Dinge berichten, die er nicht fotografiert hatte. Wir diskutierten immer erhitzter, und wenn ich zwischendurch Kashinath fragend ansah, nickte er mit den Augen in Richtung Pokhara. Er wollte, dass wir gingen, das war klar. Und Jack wollte es nicht. Ich wurde immer wütender, und er ebenfalls, es wurde wieder ziemlich laut, aber bevor daraus Handgreiflichkeiten werden konnten, schluckte ich den Zorn hinunter und gab auf.

Es gab an diesem Tag noch zwei Flüge nach Pokhara. Der erste ging quasi sofort, hatte jedoch nur noch zwei freie Plätze. Der zweite Flug war unterbucht. Jack bestand darauf, dass Kashinath und ich den ersten nahmen. Ich konnte ihn mittlerweile kaum noch ansehen, so sauer war ich auf ihn. Doch ich kam bald auf andere Gedanken. Die sogenannte Startbahn war zu kurz, um der Propellermaschine einen normalen Start zu gestatten. Das Flughäfchen von Jomsom liegt auf einem Plateau, und die Startbahn endet an einem Abgrund. In den stürzte sich Buddha Air, ohne vorher abgehoben zu haben. Erst durch den freien Fall bekam die Maschine den nötigen Schwung zum Fliegen. Genau das hatte der Pilot vorher angekündigt, als einen weltweit zwar einzigartigen, aber in Jomsom zur Routine gewordenen Start. Nachdem das Flugzeug sich gefangen hatte, folgten wir ohne sichtverhindernde Wolken wie ein großer Vogel dem Verlauf von Himalajapässen, Schluchten und wilden Flüssen, und es wäre der schönste Flug meines Lebens geworden, wenn nicht plötzlich die Motoren ausgegangen und die Maschine wie ein Stein so lange abgesackt wäre, bis die Propeller wieder ansprangen. Oder war es nur ein großes Luftloch gewesen und der Pilot hatte die Propeller abgestellt, weil sie nicht gebraucht wurden, solange man in dem Loch war? Das konnte ich nicht glauben. Trotzdem hatte ich nicht geschrien wie etwa die Hälfte der Passagiere, aber auch nicht gelacht wie die andere Hälfte. Ich hatte einfach die Klappe gehalten. Und das Ding flog ja auch wieder. Leider nur ein paar Minuten lang, dann fiel Buddha Air wieder wie ein Stein nach unten. Jetzt lachte keiner mehr, jetzt schrien alle in Todesangst.

Und wieder fing sich die Maschine. Kashinath saß neben mir. Ich fragte mich, wie es ihm wohl gerade ergangen war. Ich hatte ihn nicht angesehen. Auch beim ersten Mal nicht. Ich nahm mir vor, das unbedingt nachzuholen, sollte es ein drittes Mal passieren. Und? Passierte es ein drittes Mal? Ja. Buddha Air verwandelte sich noch mal in einen tonnenschweren Stein, und nun war an Bord die Hölle los. Alle glaubten, ihr letztes Stündlein habe geschlagen, auch ich glaubte das, aber schaute trotzdem zum Yogi. Und der schaute zurück, wie Kashinath eben schaute, wenn nichts Besonderes los war. Überaus freundlich, überaus bescheiden, überaus zufrieden mit allem und absolut ohne Angst. Ab sofort wusste ich, dass sein ewiges »I'm ready for everything« nicht einfach nur dahergesagt war. Ein Yogi hatte die Nagelprobe bestanden, ein Flieger fing sich ein drittes Mal. Nach der Landung in Pokhara wurde die Maschine aus dem Verkehr gezogen und ihr nächster Flug gestrichen. Es waren keine Luftlöcher gewesen, es waren Fastabstürze eines kaputten Flugzeugs gewesen.

Ich nutzte mein Überleben, um wieder schlecht draufzukommen. Und zwar richtig schlecht. Schlechter als die ganzen Tage vorher. Aus heutiger Sicht weiß ich wirklich nicht mehr, was damals eigentlich mit mir los war. Okay, die Geschichte war komplett anders verlaufen als geplant. Aber so etwas ist doch normal. Und wenn man statt vier Wochen oder mehr nur vier Tage oder weniger mit einem Yogi zu Fuß unterwegs gewesen ist, zählt halt nicht die Quantität, sondern die

Qualität der Erlebnisse. Und die war gegeben. Unser Mann hatte sich als Qualitätsyogi erwiesen. Warum also wurde ich schon wieder wütend auf Jack? Ich hätte ihm dankbar sein müssen. Ohne ihn wäre ich nicht mit Kashinath, sondern mit irgendeinem rotäugigen Kiffer durch die Gegend gezogen und hätte nichts dazugelernt. Andererseits wäre es ohne Jack jetzt erst richtig losgegangen. Durch die grünen, bunten, fruchtbaren und vor allem wärmeren Regionen des Annapurna-Massivs. Ohne Stress, mit aller Zeit der Welt. Warum hat er das nicht zugelassen? Warum hat er mir das kaputtgemacht? So in etwa sah ich das. Er hat mir meine Geschichte kaputtgemacht. Und das war selbstverständlich eine komplette Fehleinschätzung der Lage.

Als Jack und Rama eine Stunde später wieder bei uns waren und wir ein Taxi nach Kathmandu nahmen, setzte ich mich auf den Beifahrersitz, um von dem Fotografen möglichst wenig zu sehen. Reden wollte ich auch nicht mehr mit ihm. Ich wollte nur noch so schnell wie möglich nach Kathmandu, um mich dort von Jack zu trennen. So brütete ich vor mich hin, und meine megaschlechte Laune trat wie eine dunkle Wolke aus mir heraus. Das fiel natürlich auf. Alle drei versuchten, mich aufzuheitern, aber ich antwortete nicht, wenn sie mich fragten, was los sei. Ich drehte mich auch nicht zu ihnen um, nicht mal in den Rückspiegel schaute ich. Ich schottete mich ab und zog mich wie eine Wutkröte unter meinen Panzer zurück. Auch die Angst war wieder da. Dieselbe, mit der ich nach Indien gekommen war. Die Angst vor meinen eigenen Ansprüchen und denen von *Geo*. Die Angst vor dem Scheitern der Reportage und dem meines Comebacks. Die Angst, meine Chance nicht genutzt zu haben und dass es jetzt mit mir einfach nur immer weiter bergab ging. Die Angst vor der Hendrix-Nummer, die ich gerade wieder wie einen bösen

Ohrwurm in mir hörte. »So down and down and down we go…« Aber weil sich Angst noch schlechter als Ärger anfühlt, verdrängte ich sie und suhlte mich in meiner brüllend lautlosen Wut.

Etwa auf der Hälfte der Strecke hielten wir an, um Kashinath ein Geschenk zu machen. Er trug wie alle Gorakhnaht-Mönche große Ringe in seinen Ohrlöchern, aber sie waren aus Silber, und das war nicht das optimale Material. Wenn Gorakhnath-Babas können, wie sie wollen, kaufen sie sich Ohrringe aus Nashorn. Allerdings sind die teuer und illegal. An der Straße nach Kathmandu lebte ein Nashornringhändler. Jack, Rama und Kashinath stiegen aus, ich nicht. Ich wollte sie das allein erledigen lassen. Die Hütte des Mannes stand etwa dreißig Meter zurückversetzt im Busch. Man sah sie von der Straße aus nicht, aber man sah den Pfad, der zu ihr führte. Als die drei verschwunden waren, übermannten mich Zweifel daran, mir das entgehen zu lassen, und ich stieg doch noch aus dem Taxi und folgte ihnen nach. Auf dem kurzen Weg bis zu der Hütte begegneten mir jede Menge der schmutzigen Kinder des Nashornringhändlers. Kashinath hatte uns davon erzählt. Der Mann war, wie er, ein Gorakhnath-Mönch gewesen, aber er hatte das Keuschheitsgebot der Asketen nicht akzeptiert und deshalb den Orden verlassen müssen. Inzwischen hatte er zwölf Blagen, und ein Ende war nicht abzusehen.

Als ich die schmutzige Hütte betrat, hatten sich Jack und Rama bereits auf zwei schmutzige Polster gesetzt, Kashinath und der Nashornringhändler hockten auf dem Boden. Die Hütte war sehr niedrig, und weil jemand, um den eine dunkle Wolke rotiert, nicht besonders achtsam ist, stieß ich mit dem Kopf an einen Deckenbalken. Es war nicht schlimm, es tat kaum weh, es war nur ein kleines Missgeschick, aber Kashinath hüpfte, wie auf Knopfdruck und als hätte er nur darauf gewartet, aus der Hocke hoch und legte mir ganz kurz seine Hand auf den Kopf. Es wirkte wie eine Geste, wie ein Trösten, wie ein freundliches Wegstreicheln des kaum vorhandenen Schmerzes, und kaum hatte er das getan, veränderte sich mein Zustand geradezu spektakulär. Ich sah Jack an, und plötzlich waren da Tränen in meinen Augen. Tränen der Liebe. Ich floss über vor Liebe zu meinem *Geo*-Fotografen. Jack stand ebenfalls auf, und wir nahmen uns in die Arme und drückten uns überglücklich minutenlang. War das gaga? Oder ein Wunder? Hatte der überaus bescheidene Kashinath übersinnliche Kräfte? Anders konnte ich mir es nicht erklären, dass ich von einer Sekunde auf die andere einen Fotografen liebte, den ich gerade vorher noch hätte erwürgen können. Aber ich liebte nicht nur Jack plötzlich wie einen Bruder, sondern auch Rama, den Nashornringhändler und seine schmutzigen Kinder. Und Kashinath sowieso. Auch mich liebte ich wieder. Und mein Leben, und das Irre daran war, dass es anhielt. In der Hütte, im Taxi, im Tal von Kathmandu. Jetzt saß Rama vorn, und ich mit Kashinath und Jack hinten, und wir redeten und lachten und beglückwünschten uns unentwegt zu unserer wundervollen Reise. Statt einer dunklen war nun eine weiße Wolke in dem Taxi, und ich saß darauf. Ich fuhr nicht, sondern schwebte zurück nach Kathmandu. So leicht, so unverbraucht, so randvoll angefüllt mit einem Gefühl aus meiner Jugend. Genau so hatte ich es bei meiner ersten Reise empfunden, damals über Land nach Indien. War ich neugeboren?